웰다잉의 3가지 문턱

[개정판]
웰다잉의 3가지 문턱

초판발행 2017년 2월 24일
개정판 발행 2019년 7월 5일

지은이 정순태
펴낸이 류정호
펴낸곳 소소담담
등 록 2015년 10월 7일 (제345-251002015000021호)
주 소 대구광역시 북구 호국로43길 7-19
전 화 053-953-2112

값 17,000원

ISBN 979-11-88323-25-8 (93330)

ⓒ정순태 2019

*이 책의 저작권은 저자와 소소담담에 있습니다. 저자와 출판사의 동의 없는 무단 전재 및 복제를 금합니다.
*이 도서의 국립중앙도서관 출판예정도서목록(CIP)은 서지정보유통지원시스템 홈페이지(http://seoji.nl.go.kr)와 국가자료종합목록 구축시스템(http://kolis-net.nl.go.kr)에서 이용하실 수 있습니다. (CIP제어번호 : CIP2019024586)

[개정판]

웰다잉의 3가지 문턱

정순태 지음

소소담담

■ 머리말

삶은 선택과 책임의 연속

 삶은 선택과 책임의 연속이라고 합니다. 사람들은 끝없이 선택하며 살고 있습니다. 저는 그중 죽음에 관한 이야기를 선택했습니다. 수많은 선택 중 하필이면 죽음이냐고 묻습니다. 지나온 직업이 그래서인지, 죽음에 대한 관심이 유난히 많았습니다. 누구나 늙고 죽습니다. 대부분은 죽음을 피해 도망 다니다가 마주치기도 합니다.
 죽음산업의 언저리를 기웃거린 지 십 년의 세월이 지나갔습니다. 먹고 살기 위하여 죽음 현장을 맴돌았습니다. 상조회사, 장례식장, 추모공원에서 많은 죽음을 만났습니다. 치열하고 억척같은 삶을 내려놓고, 가족의 애틋한 눈물 속에서 늦은 봄날 벚꽃처럼 훨훨 떠나고 있었습니다. 그 현장에서 죽음을 새겨보았습니다. 사람은 자신이 살아온 방법대로 죽어 갔습니다. 죽음은 삶의 반영이며 삶의 한 부분이었습니다. 좋은 죽음이 있으려면 좋은 삶이 있어야 했습니다.
 죽음을 제대로 공부하기로 했습니다. 밤길 고속도로를 달려 경주에 있는 대학의 대학원 과정을 마쳤습니다. 석사학위를 받고 난 다음, 한 학기 동안 토요일마다 부족한 공부를 메우려 부산으로 갔습니다. 좀 더 배워야겠다며 박사과정에 진학했습니다. 죽음 준비에 대한 논문을 쓸 계획이었습니다. 때마침 '호스피스 완화의료 및 임종과정에 있는 환자의 연명의료결정에 관한 법률'이라는 긴 이름의 법이 국회를 통과했습니다. 이 법을 박사학위 논문에서 다뤘습니다. 긴 시간의 질병 상태에서 맞는 죽음은 좋은 죽음이라 할 수 없습니다. 삶의 다른 과정을 선택하듯 죽음의 과정도 자신이 선택해야 할 삶의 문제입니다. 법과 현실 사이에 거리가 보였습니다. 보완하고 수정해야 할 부분도 많았습니다.

첫 직장은 노후와 죽음에 대비하고 경제적 준비를 파는 보험회사였습니다. 사람은 늘 준비하다 끝납니다. 입시 준비, 취업 준비, 결혼 준비 그리고 노후 준비까지. 끊임없이 준비하며 살고 있습니다. 그중 불의의 사고나 암, 죽음, 장수에 대비하는 것이 보험입니다. 돈으로 대비하는 것이 전부가 아니었습니다. 제대로 된 준비가 필요하다는 것을 새삼 깨달았습니다.

채 익지도 않은 지식으로 강의를 시작했습니다. 삶의 시작과 함께 늙음과 죽음도 시작합니다. 잘 산다는 말은 잘 늙어가고 잘 죽어간다는 뜻입니다. 늙고 죽는다는 것은 두려운 일입니다. 피할 수 없습니다. 웰다잉은 담담히 마주서서 다가오는 늙음과 죽음을 뚫어지게 쳐다보는 겁니다. 카르페 디엠carpe diem을 외칩니다.

우리 인생은 웃고 사랑하며 살기에도 짧습니다. 죽음산업 현장에서 만난 죽음은 삶의 시간을 잘 써야 한다고 눈물로 말했습니다. 인간에게 시간과 공간이 유한하다는 것을 죽음으로 알려주었습니다. 오늘이 생의 마지막 날인 것처럼 최선을 다하여 살고, 아름답게 마무리하라고 하였습니다. 죽음은 생에 남은 시간을 어떻게 살 것인지,

살아가는 이유와 목적이 무엇인지 묻습니다. 죽음에 이르러 후회하지 않는 삶을 살라고 합니다. 죽음을 통해 삶의 의미를 보고, 자신이 죽을 때까지 할 일을 준비해 두라고 합니다.

웰다잉이란 좋은 죽음을 의미합니다. 사업에서 출구 전략이 있듯, 웰다잉은 인생의 출구 전략입니다. 웰다잉은 삶의 의미를 찾아 현명한 노후를 보내고, 아름답게 마무리하는 것입니다. 가을의 작은 나뭇잎이 나무를 떠나지 않으면 봄의 새싹을 볼 수 없습니다. 잎은 생겨나고 자라고 늙고 사라지는 생명의 순리를 몸소 보여 줍니다. 가을은 떨어지는 나뭇잎이 있어 위대하듯 삶은 죽음이 있어 더욱 위대합니다. 푸름이 영원할 수는 없습니다. 자연은 당신도 예외가 아니라고 속삭입니다. 그래서 이 책을 썼습니다.

웰다잉이란 말이 낯설지 않은 시대가 되었습니다. 그렇지만 무엇을 어떻게 해야 웰다잉인지 구체적 실천 방안은 없습니다. 죽음이 무엇인지, 웰다잉이 무엇인지 알아야 합니다. 사회적으로 죽음을 논하고, 가르치고, 준비하는 분위기가 만들어져야 합니다. 먼저 죽음의 공포에서 죽음의 용납까지 다루었습니다.

웰다잉이니 좋은 죽음이니 하는 말은 죽음의 의료화와 함께 시작되었습니다. 그 중심에는 연명의료결정이 있습니다. 연명의료결정만 잘해도 웰다잉에 이를 수 있습니다. 둘째 문턱에서 연명의료결정법에 대해서 자세히 알아보았습니다. 하위법령이나 시행지침을 만드는 데 참고가 되었으면 합니다. 일반인은 물론, 정책을 수립하고 보완해야 하는 전문가, 연명의료에 관심 있는 의사, 호스피스 종사자, 사회복지 담당자에게는 꼭 필요한 정보가 될 것입니다.

  나쁜 죽음을 피하는 것도 웰다잉입니다. 잘 늙어야 잘 죽습니다. 노인의 소외, 빈곤, 학대 속에서 웰다잉은 없습니다. 잘 늙으려면 노후 준비가 필요합니다. 웰에이징이라는 개념으로 셋째 문턱에서 짚어보았습니다. 웰에이징은 오래, 잘 사는 준비에 관한 이야기입니다. 이미 노인이 된 분이나 노인을 모시고 있는 분, 그리고 앞으로 노인이 될 모든 분께 웰다잉의 진정한 의미를 알려드리고 싶습니다.

  나뭇잎은 자신을 대신할 무엇도, 과시할 무엇도 두지 않습니다. 수많은 낮과 밤을 그 자리에 머물면서 나무 아래를 지나간 사람들, 햇살과 소나기의 기억을 잎에 새깁니다. 이 책도 나뭇잎과 같습니다. 그간 저와 함께했던 낮과 밤, 저의 강의와 논문을 새긴 기억입니다.

  웰다잉 강의에 입문시켜 주신 한국인재육성개발원의 조원규 원장님은 저에게 등대십니다. 부산에서 지원을 아끼지 않으신 전미영, 김경숙 실장님께 아울러 인사드립니다. 대구한의대학교 대학원에서 만난 소중한 인연께 감사의 인사 올립니다. 늦깎이 학생을 박사까지 이끌어 주신 이희완 지도교수님, 김정엽 노인복지학과장님, 항상 용기를 주신 나중덕 교수님, 자상한 지도를 아끼지 않으신 윤상목 교수님, 큰 가르침에 감사드립니다. 최용구 노인의료복지학과 박사동문 회장님 이하 여러 동문 선후배님, 동기생 여러분께도 감사드립니다. 이분들은 모두 제가 앞으로 당당하게 나아가도록 해준 든든한 응원단입니다. 책을 출판할 용기와 지혜를 준 경일대학교 신재기 교수님과 수필미학문학회 회원님께도 감사드립니다.

　힘든 가운데 격려를 아끼지 않은 아내와 자기 길을 뚜벅뚜벅 가고 있는 두 아들, 지난가을 맞은 새 식구에게 사랑을 전합니다. 저의 든든한 후원자이신 삼광사 추모공원의 문진수 사장님께 지면을 빌려 특별히 감사의 인사 올립니다. 그간 저의 강의에 참여하신 분들, 그리고 이 책을 읽고 계시는 바로 당신께 무한한 감사를 표합니다.

　산다는 것은 끊임없는 선택을 통하여 미래를 준비하는 과정입니다. 죽음도 내가 선택해야 할 내 삶의 한 부분입니다. 이 책이 여러분의 선택에 요긴한 지도가 되길 기원합니다.

2017년 1월
만촌동 熟心院에서
정 순 태

■ 개정판을 내면서

　책은 힘이 셉니다. 쓰는 동안 저를 성숙시켰습니다. 읽는 사람들이 저를 키웠습니다. 그동안 저는 건강보험공단의 웰다잉 전문강사가 되었습니다. '아름답고 존엄한 나의 삶'이라는 제목의 연명의료결정법에 관한 강의를 맡아 3년째 전국을 다니고 있습니다. 최근에는 대기업 직원의 생애설계에 관한 강의도 맡았습니다. 지혜로운 노후의 삶과 인간다운 마무리에 대한 강의입니다. 후회 없이 남은 시간을 살고, 깨끗하고 아름답게 떠나는 방법과 그 준비에 대해 이야기합니다. 그 외에도 많은 기관과 기업, 학교에서 저를 불러주었습니다. 강의 기회를 주신 분들에게 감사드립니다.

　책은 저의 분신이었습니다. 제가 강의하러 가지 못하는 시간과 장소를 채웠습니다. 유명해서 쓰는 것이 아니라 유명해지려면 써야 하는 것이었습니다. 처음 작업이라 어설픈 점 한둘이 아니었습니다. 많은 분의 조언을 새겨 담아 개정판을 출간합니다. 시민교육 강사 모임 '세듀랩'과 강사협동조합 '브래인 액스 컨텐츠' 강사들과의 새로운 인연을 새깁니다. 소소담담 출판사에 다시 감사를 전합니다.

　늙고 죽는 것은 현실이며 미래입니다. 웰에이징과 웰다잉을 위한 탐구는 현실을 이해하고 미래에 대처하는 방법을 논의하는 것입니다. 개인의 성장과 사회의 지속적 번영을 지향합니다.

2019년 7월 '달빛 글 숲'에서
정 순 태

차 례

머리말/ 개정판을 내면서 4

첫째 문턱 죽음 인식

제1장 죽음
1. 자신의 죽음을 알다: 피하고 싶은 죽음 17
2. 죽음과 더불어 살다: 같이하는 죽음 24
3. 죽음을 논의하다: 삶의 의미를 더하는 죽음 29
4. 웰다잉을 찾다: 삶의 과정인 죽음 35
5. 죽음을 알다: 실재하는 죽음 41
6. 죽음을 가르치다: 배워야 하는 죽음 47
7. 죽음의 질을 논하다: 좋은 죽음 53
8. 죽음을 용납하다: 용납 가능한 죽음 60

제2장 죽어감
1. 죽음은 과정이다: 임종의 개념 71
2. 죽어감을 보다: 임종 과정 76
3. 죽음을 챙기다: 임종 의례 80
4. 임종이 실종되다: 임종 현실 87
5. 좋은 임종을 실천하다: 임종 지도 92

둘째 문턱 연명의료결정

제3장 연명의료결정 제도

  1. 죽음의 의료화에 대비하다: 연명의료   101

  2. 연명의료는 선택과 결정이다: 관련 용어   106

  3. 안락사와 연명의료중단은 다르다: 유사 개념   110

  4. 오랜 논쟁을 마무리하다: 시행상의 주요 쟁점   115

  5. 시대가 요구하다: 제도의 필요성   121

  6. 오랜 시간이 걸리다: 제도화 과정   126

  7. 법을 만들다: 법률의 국회 통과   131

  8. 제도를 시행하다: 연명의료결정법 개요   135

제4장 연명의료결정법 개선

  1. 연명의료결정법을 보자: 연명의료결정법 배경   145

  2. 법률의 명칭부터 바꾸자: '연명의료결정에 관한 법'으로   150

  3. 법률의 목적을 구체화하자: 법률의 목적에 대한 의견   154

  4. 의사 확인 방법을 보완하자: 환자의 의사 확인   158

  5. 해당 분야 전문의 조항을 재검토하자: 전문의 1명   162

6. 중단 대상과 조치를 확대하자: 대상 확대　167
7. 연명의료결정 안내를 의무화하자: 설명 의무화　173
8. 연명의료결정을 호스피스와 연계하자: 호스피스와 연계　177
9. 호스피스를 적극 활용하자: 호스피스의 활용　181
10. 호스피스를 다양화하자: 호스피스의 다양화　185
11. 임종기 의료 기준을 정하자: 임종기 의료처치 기준　190
12. 법률의 실효성을 높이자: 현실성 검토　196
13. 사전연명의료의향서를 다시 보자: 활용 예측　201
14. 국가의 개입을 최소화하자: 자기결정　209
15. 사전의료의향서를 넘자: 생명유언 활용　213
16. 사각지대를 없애라: 의료기관윤리위원회　217
17. 관련 업무를 간소화하자: 업무의 간소화　220
18. 웰다잉과 연계하여 알리자: 제도의 교육 및 홍보　222
19. 원점에서 다시 보자: 근본적 개선책　225
20. 존엄한 죽음은 아직 멀다: 소결　230

셋째 문턱 웰에이징

제5장 노년기의 삶
  1. 모든 것은 늙는다: 노화와 노인 239
  2. 새로운 노년을 말한다: 성공적 노화 247
  3. 잘 늙어야 잘 죽는다: 웰에이징 253
  4. 장수의 그늘은 짙다: 노인문제 256
  5. 노인은 짐이 아니다: 노인학대 261
  6. 혼자 스스로 죽다: 자살, 고독사 266

제6장 노후설계
  1. 준비 없는 장수는 재앙이다: 가난한 노인 277
  2. 재무설계는 인생설계다: 재무설계 283
  3. 노후의 돈은 생존이다: 노후재무설계 289
  4. 줄이고 아낀다: 노후재무설계의 실제 298
  5. 목표가 사람을 이끈다: 드림리스트 303

참고문헌 309
에필로그 317

첫째 문턱

죽음 인식

제1장

죽음

우리 생애의 최종 목표는 죽음이다.
사람들은 아예 죽음을 생각하지 않는 것으로
죽음의 두려움에 대처한다.
그것은 당나귀의 꼬리에
굴레를 씌워 끌고 가는 것과 같다.

―몽테뉴, 《수상록》에서

1-1 자신의 죽음을 알다
− 피하고 싶은 죽음

어쩌면 우리는
마침표 하나 찍기 위해 사는지 모른다.
—(중략)
비문도 미문도
결국 한 번은 찍어야 할 마지막이 있는 것,
다음 문장은 그 뜨거운 심연부터다.
아무리 비루한 삶에게도 마침표 하나,
이것만은 빛나는 희망이다.

―황규관, 〈마침표 하나〉에서

모든 삶의 마지막 목적지는 죽음이다. 언젠가 한 번 있을 죽음을 향해 어제보다 하루 더 늙은 오늘을 산다. 외면하거나 부정해도 삶은 죽음을 향해 간다. 험상궂게 생긴 이웃집 아저씨처럼 애써 피하고 싶지만, 언젠가 한 번은 맞닥뜨려야 할 존재다.

우리의 몸속에서는 태어남과 죽음이 쉼 없이 반복되고 있다. 인체는 산술적으로 약 60~70조 개의 세포가 있는 것으로 추정된다. 그중 1초마다 약 50만 개의 세포가 죽고, 다시 만들어진다. 죽어야 하는 시간에도 죽지 않고 증식을 계속하는 세포가 암이다.

불교에서는 목숨이 '들숨과 날숨 사이'에 있다고 한다. 들인 숨을 내쉬지 못하거나, 내쉰 숨을 들이킬 수 없는 것이 죽음이라는 뜻이다. 들숨과 날숨을 거듭하는 순간마다 죽음이 있다는 의미이기도 하다.

모든 생명은 죽음을 향해 가는 유한한 존재다. 그중 인간은 자신이 죽는다는 사실을 안다. 삶은 영원한 시간의 한 부분에 한정적으로 존재할 뿐이라는 것을 알고 있다. 누구나 한 번은 죽어야 하고[평등성], 죽었다 다시 살아날 수 없으며[불가역성], 죽어본 적이 없고[불가지성], 혼자 감당해야 하는[단독성] 일로 해석한다. 이런 인식 때문에 죽음을 단절, 이별, 소멸 등 손실적 감정으로 받아들인다.

인간은 우주 만물을 과학이라는 이름으로 입증하려 했다. 증명과 체험을 기반으로 하는 과학은 죽음 전부를 입증하지 못했다. 자연을 이용하고 극복하려는 인간의 의지도 죽음을 극복하는 데 실패했다. 인간은 이해되지 않는 상황은 받아들이지 않고 피하려고 한다. 죽음은 체험할 수도 증명할 수도 없다. 이해하기엔 더욱 어렵다. 자기의 소멸과 소유의 한계, 그리고 체험할 수 없는 현실은 공포로 남는다. 이것이 죽음의 공포이며 죽음을 회피하는 이유이기도 하다.

죽음은 이별이며, 소멸이다. 인간에게 궁극적 사건이며 넘을 수 없는 장벽이 죽음이다. 손실과 자기 소멸을 사람들은 가장 싫어한다.

죽음은 무엇이든 가지고 채우려는 욕망으로 가득 찬 인간에게 허무를 안긴다. 죽으면 채웠던 것까지 버리고 떠나야 하기 때문이다. 거기다가 자신마저 없어져야 한다. 죽음은 이익될 것이 없는 사건이다. 죽음뿐만 아니라, 늙음과 질병 등도 이익이나 편리에 불필요한 부담이다. 자신과는 상관없는, 회피하고 은닉해야 할 사안이다. 스티브잡스는 "천국에 가고 싶어 하는 사람마저도 죽음은 피한다."라고 했다.

모든 생명은 생존을 위한 기본적 열정을 가지고 있다. 인간은 살아가면서 이 열정마저 쓸 수 없는 순간이 오리라는 것을 떠올린다. 그 순간이 언제가 될지 염려한다. 생존을 위한 열정이 소용없는 순간은 마주치고 싶지 않다. 피하고 싶은 것을 만나야 하는 염려는 공포로 변한다. 죽음으로 자신의 존재와 소유가 끝난다는 생각은 현실에 더욱 절박하게 매달리도록 한다. 인간에게 죽음은 거의 부정적 의미로 작동한다.

죽음의 의미와 불안

　　소멸의 의미: 자기 존재의 소멸

　　부담의 의미: 경제적, 정신적 부담

　　상실의 의미: 가진 것을 잃는 것

　　무지의 세계: 알 수 없는 것에 대한 두려움

　　무경험 과정: 변화와 과정에 대한 두려움

　　비가역의 길: 후회와 절망

　　심판의 시간: 죄에 대한 두려움, 타의성

죽음은 누구도 같이할 수 없는 혼자의 길이다. 자기 스스로 단 한 번은 감당해야 하는 사건이다. 처음 한 번 당하는, 한 번도 가보지 않은, 그 이후를 모르는 미지의 세계는 두려움을 만든다. 한 번 가면 다시 돌아올 수 없는, 다시 만날 수 없는 영원한 이별은 하고 싶지 않다. 사람들은 이 단 한 번의 돌이킬 수 없는 사건을 싫어하고 최대한 만나려 하지 않는다.

어느 날 그 순간이 오면, 지난 일이나 아직 못다 한 일에 대해 후회하며, 생명줄을 더욱 움켜쥔다. 가족이나 가까운 사람과 이별을 생각하면서 슬퍼하고, 미련과 원망을 섞어가며 아쉬워한다. 죽고 난 후 자기 미래와 남은 사람의 삶에 대한 걱정도 한다. 자기가 없어진다는 사실과 자신의 부재로 인하여 생길 일에 대한 걱정은 두려움으로 변한다. 모든 공포의 근원에는 죽음에 대한 공포가 자리한다.

인간을 근본적으로 억압하는 것은 죽음이다. 프로이트는 인간에 대한 근본적 억압은 성욕이라 했지만, 그보다 더 근본적 억압은 자신이 죽는다는 것, 그리고 그것을 안다는 사실이다. 인간은 어렵고 두렵고 힘든 문제는 미루고 회피하려 한다. 이 습관대로 죽음도 에둘러 회피한다. 자신의 죽음을 예측하면서도 죽음과 연관되지 않으려고 한다. 이 죽음의 공포는 인간 행동의 기저에 있는 주된 원동력이다(셜던 솔로몬 외, 이은경 역, 2016). 인간은 죽음의 공포를 극복하기 위해 의식적인 시도를 한다. 죽음을 의식화하지 않거나, 자기와 무관하게 바꾸거나, 관심을 다른 데로 돌린다. 죽음과 상관없는 간접적 욕구를 선택한다. 삶의 현장에서 돈, 명예, 권력, 쾌락을 얻으려 한다. 열심히 살아가는 척하면서 죽음을 잊으려 한다. 삶이 영원하지 않다는 것을 알기에 그것에 더욱 집착하는 것이다.

　인간이 창조한 문화는 죽음에 대비한 흔적이다. 그것은 내일이라도 죽을 수 있다는 불안과 죽음 이후 소멸의 공포에 대처하기 위한 수단이기도 하다. 죽음 이후 세계에 대한 공포를 넘는 궁리는 종교가 되었고, 삶의 흔적은 문화가 되었다. 이 세상에서 자신은 죽어도 하늘나라에 존재하거나, 문화 속에서 기억될 거라고 기대한다. 인류가 이룩한 발전은 기억되려는 문화의 축적이다. 죽음을 어떻게 해석하느냐가 문화를 만들었고, 그 문화에 따라 죽음의 해석도 달라진다.
　인간이 실행하는 모든 일은 죽음을 회피하기 위한 일이다. 인간은 자신의 삶이 유한하다는 것을 알기에 세속적으로 불멸을 추구하거나 죽음을 외면하려고 애쓴다. 자신이 존재하는 수단으로 물건, 권력, 예술, 업적, 일 등에 매달린다. 끝없이 돈을 버는 것, 창작 활동을 하는 것, 명예를 추구하는 것, 자식을 낳고 키우는 것 등 인간이 추구하는 일은 자기 삶을 존속시키기 위한 노력이다. 자신이 죽더라도 영속 가능한 무엇인가를 만드는 과정이 바로 삶이다.

　태어난 모든 생명은 반드시 죽는다. 죽음은 누구에게나 확실히 오지만, 언제 올지 알 수 없다. 갑작스럽고 준비되지 않은 죽음은 가장 큰 두려움이다. "갑작스러운 죽음에서 우리를 자유롭게 해주시옵소서."라며 돌연한 죽음을 면하게 해달라고 간절하게 기도한다. 사실 갑작스러운 죽음만을 두려워하는 것이 아니다. 어떤 죽음도 자기와 상관없게 해 달라고 기도한다. 노인이 운동을 열심히 하는 이유는 '건강하게 살기' 위해서라고 대답한다. 그 말은 건강하게 '오래' 살기 위해서라는 뜻이기도 하다.

과거의 죽음은 가족 구성원이 참여하고 지켜보았다. 오늘날의 죽음은 의료진이 그 중심이 된다. 현대사회의 주거, 가족, 사회 형태 등은 죽음과 관련 있는 사람을 참여자에서 관찰자로 변화시키고 있다. 의료진이 임종을 결정하면서 가족과 함께하는 임종의례는 생략되었다. 가족과 친인척이 주관하던 장례식도 수익과 효율을 중심으로 진행한다. 죽어가는 사람이 가족과 멀어진 만큼 죽음과도 멀어졌다. 죽음이 일상과 분리, 격리, 은닉되었다. 죽음에 대한 공포와 회피가 원인이자 결과이다.

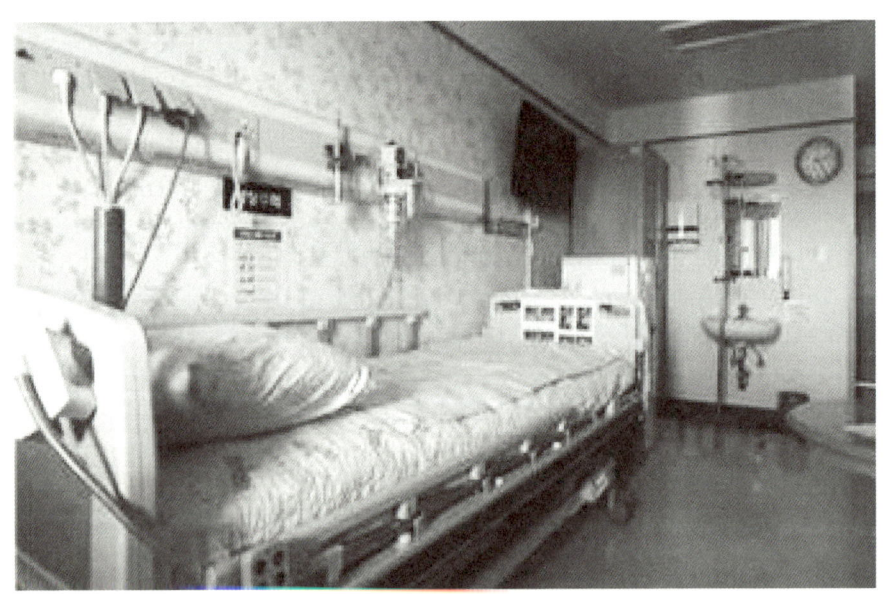

거의 모든 사람들이 죽음을 맞이하는 곳

한 번의 죽음 앞에 한 번의 삶이 있다. 그리스 철학자 에피쿠로소는 "죽음을 두려워 말라."라고 외쳤다. "우리가 살아 있을 때 죽음은 없고, 죽음이 닥쳤을 때 우리는 없다."라고 했다. 소크라테스는 "죽음이란 영혼이 몸의 감옥에서 벗어나는 것"이라 하였다. 죽음을 피하려고 노력한 결과, 오늘날 인류는 역사상 최고의 장수를 누린다. 현실을 살기에 급급해서 노후준비가 없는 노인은 불안한 노후와 비참한 죽음을 맞고 있다. 긴 세월을 버틴 육신은 노쇠와 피곤에 지쳐 죽음에 끌려다닌다. 의미도 없는 시간을 힘들게 이어가며, 나이의 숫자만 더해 간다. 죽음이 방문을 노크할 때까지 그것을 부정하고 회피한다. 어쩌면 장수는 해결했지만, 죽음은 더욱 해결하지 못하고 있다.

인간은 어제를 기반으로 내일의 희망 속에 살다가 그 언젠가 죽는다. 죽음과 함께하기에 삶은 소중하다. 삶의 주인인 '나' 또한 대단한 존재이다. 내가 가지고 있는 재능, 내가 쓸 수 있는 시간, 나와 함께하는 사람도 소중하다. 죽음의 두려움은 한 번밖에 살 수 없는 자신에게 부지런히, 베풀면서, 보람 있게 살아갈 것을 주문한다.

YOLO! You Only Live Once

1-2 죽음과 더불어 살다
- 같이하는 죽음

죽음은 살아가는 모든 존재가 겪어야 하는 자연현상이다. 성주괴공成住壞空이라는 우주 질서가 있고, 회자정리會者定離라는 사회 질서가 있듯이, 생자필멸生者必滅의 생명 질서가 있다. 사람은 지나간 날이 헛된 것처럼 오는 세월도 결국 시간의 무덤 속으로 사라진다는 것을 안다. 사람이면 누구나 모두 죽는다는 것을 잘 알고 있지만, 바쁜 일상을 살다 보면 죽음은 잊는다. 의도적으로 죽음을 외면하거나 부정해도 삶은 죽음을 향해 간다. 우리가 살아간다는 것은 죽음의 관점에서 보면 죽어가고 있는 것과 다름없다.

과거 인간의 죽음은 일상적이고 자연적이었다. 항생제나 예방접종이 없던 시기에는 작은 상처나 전염병으로 죽는 사람도 많았다. 자연의 위협 앞에서는 무방비 상태였다. 시간 앞에서 삶은 더욱 약한 존재였다. 세월이 구부린 허리를 다시 펼 수 없고, 넘어진 생명을 세울 수 없다. 죽음 앞에서 인간의 삶이란 다만 나약하고 헛될 뿐이다. '죽음을 기억하라'Memento Mori는 말은 일상적 삶 속에 죽음이 함께 있음을 강조한 것이다. 이 경구는 삶의 허무와 죽어야 하는 현실을 수용하는 데서 출발했다. 그러다가 오늘에 이르러 더욱 최선을 다하라는 의미로 해석되고 있다.

영화 〈쿼바디스〉의 한 장면

로마 시대에는 전쟁에서 이기고 돌아오는 장수에게 '당신도 어쩔 수 없는 한갓 인간임을 잊지마라' 하고 속삭였다. 어떤 사람은 이를 '메멘토 모리'라 한다. 개선 장군에게 "죽음을 기억하라"는 환영의 구호를 외친 이유는 무엇일까? 누구의 죽음을 기억하라는 말일까?

"승리를 위해 죽은 부하를 기억하라! 언젠가 당신도 죽는다는 사실을 기억하라! 이기기 위해 죽인 적의 목숨마저도 기억하고 그 값에 가름하는 삶을 살아라!"라는 의미일 것이다. 오늘의 승리는 값진 것이지만, 그 승리를 위해 당신의 부하가 죽었다는 사실을, 그보다 더 많은 적이 생명을 잃었다는 것을 기억하고, 그 죽음이 헛되지 않도록 살라는 외침이다. 승리의 기쁨에 도취해 있으면, 그만큼 죽음이 빠를 것이라는 경고도 담았다.

종교가 사상과 철학을 지배하는 시대가 있었다. 이 시기 죽음은 종교의 산물이었다. 생명은 신이 주는 것이고, 죽음 또한 신의 결정이라고 믿었다. 죽음은 원죄의 결과이며, 죽음으로 신의 심판이 시작되고 사후 세계가 결정되었다.

이제 알아라. 내가 바로 그다. 나 외에는 신이 없다. 죽이는 것도 나요 살리는 것도 나며 찌르는 것도 나요 고쳐주는 것도 나다. 내 손에 잡은 것을 빼낼 자 없다(신명기 32장 39절).

인간에게 죽음 결정은 허락되지 않았다. 생명에 대한 권한은 신에게 있기 때문이다. 이에 따라 중세 유럽에서는 자살과 안락사를 죄악으로 간주하고 엄격하게 금지했다. 삶과 죽음에 대한 관심보다 '이웃에 대한 사랑'caritas과 '자비'misericordia가 인간다운 행동을 판단하는 기준이었고, 사회 윤리에 강한 영향을 주었다. 병, 고통, 아픔, 죽음 등은 신의 의지를 드러내는 인간에 대한 시험이었다.

죽음의 승리,
Pieter Bruegel,
1562

14세기, 흑사병이 유럽을 휩쓸었다. 유럽 인구의 1/3(또는 1/4)이 짧은 시간에 속수무책으로 죽어갔다. 신이 있다면 있을 수 없는 일이다. 사람들은 신의 존재를 회의했다. 신마저도 감당하지 못한 죽음은 신의 영역에서 인간의 영역으로 옮겨 왔다. 자연의 한 부분으로 죽음을 보기 시작했다. 이때까지 죽음의 자리는 성직자가 지켰다. 의사도 성직자와 함께 임종의식에 참여했다. 의사는 환자가 육체적으로 편안한 죽음을 맞이하도록 하는 역할을 담당했다. 전염병은 단체 생활을 하던 성직자에게 가장 먼저, 가장 큰 피해를 입혔다. 흑사병으로 죽음을 지키던 의사와 성직자의 자리가 비었다.

그 자리를 한 권의 책이 대신했다. 죽음의 순간에도 신앙심을 잃지 않는 방법의 기도서, '아르스 모리엔디'ars moriendi이다. 신의 영역으로 인식되던 죽음에 대하여 인간적으로 대처 '하는 기술을 적은 지침서가 나오게 된 것이다. 아름다운 끝맺음을 위한 인류 역사상 최초의 웰다잉 실천 지침서인 셈이다.

이 죽음의 기술에 관한 책은 슬기로운 죽음을 위해 바른 삶을 영위하는 '아르스 비벤디'Ars vivendi와 신자의 임종과 장례 절차 등을 수록한 아르스 모리엔디로 나눈다. 도덕성을 지키는 바른 삶의 태도가 생의 마지막 순간에 좋은 의미를 준다고 하였다. 좋은 죽음을 맞이하기 위해서 삶의 과정에서 꾸준히 규칙적으로 기도하도록 한다. 아르스 모리엔디에는 환자가 쇠약할 때의 소통 방법이나, 죽음을 앞둔 긴박한 상황에 대처하는 요령도 포함되어 있다.

동양에서도 죽음 계획을 가르쳤다. 송나라의 학자이면서 시인인

주신중朱新仲(1097~1167)은 올바른 삶을 위해서 다섯 가지 계획[人生五計]을 세워야 한다고 강조했다. 무엇을 하고 어떻게 먹고살 것인가의 생계生計, 몸과 마음의 건강을 챙기는 신계身計, 가정을 원만하게 꾸리고 가꾸는 가계家計, 노후를 어떻게 보낼지 계획하는 노계老計, 마지막으로 아름다운 죽음에 대한 계획인 사계死計가 그것이다.

주신중의 인생 오계론의 마지막 사계死計에 대해 추가적인 답을 제시한다. 먼저 재산에 미련을 버리는 멸재滅財, 마음속의 원한과 원망을 없애는 멸원滅怨, 남에게 진 빚을 정리하는 멸채滅債, 정을 끊는 멸정滅情, 죽음마저도 없애버리는 멸망滅亡으로, 이른바 오멸五滅이라 한다. 요즘 표현으로 하면 웰다잉을 위해 버려야 할 다섯 가지 요소다. 이 시기에도 죽음을 아름답고 당당하게 맞이하는 방법을 익혔다.

현대에 오면서 스티브 잡스의 스탠퍼드 대학교 졸업식 연설은 죽음 인식에 큰 획을 긋는 계기가 되었다. 잡스는 연설에서 "죽음은 삶의 위대한 발명품"이라고 했다. 자신이 곧 죽을 수도 있다는 생각은 삶에서 큰 결정을 내리는 데 중요한 도움을 주었다고 강조한다. 외형적 기대, 자부심, 좌절과 실패에 대한 두려움은 죽음 앞에서는 아무것도 아니며 "우리가 언젠가 죽으리라는 사실을 기억하는 것은, 살면서 뭔가를 잃을 것이 있다는 생각의 함정에서 벗어나게 해주는 가장 좋은 길이다."라고 하였다.

죽음을 제외하고 삶을 설명할 수 없다. 죽음은 삶의 끝에 있는 한 부분이다. 삶을 완성하려면 죽음도 같이 봐야 한다. 죽음을 통해 삶을 바라보면 삶이 명확해진다. 죽음으로 삶은 완성되기 때문이다.

1-3 죽음을 논의하다
– 삶의 의미를 더하는 죽음

　살아있는 모든 것에게 죽음은 피할 수 없는 운명이다. 어쨌거나 언젠가 한 번은 죽어야 할 존재다. 자기 자신을 똑똑하다고 생각하는 인간은 자기 자신을 자연의 한 부분에서 제외하는 착각에 빠져 있다. 그 결과 죽음을 자기와 상관없는 일로 간주한다. 자기만은 영원히 살 것처럼 현실에 매달린다. 만약 인간이 영원히 죽지 않는다면 어떤 일이 생길까? 사람이 200세를 살거나 500세를 산다면 세상은 어떻게 될까? 그리스 로마 신화에 나오는 무녀 시빌레 이야기는 우리에게 죽음의 가치에 관해 설명한다. 그녀는 제발 죽게 해달라는 소원으로 살아야 했다. 우리에게 죽음이 있기에 생이 소중한 것이라고 전해 준다.

아폴론과 시빌레
　아폴론은 시빌레를 몹시 사랑하여 그녀에게 무슨 소원이든 다 들어주겠다고 했다. 이에 시빌레는 손에 모래를 한 움큼 쥐면서 모래알의 수만큼 장수하게 해 달라고 말했고, 아폴론은 그 소원을 들어주었다. 하지만 그럼에도 시빌레는 아폴론의 요구에 응하지 않았고 화가 난 아폴론은 그녀가 오랜 세월을 살아가는 동안 계속 늙어 가게 내버려 두었다. 그녀는 시간이 흐를수록 계속해서 쭈그러들었고, 결국 매미와 비슷해진 모습으로 쿠마이의 아폴론 신전에 매달린 새장 안에 있었다. 사람들이 그녀에게 다가가 소원이 무엇이냐고 물으면 "죽고 싶어."라고 대답했다.

—《그리스 로마 신화 인물백과》에서

아폴로와 쿠마이의 시빌레, giovanni Domenico Cerrini (1609~1681)

우리 사회에는 오랜 금기가 있다. 인간의 존엄을 해칠 것이라는 이유로 어떤 특정한 언어나 상황을 금기시한다. 공동체 생활에서 개인적, 동물적 욕구는 분란을 초래한다. 그래서 금지하려 한 규범이 금기다. 가장 대표적인 것이 성, 돈, 죽음에 관한 금기이다. 성과 돈에 대한 부끄럼이 없으면 사람들이 탐욕으로 멍들고, 질서는 무너질 것이라고 보았다. 이것이 통제되지 않는 사회는 동물의 세계와 같다. 죽음은 또한 문명이 개입할 수 없는 원시 동물적 상황, 즉 비문명 현상이기에 경멸하고 금기시하였다.

생산성 위주의 산업사회에서는 생산성의 저하가 우려되는 행위는 금기시하였다. 성은 단기적으로 보면 출생으로 인한 노동력 하락을 초래할 수 있다. 돈을 함부로 말하면 자본가의 지출이 늘어날 우려가 있다. 죽음 또한 생산 도구였던 인력의 상실을 의미한다. 애도와 장례 기간은 생산성 저하의 원인이다. 죽음을 사색하는 것은 인간의 존엄을 요구하는 계기다. 죽음을 조용히 처리하고, 죽음에 대한 깊은 사고를 방지하기 위해서 금기시한다. 그 외에도 죽음은 전쟁에서 패배, 최악의 형벌, 저주, 잘못에 대한 심판을 연상하므로 입에 올리지 않았다.

오늘날 성은 금기가 아니다. 오히려 성범죄나 미혼모 문제의 예방 차원에서 어려서부터 학교에서 성교육을 시키고 있다. 섹시하다는 말은 매력적이라는 말로 해석한다. 돈도 금기를 벗어났다. 기업체 임원의 연봉을 신문에 공개하고, 아르바이트 자리를 구하는 학생은 당당히 시급부터 묻는다. 학교에서 금융경제교육을 강화는 시점에 도달했다. 우리 사회에서 금기를 계속하고 있는 것은 죽음뿐이다. 죽음의 금기는 죽음의 존재, 죽음의 자연성 부인으로 이어진다. 이는 인간이 자연의 한 부분으로 존재한다는 사실에 대한 부정이다.

죽음은 자연의 정리 작업이 어떤 생명에 적용되는 과정이다. 정리를 통하여 소멸과 생성을 반복하고, 자연은 균형을 유지한다. 죽음은 한 생명의 개인적 사건인 동시에 그와 연결된 시간과 공간 사이의 변화다. 살아온 시간과 공간, 살면서 인연 맺은 사람들, 남는 자와 떠나는 자의 관계가 죽음을 통해 정리되고 재정립된다.

지금 우리가 마주하는 사람은 언젠가 죽을, 죽어가는 사람이다. 그의 모습에는 지금까지 살아온 모습이 들어 있다. 지금의 모습에 추억이 있고, 그 순간의 삶이 함께한다. 그와 함께할 미래도 있다. 미래 중 가장 정확하고 확실한 미래는 살아 있는 것은 모두 죽는다는 사실이다. 죽음에 대한 사색은 자연의 위대함과 생명의 존엄을 일깨운다. 살아 있는 시간과 함께하는 사람이 유한하고 소중하다는 것을 느끼게 한다. 죽음을 통해 지금의 삶을 바로 볼 수 있다. 성이나 돈에 대한 담론처럼 죽음의 담론이 활발해지면 죽음을 함부로 하지 않는다. 삶 또한 함부로 하지 않을 것이다.

죽음은 예고 없이 우리의 삶에 끼어든다. 죽음의 때를 알지 못하기 때문에 죽음을 준비해야 한다. 톨스토이는 "이 세상에 죽음만큼 확실한 것은 없다. 그런데 사람들은 겨우살이를 준비하면서도 죽음은 준비하지 않는다."라고 하였다. 죽음을 준비하는 것은 삶을 포기하는 행위가 아니다. 죽음을 삶의 일부로, 자연적 현상으로 인정하는 일이다. 남은 시간에 이루어야 할 일을 펼쳐 놓고 이야기하는 것이다. 삶에 있어서는 열정을 다하고 죽음 앞으로 당당하게 가는 연습이며 대책이다.

죽음이 일상과 분리되면서 죽음을 대할 기회도 줄어들었다. 죽음을 관찰하고 경험할 기회가 줄어들면서 죽음에 관한 모든 것을 가르치고 배워야 하는 상황이 되었다. 숨어버린 죽음을 꺼내서 이야기하는 것은 죽음의 담론을 통해 삶이 무엇인지 알자는 것이다.

우리는 단지 잘 먹고 잘살기 위해서 이 세상에 온 것이 아니다. 지금의 삶은 선고 유예를 받은 날일 뿐이다. 죽는다는 것을 기억하면 살아있는 지금 이 순간이 소중해진다. 죽음은 항상 우리 곁에 있다. 드라마에서 죽음, 뉴스에서 죽음, 친구 아버지의 죽음 등은 타인의 죽음이다. 이는 3인칭 죽음 혹은 그들의 죽음에 해당한다. 하나의 사실이나 소식을 듣는 것으로 끝난다. 나와 함께하는 '너'의 죽음은 2인칭 죽음이다. '나'는 죽음으로 인한 이별의 상대방 당사자가 된다. 남은 자로서의 슬픔을 겪기도 한다. 나의 죽음은 1인칭 죽음이다. '나'는 죽음을 체험하며 직접적인 죽음의 과정에 있는 사람이다. 죽음 담론은 3인칭의 죽음에서 1인칭의 죽음을 느끼는 연습이다. 세월호 참사로 목숨을 잃은 학생들과 그 부모들의 마음을 읽는다. 이를 통해 나의 죽음을 보고, 나의 삶을 본다.

삶의 생생함은 죽음을 통해 환기된다. 삶이 값진 것은 사라지기 때문이다. 언젠가 없어질 것이기에 우리의 살아있는 지금은 더 소중하고 아름답다. 죽음을 인식한다는 것은 살아있고, 살아간다는 것의 숭고함을 인식한다는 것이다. 시련 당하는 일, 상처받는 일, 고된 일, 미워하고 아파하는 일마저도 살아있으므로 겪는 일상의 조각이다.

죽음을 생각하면 그마저도 소중해진다.

죽음 담론은 이 순간이 얼마나 소중한지 생각하는 계기다. "나는 어떻게 기억되고 싶은가"라는 물음에 대한 준비이다. 사랑하고, 일하고, 무엇인가 느끼기에 자신에게 남은 시간이 너무 짧다. 죽음은 남은 삶에 최선을 다하도록 주문한다. 후회 없는 삶을 위해 오늘 이 순간을 살아야 한다고 강조한다.

carpe diem!

1-4 웰다잉을 찾다
— 삶의 과정인 죽음

■ 웰빙

웰빙wellbeing의 사전적 의미는 복지, 안녕, 행복이다. 웰빙이란 신체적·정신적·사회적 건강과 조화를 통해 행복하고 아름다운 삶을 추구하는 삶의 유형이나 문화를 통틀어 일컫는 개념이다. 신체적 건강 상태에 한정되는 것이 아니라, 신체적·정신적·사회적 차원에서 안녕well-being의 상태를 의미한다. 육체와 정신의 건강을 위하여 자연 친화적이고 환경 친화적으로 사는 방법을 뜻하기도 한다. 건강을 위해 유기농이나 친환경 식품을 먹고, 명상이나 운동으로 몸을 관리하는 풍조를 웰빙이라 부른다.

웰빙은 신체적 웰빙, 심리적 웰빙, 그리고 사회적 웰빙이 완전히 갖춰진 상태를 말한다. 웰빙에 영향을 미치는 요인으로는 생활 만족, 사회적 지지, 자원봉사, 긍정적 정서, 경제력 등이 있다. 웰빙은 삶의 질, 행복, 심신의 조화, 개인의 성취 등의 개념이 혼용된 것이다.

행복지수라는 것이 있다. 여기에서 행복한 삶을 결정하는 요소로 크게 공간, 자원, 사람을 든다. 사람의 항목에는 신체뿐만 아니라, 정신적인 면과 가치관의 요소를 포함한다. 이 행복지수가 웰빙지수와 같은 개념이라고 볼 수 있다. 삶을 여유 있고 가치 있고 행복하게 살아야 한다는 의식과 그 실천이 웰빙이다.

■ 힐링

경제적, 정신적 여유가 없는 사람에게 웰빙은 거리가 멀다. 문명의 발전을 누리는 데서 소외되고, 삶에 지치고, 무한경쟁사회에서 살아남기 위해 상처받은 사람이 많아졌다. 힘든 세상을 피해 삶을 포기하고 죽음을 선택하는 경우도 증가하고 있다. 이런 사람들이 용기와 희망을 품고 살아갈 수 있도록 지원해 주는 것이 힐링이다. 힐링은 세상과 삶에 지쳐 있는 현대인에게 위로가 되는 방법을 제안한다. 새로운 관점에서 세상을 바라보는 지혜를 일깨우고 희망의 메시지를 전해준다. 웰빙보다 좀 더 정신적 안정과 평화를 추구하고, 마음의 상처를 치유하는데 비중을 두는 것이 힐링이다.

■ 웰다잉

마음을 치유하는 법을 알았다면 삶에 대한 의의와 감사를 느끼고 후회 없이 살아가는 방법을 찾아야 한다. 그동안 웰빙에 대한 관심에 가리고, 죽음에 대한 회피, 금기 현상 등으로 웰다잉의 중요성은 간과됐다. 김수환 추기경과 법정 스님의 마지막을 보면서, 그리고 이른바 세브란스병원 김 할머니 사건 등과 같은 생명의 존엄이나 생명윤리와 관련된 문제가 이슈화되면서 웰다잉에 대한 관심도 높아졌다.

통계학은 평균 수명에 대한 예측을 수시로 내놓는다. 요즘 사람들은 평균적 관점에서 자신 앞에 놓인 시간이 얼마 정도인가를 좀 더 자세히 인식한다. 의학은 삶의 길이에 대해 과거보다 섬세한 여명을 예측한다. 어느 정도 노화를 겪은 사람이나 질병 중에 있는 사람은 자신의 삶이 얼마나 남았는지 정확하게 짐작한다. 불치의 병을 선고받았다면 남은 시간에 대한 예측은 더 정확하다. 그로 인해 자신이 쓸 수 있는 시간의 한계를 안다. 남은 시간 동안 무엇을 위하여 어떻게 살아야 하는지에 대해 생각하고 실천하는 숙제가 남는다.

전통사회에서는 노인이 가족과 동거했다. 부양 과정에서 자연스럽게 노후와 죽음의 문제를 해결하였다. 오늘날 고령화 시대의 노인은 심각한 지위 저하와 더불어 전에 볼 수 없던 죽음 문제를 안고 있다. 가정 내에서 경험을 통해 알게 되던 죽음이 숨어버렸다. 이런 이유로 노년의 삶을 어떻게 살아야 할지, 죽기 전에 해야 할 일이 무엇인지, 어떻게 죽음을 맞이해야 하는지에 대한 논의가 필요하다.

웰다잉의 개념은 개개인의 입장과 문화에 따라 매우 다르다. 웰다잉Well Dying이란 대개 죽음의 질 혹은 죽는 과정의 삶의 질에 관한 이야기다. 좁은 의미로는 삶을 아름답고 품위 있게 마무리하고, 좋은 죽음을 맞이하는 것을 말한다. 잘 살고 난 후 생을 잘 마무리하는 일련의 죽음 과정을 의미한다. 죽어서 어떻게 될 것인가를 말하는 것이 아니라, 남은 삶을 어떻게 살 것인가를 중요하게 다룬다. 삶에 감사하고 행복한 삶을 살아야 한다는 것을 최우선으로 한다. 삶의 한 부분으로 죽음을 생각하고 죽음을 인식하며 삶을 성찰하는 작업, 죽음을 준비하는 작업, 좋은 죽음에 이르는 방법에 대하여 논의한다. 누구나 꺼리는 죽음의 실체를 들여다보고 용서와 화해를 실천하고, 죽음의 과정을 이해하면서 존엄한 죽음을 준비하는 것이다.

웰다잉의 하위 범주에는 좋은 죽음, 존엄한 죽음, 후회 없는 죽음, 준비된 죽음 등이 포함된다. 웰다잉을 이해하고 실천하기 위해서는 죽음에 대한 이해가 바탕이 되어야 한다. 의·생명학적, 사회·문화적, 종교·철학적, 생명 윤리적인 여러 관점에서 죽음의 의미와 태도, 죽음의 단계, 죽음 이후 사별과 애도 과정에 대한 이해도 있어야 한다. 웰다잉에 대한 논의 배경에는 장수 시대, 죽음의 의료화라는 수식어가 따라붙는다. 연명의료결정 제도를 적절하게 활용해야 한다. 나아가 잘 늙어야 웰다잉이 가능하다. 웰에이징이 웰다잉으로 가는 또 하나의 문턱이다.

웰다잉에는 품위 있게 죽을 권리와 아름답고 편안한 죽음을 선택할 권리, 그러한 죽음을 위해 남은 삶을 행복하게 살 권리까지 포함한다. 국내의 한 주간 잡지사에서는 웰다잉 전문가의 의견이라는 전제로 웰다잉을 위한 십계명을 제시하였다. 건강 체크, 사전의료의향서 작성, 자성의 시간 갖기, 자서전·유언장 만들기, 자원봉사 실천, 버킷리스트 작성, 추억의 물품 보관, 마음의 빚 청산, 고독사에 대비, 장례 계획 등을 들고 있다(매경이코노미, 2012).

넓은 의미의 웰다잉은 삶의 소중함을 다시 새기는 데서 출발하여 죽음의 시간과 죽음 이후의 정리까지를 포함한다. 지금까지의 삶을 돌아보고 남아 있는 삶을 의미 있게 살고 아름답게 마무리하는 것을 의미한다. '잘 살아야 잘 죽는다'는 과제와 '잘 죽어야 잘 산 것'이라는 과제의 공통적 해답이 웰다잉이다.

죽음에 대한 적극적 탐색으로 무지에서 벗어나기[죽음 인식], 죽음의 과정이 수반하는 상실과 이별에 대한 준비[연명의료], 남은 삶에 후회와 절망을 줄이고 현명한 노년을 위한 준비[웰에이징]로 볼 수 있다.

웰다잉을 위해서는 기본적으로 필요한 세 가지의 서류가 있다. 인간관계의 정리와 더불어 재정·상속 문제 등 재정적 대비로 유언장, 연명치료나 말기 병간호에 대비하여 의료적 소신을 표현한 연명의료 의사표시, 장례나 제사 등 사후 의례에 대한 의견이나 요청을 적은 의례의향서를 말한다.

영국의 BBC에서는 삶의 아름다운 마무리를 위한 체크리스트로 다음과 같은 사항을 들었다.

· 질병 정보, 집문서, 열쇠 등 개인 정보 기록과 의사 대행자
· 자신이나 일과 관련된 미해결 건 목록
· 자신을 추억할 그 무엇
· 말기 생활계획과 사전의료의향서
· 은행계좌, 연금, 부채 등 재정 상황과 분배에 대해 적은 유언장
· 자신의 죽음을 알릴 명부, 주소록을 포함한 장례의향서

─윤영호(2014),《나는 한국에서 죽기 싫다》에서 요약

웰다잉 인식은 삶의 유한성을 인식하는 것이다. 자신의 생명이 유한할 것이기에 한 번뿐인 삶을 의미 있고 소중하게 살아야 한다는

것을 깨닫는 일이다. 부모님도, 친구도, 만나야 할 사람, 감사해야 할 사람도 언젠가 죽음으로 이별해야 한다. 부질없는 집착을 버리고, 후회할 일 줄이며 살아야 한다는 가르침이다. 웰다잉은 살아온 생을 성찰하고, 살아갈 방법을 찾아 삶의 가치를 높이는 작업이다.

현대인의 삶에는 죽음에 대한 인식이 없다. 인식이 낮은 만큼 가치도 의미도 모른다. 삶과 죽음의 가치가 없어진 자리를 돈이 차지하고 있다. 그러면서 사람들은 돈의 노예가 되고, 삶은 계산적이며 치열해지고 있다. 삶에만 집착하고 죽음을 무시하는 사회, 늙음과 죽음에 대한 고뇌가 없는 사회는 삶의 가치마저 낮다.

웰다잉은 늙음을 부정하고 죽음을 불안해 하는 데서 벗어나는 길이다. 문제는 죽어서 어디로 가는지, 얼마나 오래 사는지가 아니다. 죽음을 전제로 남은 시간을 어떻게 살지 묻는다.《갈매기의 꿈》의 저자 리챠드 바크는 "애벌레가 세상의 끝이라 말하는 것을 우리는 나비라 부른다."라고 했다. 삶이 무한한 모험이었듯이 죽음 또한 멋진 모험이 될 것이다. 생의 끝에 있을 자신의 모습을 그려보자.

1-5 죽음을 알다
- 실재하는 죽음

　죽음이란 생명이 종결된 결과적 현상이다. 육체적, 정신적 기능이 멈춰 능력이 소멸하고 생명이 끝나면 죽음이다. 생명이 결과적으로 죽음 상태에 있는 것을 의미한다. 죽음을 일련의 변화 과정으로 볼 것인지 아니면 하나의 사건으로 볼 것인지에 대해서는 아직도 정확하게 개념상의 결정을 내리지 못한 상태이다(구영모, 2010). 죽음의 순간도 인간의 삶을 육체적 관점에서 보는지, 인격의 관점에서 보는지에 따라서 달라진다(셸리 케이건, 박세연 역, 2014).

■ 의·생물학적 관점에서 죽음
　의·생물학적으로 죽음이란 생명을 유지하는 데 필요한 중심적인 기능계의 작용이 불가역적으로 정지된 상태를 말한다. 신체 특정기관의 기능이 일시적으로 정지되는 상태가 아니라 일련의 연속적 정지 상태인 동시에 불가역적 상태이다. 육체의 죽음은 통상 임상적 죽음과 생물학적 죽음으로 구분한다. 죽음을 맞기 직전의 시기부터 신체의 순환기계나 중추신경계의 기능이 저하되어 심장의 박동, 호흡운동 혹은 중추신경계의 모든 기능이 정지하는 임상적 죽음을 겪는다. 이러한 임상적 죽음 과정을 거쳐 살아 움직이던 내장이나 피부조직의 죽음, 그리고 마지막으로 우리 인체의 가장 작은 단위인 세포의 죽음에 이르기까지 전 과정의 결과가 죽음이다.

의학적인 죽음 판정의 기준은 변해 왔다. 과거에는 속광屬肱이라고 하여 호흡의 멈춤으로 죽음을 판단했다. 죽음에 임박한 사람의 코밑, 즉 인중에 솜이나 창호지를 놓아서 그 움직임 여부를 통해 숨 쉬는 것을 확인하였다. 호흡 기능, 폐 기능의 멈춤이 죽음이었다. 심전도 기계가 개발되면서 심장 기능의 멈춤으로 사망을 선언하게 되었다. 현대의 의학적 죽음은 심장과 폐의 작동 여부보다는 뇌 기능의 정지를 중요한 요소로 본다. 뇌는 대뇌, 소뇌, 뇌간의 세 부분으로 나눌 수 있는데, 뇌간의 기능만이 남아 있을 때는 영구적 식물 상태이다. 뇌 전체의 기능이 소실된 전뇌사를 사망으로 본다.

- 사회적 관점에서의 죽음

죽음은 한 개인의 문제이며 동시에 사회적 현상이다. 죽음은 사회적, 법적 역할의 상실을 의미한다. 죽음으로 자신은 정리되고 가족과 사회와 이별한다. 죽음은 어떤 형태든 가족, 사회, 국가에 영향을 끼친다. 한 대학생의 죽음이 민주화 운동의 불씨가 되고, 어떤 왕자의 죽음은 세계대전의 빌미가 되었다. 세월호 참사에서 죽음은 통수권자의 위기관리 능력을 말해 주고, 국가의 안전의식을 높이는 계기가 되기도 했다. 의료나 법에 의한 죽음의 판단이 나오면 사람을 청하여 장례를 치르는 일, 유언을 지키는 일, 주민센터에 사망신고를 하는 일 등은 사회적 관점에서 죽음이다.

■ 철학에서 죽음

철학에서는 죽음을 인간의 마지막 성장 기회라고 한다. 인간이 영원히 죽지 않는다면 그것은 고통이며, 그로 인해 삶의 의미도 없어진다. 언젠가 죽음이 있다는 사실이 삶을 더욱 가치 있게 만든다. 죽음은 인간에게 삶에서 무엇이 소중한 것인지, 무엇 때문에, 어떻게 살아야 하는 것인지를 제시한다.

삶의 의미는 자아의식을 전제로 한다. 죽음은 살아 있는 이 순간을 소중하게 여기도록 한다. 자기가 죽는다는 것을 인식하면서 삶의 의미를 생각한다. 철학에서의 죽음은 삶의 가치를 논하는 것이다. 철학 너머의 세계는 종교가 된다.

인간은 자신이 존재하지 않는 세상까지 생각해낸다. 인류가 죽음을 인식하지 못했다면 먼 어느 내일을 준비하는 삶은 없었을 것이고, 자신의 가치를 높이려는 목표나 문화도 가지지 못했을 것이다.

철학은 삶과 죽음 혹은 생명의 의미를 탐구한다. 죽음이 좋은 것인지 나쁜 것인지 답을 내리려고 한다. 삶은 영원하지 않으며 영원해서도 안 된다고 강조한다. 답이 무엇이든 죽음에 대한 사유는 삶의 의미를 강화시켜 주고 죽음의 공포를 줄여 주는 것이 확실하다.

철학에서의 죽음은 시간적이다. 죽은 후의 나에 대한 걱정은 태어나기 전의 나를 생각하면서 지우라고 한다. 죽음은 내가 없던 시간과 내가 없을 시간, 그 모르는 세계를 마주하는 계기이다. 인간이라는 존재는 주어진 시간과 공간 안에서 주어진 인간과 관계를 누리는 유한한 존재다. 그 순간을 한 번밖에 살지 못할 뿐 아니라, 그 인생 또한 한 번밖에 살지 못한다.

실존주의 철학자 하이데거는 죽음을 통하여 삶의 실존을 확인한다고 하였다. 죽음은 생의 의미이며 동시에 생의 완성이라 했다. 일상에 매몰되지 않기 위해서 죽음에 대한 불안이 필요하다고 했다. 야스퍼스는 죽음은 의심하고 걱정할 무엇이 아니라 삶의 문제라고 단정한다. 죽음의 한계상황을 인정하고 죽음 앞에서의 좌절과 절망을 사랑과 신앙으로 초월해야 한다고 권한다.

자크 루이 다비드, 〈독배를 드는 소크라테스〉(1787).

소크라테스는 독배를 들이키기 전, "나는 죽고 너희들은 산다. 어느 것이 좋은지 신만이 안다."며 죽음 문제를 신에게 넘겼다. 철학이란 죽는 법 배우기며, 죽음은 신을 직접 만나러 가는 여행이라고 했다. 셸리 케이건은 《죽음이란 무엇인가》에서 커트 보네거트 Kurt Vonnegut의 《고양이 요람》에 실린 임종 때의 기도문을 소개한다(셸리 케이건, 박세연 역, 2014).

진흙인 나는 일어나 신이 만든 멋진 풍경들을 바라봅니다.

위대한 신이시여!

오직 당신이기에 가능한 일. 결코 나는 할 수 없는 일.

당신 앞에서 나는 그저 초라한 존재일 뿐입니다.

(이하 생략)

생명은 신이 만든 진흙에서 일어나 태어났다. 신이 만든 세계를 바라보았고, 다시 잠을 청하며 죽음을 맞는다. 자신이 만난 모든 것을 사랑하며, 세상을 만든 신의 위대함을 찬탄하고 세상을 둘러볼 기회를 얻은 영광에 감사한다. 이처럼 셀리 케이건도 죽음의 문제에 신을 개입시키고 있다. 죽음이 좋으냐 나쁘냐를 따지기보다 중요한 것은 죽음을 두려워하지 말고, 죽음 앞에서 분노하거나 좌절하지 말고, 삶을 감사하라고 가르친다.

죽음은 마지막 성장이고 더 높은 의식 상태로 계속 성숙하는 변화이다. 오늘날의 억지 효도, 무의미한 연명치료, 중환자실 침상에서의 임종, 기계에 의존하는 생명, 경제적 부담, 사랑 없는 임종 등은 마지막 성장을 방해한다.

■ 종교에서 죽음

인간은 나약한 존재다. 사자의 이빨도 독수리의 날개도 없다. 그럼에도 영리했다. 자신의 죽음을 알기에 생명 연장을 위해 끊임없이 노력했고 영생을 갈구했다. 건강과 젊음에 집착하는 것은 죽음을 멀리하고 육체적 불멸을 추구하는 행위이다. 그럼에도 한정된 삶을 살고 죽어야만 하는 존재이다. 불멸이 현실적으로 불가능하다는 것을 알고 사후 세계를 만든다. 죽는 순간 영혼은 보이지 않는 어떤 차원으로 이동한다. 그곳에서 조물주를 만나고, 먼저 간 조상을 만나는 등 영원히 존재할 것이라는 불멸성을 믿는다.

인간은 나약함을 알기에 집단을 이루었고, 그 집단을 유지하기 위한 질서와 규율이 필요했다. 죽음의 한계는 영혼 불멸을 주관하는 보이지 않는 존재를 필요로 했다. 종교는 살아서 도덕적 규범을 지키고 가르침을 따르면 죽은 후에도 더 좋은 태어남이나 구원이 있을 것을 제시한다. 불교에서는 모든 말과 행동 심지어 생각까지도 업이 되어 윤회를 계속할 것이라 한다. 업은 우주에 저장되고 그에 맞는 조건이 되면 다시 세상에 나온다. 살면서 몸이 가졌던 부질없는 욕망과 집착은 죽음을 통해 해소한다. 기독교에서는 사랑하고 용서하며 살고 말씀을 따르라 한다. 말씀을 따르는 사람은 죽음에 이르러 심판을 받고, 천국에서 영생을 얻는다. 종교는 죽음을 긍정적으로 수용하도록 하고, 죽음 준비에 좋은 영향을 미친다.

종교에서 죽음은 막힌 벽이 아니라, 또 다른 문이다. 어딘가를 나간다는 것은 다른 어딘가로 들어간다는 것을 의미한다. 죽음은 사라지는 것이 아니라, 우리가 살았던 이 공간에서 몸을 버리고 알 수 없는 다른 공간으로 가는 것이다. 죽음은 지상에 머무른 시선을 돌려 먼 하늘의 별을 보는 영혼의 출생이다. 프랑스의 샤르댕 신부(1881~1955)는 "우리는 영적 체험을 하는 인간이 아니라 인간을 체험하는 영적 존재이다."라고 했다. 우리는 인간이 사는 별나라로 긴 여행을 떠나온 영적 존재이다. 죽음은 다시 고향별로 돌아가는 것이다.

1-6 죽음을 가르치다
－ 배워야 하는 죽음

> 죽음이 어디서 우리를 기다리는지 알 수 없으니 우리가 어디서든 죽음을 기다린다. 죽는 법을 배운 사람은 노예 상태에서 벗어난 사람이다. 죽는 법을 가르치는 자는 사는 법도 가르칠 것이다.
>
> －몽테뉴,《수상록》에서

일상에서 즐기는 음악, 예술, 문학 등에는 죽음에 대한 묘사가 넘쳐난다. 역사는 죽은 사람의 삶에 관한 이야기다. 대중 매체에서도 죽음에 관한 보도가 쉼 없이 이어지고 있다. 그런데도 우리는 자기의 죽음에 대해 입을 다물고 외면한다. 자신에게도 죽음이 올 것이라는 사실을 알면서도 죽음이 목전에 올 때까지 모르는 체하며 삶에 집착한다. 그러다가 갑작스러운 죽음을 선고받으면 당사자도 혼란스러워한다. 살아생전 못다 한 일과 인연에 대한 애착과 미련이 남는다. 삶을 정리할 시간도 없이 떠나기도 한다.

미래 어딘가의 삶을 내다보면 거기에 늙고 죽어갈 자신이 있다. 죽음 앞의 나를 생각하면 진정한 인생의 목표를 볼 수 있다. 그리고는 죽음을 어떻게 맞을 것인가에 대한 준비도 은연중에 한다. 죽음에 대한 준비는 자신의 마지막 삶을 선택하는 일인 동시에 남아 있는 사람들에 대한 배려이다. 평균수명이 80세 후반에 육박한 요즈음, 노인은 사회에서나 가정에서나 투명 인간이 되어 그냥 나이만 먹어 간다. 누구나 때가 되면 편안히 죽을 수 있을 것으로 생각하지만, 그것이 쉽지 않다. 죽음을 직시하고, 건강하고 정상적인 죽음을 이야기할 수 있는 기회가 주어져야 한다.

죽음에 대한 충격과 두려움을 극복할 수 있도록 하는 것이 죽음 교육이다. 죽음 교육은 죽음에 대한 사색을 통하여 자신의 과거와 미래의 생활을 평가한다. 나아가 건강하고 행복한 삶을 영위할 수 있도록 자신을 스스로 고무한다. 죽음과 대면할 때 효과적이고 합리적인 대처 방안을 제시한다. 죽어가는 사람과 남은 가족에게 적절한 돌봄과 정서적 지지를 제공한다. 나아가 유언장, 상·장례 방법, 노화와 질병 상태에서의 돌봄 등 늙음과 죽음에 대한 준비를 교육한다.

죽음 교육은 죽음과 죽어감에 대한 개념이나 주제 및 추세 등을 이해시킨다. 생명의 존귀함을 가르치고, 개개인의 삶을 의미 있게 만든다. 좋은 죽음이 무엇인지, 좋은 죽음으로 가기 위해서 무엇이 필요한지 설명한다. 죽음을 자주 생각하고 인식할수록 죽음에 대한 심리적 면역이 생긴다. 죽음에 대한 공포도 단계적으로 둔화한다. 그를 통해서 나쁜 죽음을 예방하고 가치 있는 삶을 창조한다. 죽음 교육은 장기 기증, 생명 존중, 자살 예방의 영역까지 그 효용을 넓혀간다.

죽음 교육의 이론적 바탕은 죽음학이다. 죽음학이란 죽음을 인본주의적 입장에서 받아들이도록 도와주는 학문이다. 죽음학에서는 죽음에 임박한 환자의 생태와 반응을 연구하고, 인간이 죽음을 품위 있게 맞이할 수 있도록 하는 각종 이론을 정립한다. 죽음은 어떤 것이며 어떤 의미가 있고, 그 과정은 어떤지를 탐구하며, 지금 내가 어떻게 살아야 하는지 성찰하도록 한다. 당하는 죽음에서 맞이하는 죽음으로 이끌며 사별로 인한 상실감, 비탄, 애도의 감정을 치유하는 방안을 제시한다. 죽음 교육은 죽음학을 수행하는 핵심 실천 분야이다.

생사학이란 삶의 의의를 확립하는 학문이다. 죽음과 죽어감의 과정, 사후 세계 등을 포함하여 종교, 철학, 심리학, 의학 등 다양한 영역의 죽음을 다룬다. 생사학 이론은 삶과 죽음에 대한 지혜를 심화시키고 풍성하게 만든다. 죽음을 두려워하고 회피하는 마음 상태를 돌이켜 죽음을 직시할 수 있도록 해 준다. 가족이나 친지 등 지인의 죽음으로 발생하는 상실과 슬픔에 대해서 이해하고 이에 대처할 수 있는 자기 조절 능력을 배양한다. 여기서 파생된 생사 교육은 적극적인 삶의 태도를 지닐 수 있도록 하고, 인생의 마지막 여정을 준비할 수 있는 태도를 배양한다(한국죽음학회, 2013).

죽음 교육이나 생사 교육은 학문적 내용 위주로 이루어진다. 이에 비해 웰다잉 교육은 좋은 죽음을 위한 실천적 지도에 무게를 둔다. 웰다잉은 죽어서 어디로 갈 것인가보다 어떻게 사는 것이 잘 사는 것인지를 가르친다. 그 기본 요건인 삶의 정리, 화해, 용서, 아름다운 이별을 준비하는 방안을 제시하는 것이 웰다잉 교육이다.

  죽음이 임박한 상황에서 의료적, 사회적, 경제적으로 죽음 준비는 어떻게 하는지 짚는다. 장례에 대한 지식과 사후 준비에 대한 내용 등을 포함한다. 병들기 전후, 중환자실 가기 전후, 죽기 전후에 해결해야 할 사항을 단계별로 살펴보고 실천 방안을 제시한다. 요양계획, 임종계획. 장례계획, 사후정리계획을 세우도록 지도한다. 웰다잉 교육의 내용은 주로 다음의 사항을 포함한다.

- 보다 나은 삶을 위한 준비
- 죽음에 대한 이해
- 인간답게 죽는 법
- 상실과 사별의 슬픔 치유
- 죽음의 공포와 불안에 대한 대응
- 후회 없는 삶
- 자살 방지
- 병명 통지와 정신적인 케어
- 호스피스, 완화의료
- 안락사, 존엄사, 연명의료
- 낙태, 장기 이식, 생명 존중
- 장례 및 제례 의식
- 사후 세계
- 근사체험

현대에 오면서 죽음은 종교나 철학의 문제에서부터 의학이나 법적 문제로 변화되고 있다. 정신적, 사회적 죽음이 육체적, 경제적 죽음으로 변한 것이다. 이 과정에서 죽음의 존엄이 없어지고, 삶의 존엄마저 경제적 가치로 평가된다. 이것은 물질적 풍요에도 불구하고 정신적 만족은 떨어지는 현상, 즉 경제성장에도 불구하고 정신적 빈곤과 박탈감, 그로 인한 불행 속에 사는 한국인의 역설적 삶의 원인이다. 죽음의 세계는 소유와 경쟁이 없는 평화의 세계이다. 죽음을 가지겠다고 다투지 않는다. 먼저 죽겠다고 싸우지 않는다. 다만, 그 속을 모르는 수박처럼 껍질에 싸여 있다. 알면 친해지고, 모르면 멀어진다. 죽음이라는 보이지 않는 것을 두드려 보고 그 속을 알아보는 것이 웰다잉 교육이다. 알면 부정하고 회피하기보다 당당히 마주보게 된다.

노인복지관이나 노인대학에 웰다잉 교육이 없다. 요가나 체조, 노래교실은 넘쳐난다. 웰다잉 특강은 개설해 놓고, 안내도 하지 않는다. 어르신들이 죽음 이야기를 싫어할 것이라는 추측이 그 이유다. 실제로 교육을 마치고 나면 반응은 반대다. 종사자들의 이해가 부족한 탓이다. 죽음 교육 혹은 웰다잉 교육이라는 이름으로 입관 체험, 유언장 쓰기 등 일회적 체험 교육이 유행하기도 했다. 이것은 죽음 교육의 한 부분일 뿐이다. 진정한 웰다잉 교육은 '어떻게 죽을 것인가'라는 질문에 대해 '어떻게 살아야 할 것인가'로 대답한다. 삶을 보다 가치 있게 영위하고 그 질을 고양하기 위한 일환으로 죽음의 질을 논의하는 것이 웰다잉 교육이다.

웰다잉 교육이 죽음을 이해시키고 죽음의 질 향상에 도움이 되려면 전문적 상담과 교육이 가능한 자질 높은 강사가 필요하다. 노인시설이나 평생교육과정에 웰다잉 과정을 개설해야 한다. 더불어 중·고교 정규과정에도 죽음 교육을 포함하도록 하고, 대학의 교양과정에도 노화나 죽음과 관련된 교과목을 개설하여 본격적으로 죽음 인식을 개선해야 한다. 삶과 죽음에 대한 통찰과 죽음 인식 제고를 통해 죽음의 질을 높이려면 국민적 차원에서의 교육 없이는 불가능하기 때문이다.

주어진 시간 열심히 살다가 때 되어 가면 된다. 죽음은 마주칠 그때 해결하면 되는 것이지 미리부터 걱정할 필요가 없다. 맞는 말이다. 그러나 하루하루 열심히 산다는 것은 늙음이나 죽음에 대한 회피일 뿐이다. 죽음을 걱정하자는 말은 아니다. 죽음은 언젠가 한 번은 내게 온다. 미룰 수 없고 피할 수 없기에 달아나다 붙잡히듯 만나지 말고 당당하게 만나자는 이야기다. 언젠가 있을 생의 마지막을 예상하고 준비하자는 것이다. 죽음은 삶의 동반자이며, 동시에 삶의 보완자이기 때문이다.

1-7 죽음의 질을 논하다
- 좋은 죽음

■좋은 죽음

좋은 죽음의 개념은 시대별로나 개인별로 다양하다. 우리 선조들은 인간 세계의 연장선에서 죽음을 맞았다. 윤달이면 미리 수의를 준비하고 가묘를 세우며 죽음을 새겼다. 임종 때가 되면 자기의 죽음을 예견하고 자녀를 불러 모이게 한 후 유언을 하고, 과거 잘못에 대해 용서를 구하고, 손을 잡고 마지막 작별인사를 하며, 자손 앞에서 자신의 몫을 다한 흡족한 죽음을 맞으려고 했다. 슬퍼하는 가족을 달래기도 하고 약을 물리치고 편안한 가운데 죽음을 맞으며, 여한이 없음을 담담히 전했다. 식솔에게 연약한 모습을 보이지 않으려고 애썼고(구미래, 2015), 이와 같은 죽음을 좋은 죽음으로 인식했다.

현대에 오면서 죽음은 조용하게, 위생적으로 처리되어야 하는 남의 일이 되었다. 그와 함께 산 사람은 죽어가는 사람에게서 멀어졌다. 병원은 사람을 치료하는 곳이지만 위생상, 정신 건강상, 의례의 편리상 이유로 죽음을 맞이하는 곳으로 변했다. 죽음의 의료화는 사람의 마지막을 변화시켰다. 그와 더불어 '죽음의 질'을 논하고, '좋은 죽음'을 이야기하기 시작했다.

좋은 죽음이란 부모를 앞선 자녀가 없는 죽음, 자녀가 임종을 지켜주는 죽음, 부모 노릇 다하고 맞는 죽음, 고통 없는 죽음, 천수를 다한 죽음, 준비된 죽음이다(김미혜 외, 2004). 70~80세까지 편안하게 살다가 임종기간은 짧게, 신체적 고통이나 정신적 불안과 두려움 없이 자기가 살던 집에서 사랑하는 사람과 신체적 접촉과 애정을 서로 나누면서 죽는 것이다. 적절한 수명을 누리고 죽는 것, 무병사하는 것, 자식이나 배우자를 먼저 보내지 않고 죽는 것, 자손에게 폐를 끼치지 않고 죽는 것, 가족이 다 있는 앞에서 죽는 것, 자손이 다 잘사는 것을 보고 죽는 것, 수면사하는 것, 무통사하는 것 등을 의미한다(정유석 외, 2002). 좋은 죽음이란 아프지 않고, 임종과정이 길지 않는 죽음을 들기도 한다(이명숙, 2012).

좋은 죽음의 요건에 공통적인 것이 준비된 죽음, 편안한 죽음, 존엄한 죽음이다. 모든 것이 준비된 적당한 시기에, 사랑하는 가족에게 둘러싸여 고통 없이, 인간의 존엄성을 유지한 채 죽는 것이다. 영국의 Debate of the Age Health and Care Study Group은 좋은 죽음의 기준으로 다음의 12가지를 제시한다.

① 자신의 죽음과 남은 삶에 대한 예상
② 남은 인생에 대한 조절 능력
③ 인간적 존엄성 유지와 사생활 보호
④ 통증과 증상의 조절
⑤ 임종 장소의 선택
⑥ 전문가로부터 정보 습득

⑦ 영적·정서적 지지

⑧ 호스피스 간호

⑨ 임종 시 함께할 사람의 선택

⑩ 자신의 생명연장에 대한 자기결정 존중

⑪ 이별의 시간을 갖는 것

⑫ 무의미한 생명 연장하지 않기

─Debate of the Age Health and Care Study Group(1999) :

손의성·홍세희(2007)과 이명숙(2012)에서 재인용

또, '죽음의 질'quality of death 또는 '좋은 죽음'good death의 개념에는 다음과 같은 속성을 포함한다.

① 죽어가는 사람은 자신의 임박한 죽음을 알고 있어야 하며

② 그 죽음을 담담하게 받아들일 수 있어야 한다.

③ 죽어가는 사람은 사랑하는 사람과 함께 있어야 한다.

④ 죽음은 충분히 살았다고 여겨질 때 이루어져야 한다.

⑤ 죽음의 과정은 다른 사람에게 부담이 되지 않아야 한다.

⑥ 죽음은 비교적 덜 고통스럽고 비탄이 없어야 한다.

⑦ 죽어가는 사람이나 그 가족은 임종치료에 대한 결정을 통제할 수 있어야 한다.

─Field, M. J. & Cassel, C. K(2001)

■ 영국의 죽음 복지

좋은 죽음은 죽음의 질을 의미하는 것이다. 좋은 죽음을 위한 국가 차원의 노력과 실천으로 세계에서 죽음의 질이 가장 좋다고 하는 영국의 생애말기돌봄전략End of Life Care Strategy을 참고해 본다.

영국은 2008년부터 1년에 걸쳐 의료보장제도와 사회복지제도 내에서 상대적으로 관심이 낮았던 생애말기에 대한 돌봄전략을 개발하였다. 정부 주도로 죽음에 대한 인식 변화를 유도하고 사회·경제적 차이에 상관없이 생애말기에 가까워지는 사람이 양질의 진료에 접근할 수 있도록 하였다. 생애말기에 불치병을 앓고 있는 모든 환자가 사망할 때까지 가능한 한 잘 살 수 있도록 도와주는 돌봄정책을 편 것이다. 생애 마지막 단계부터 사별에 이르는 전 과정에 걸쳐 가족과 환자에 대한 지원과 완화의료의 요구를 충족시키는 의료적 접근이다. 여기에는 통증 및 기타 증상의 관리뿐만 아니라 심리적, 사회적, 영적 및 실질적인 지원이 포함된다. 말기환자는 집, 케어 홈, 요양원, 병원 등 어디서든 말기 돌봄 서비스를 무료로 받을 수 있게 하였다.

이 돌봄에는 크게 죽음과 생애말기에 대한 대중의 관심을 촉구하고 인식을 바꾸는 캠페인과 계획적 시행과 사후 분석을 위한 시스템도 포함된다. 주요 사업은 다음과 같다.

① 다잉 매터스 dying matters

다잉 매터스는 '죽음을 금기시하는 문화를 바꾸자'는 취지로 2009년 발족한 민관합동기구이다. 이 기구는 광범위하고 포괄적으로 죽음 인식과 사별 문제에 대한 토론을 지원하고 회원을 확보하며 생애말기에 관한 캠페인 활동을 전개한다.

② 당신의 1% 찾기 find your 1%

의사가 마지막 시간에 있는 것으로 보이는 환자를 파악하고 돌봄계획을 수립하도록 장려하는 캠페인이다.

③ 사전돌봄계획 advance care planning

향후 치료를 위해 환자가 바라는 것을 파악하고 환자를 돕는 것을 목적으로 하는 토론과 검토의 과정이다. 생애말기 돌봄을 필요로 하는 사람들에 대한 평가, 생애말기 치료의 우선 순위, 적정진료지침, 완화치료 계획 등이 포함된다. 특정한 상황에서 치료를 거부하거나 완화의료 관리에 대한 사전 결정 및 선택을 정형화된 문서로 작성하고 보관한다. 사전돌봄계획에는 국민 생애말기 e-러닝 과정도 있다.

④ 전자 완화의료조정 시스템 electronic palliative care systems

전자 완화의료조정 시스템은 지역 내 생애말기돌봄을 담당하는 일반의들에게 생애말기돌봄전략을 설명해 주기 위해 기술된 말기진료등록시스템을 말한다. 이 시스템은 일반의가 생애말기에 접어든 환자에 대한 의료를 조정하는 데 목적이 있다.

⑤ 환자 가족이나 보호자의 서비스에 대한 평가

생애말기 중 마지막 3개월에 이루어진 의료 서비스의 질에 대해서

설문조사를 하는 것이다. 설문조사는 익명으로 이루어지고 영국 통계청이 조사 분석한다.

⑥ 심폐소생술 시도하지 않기

심폐소생술 시도하지 않기는 일관되고 지속적인 정책이다. 돌봄에 대한 사전 결정에는 치료거절 사전 결정, 심폐소생술 시도하지 않기, 응급보건의료계획이 포함된다. 시간이 지나면 환자가 선택 능력을 상실할 수 있으므로 불필요한 돌봄의 가능성을 최소화할 수 있도록 사전에 결정을 하고 문서화한다.

―정은선(2014), 〈영국의 생애말기돌봄전략〉 요약

죽음의 질은 개인의 죽음 인식, 사회환경과 의료체계 등 여러 가지 제도와 상황의 영향을 받는다. 좋은 죽음을 위해서는 죽음 인식의 변화가 있어야 한다. 바람직한 죽음 인식은 삶과 죽음에 대한 개인적, 사회적 고민과 성찰을 바탕으로 한다. 죽음 인식을 바꾸는 것이 웰다잉 운동이다.

웰다잉은 '잘 죽는 것' 또는 '좋은 죽음'을 포함한다. 좋은 죽음의 요건에는 호스피스, 무의미한 연명치료하지 않기, 고통 없는 죽음, 자손에게 폐 끼치지 않기, 임종과정이 길지 않을 것 등의 항목이 거의 공통으로 들어 있다. 웰다잉의 실천을 위한 기본적이며 필수적인 조건은 현명하고 편안한 노후를 보내고 연명의료로 생명을 억지로 연장하지 않는 것이다.

김난도 교수는 2016년 대한민국 사회를 전망하면서 웰다잉 시대의 본격적인 개막을 예상했다. 2015년부터 시작된 건강보험공단의 웰다잉 교육 운영을 그 이유로 들었다. 2016년 1월 '연명의료결정에 관한 법'이 국회를 통과했고, 일부에서 관심을 보이기 시작하면서 산발적으로 운영되던 웰다잉 강의도 다양해지고 많아졌다. 하지만 좋은 죽음 혹은 웰다잉에 관한 인식이나 관심은 아직 그 문턱 앞에 겨우 와 있는 정도라고 할 수 있다.

人生無根蔕(인생무근체) 인생은 뿌리도 꼭지도 없어
飄如陌上塵(표여맥상진) 표류하는 것이 길 위에 먼지와 같네.
分散逐風轉(분산축풍전) 나뉘고 흩어져 바람따라 옮겨 다니니
此已非常身(차이비상신) 이것 이미 항상 있는 몸 아니로구나.
…(중략)…
盛年不重來(성년불중래) 젊은 때는 다시 오지 아니하고
一日難再晨(일일난재신) 하루에 새벽은 거듭되지 않는다네.
及時當勉勵(급시당면려) 때가 되면 마땅히 힘써야 하느니
歲月不待人(세월부대인) 세월은 사람을 기다리지 않는다오.

— 도연명陶淵明, 〈세월부대인歲月不待人〉에서

1-8 죽음을 용납하다
– 용납 가능한 죽음

어제, 그저께 영축산 다비장에서
오랜 도반을 한줌 재로 흩뿌리고
누군가 훌쩍거리는 그 울음도 날려보냈다.

거기, 길가에 버려진 듯 누운 부도
돌에도 숨결이 있어 검버섯이 돋아났나
한참을 들여다보다가 그대로 내려왔다.

언젠가 내 가고 나면 무엇이 남을 건가
어느 숲 눈먼 뻐꾸기 슬픔이라도 자아낼까
곰곰히 뒤돌아보니 내가 뿌린 한줌 재뿐이네.

―설악 무산, 〈재 한줌〉 전문

무병장수는 인간의 원초적 욕망이다. 인간의 수명이 계속 얼마나 늘어날지 알 수는 없다. 생명을 연구하는 학자들은 대부분 120살을 인간 수명의 한계로 보고 있다. 그렇다고 누구나 건강하고 활력이 넘치게 120년 동안을 산다는 것은 아니다. 평균 수치가 그렇다는 이야기다. 사람 대부분은 자연적 수명natural life span 내에서 평균적으로 살 것을 예상한다. 따라서 자연적 평균수명 이후에 죽음이 발생한다면 비록 슬프지만, 비교적 받아들이려 한다(김도경, 2013). 다른 사람과 비교해서 억울하지 않고, 대체로 예측한 대로 살았기에 용납 가능한 사건으로 여기는 것이다. 여기서 '용납 가능한 죽음'tolerable death이라는 개념이 성립한다.

존엄한 죽음은 생의 마지막 시기에 오는 고통을 피하며 존엄을 유지하고 싶어 하는 차원과 인간의 존엄성에 대한 가치 문제이다(미셸 오트쿠베르튀르, 김성희 역, 2014). 존엄한 죽음이란 죽음을 삶의 마지막 단계로 파악하며, 거부하지 않고 의식적으로 '받아들이는 것'이다(한스 큉·발터 옌스, 원당희 역, 2010). 가장 기본적으로 생명 유지를 위하여 이루어지는 연명치료를 중단하고 자연적 죽음을 '받아들임'으로써 인간으로서 지녀야 할 최소한의 품위를 지키면서 죽을 수 있도록 하는 것이다(이순민, 2012). 이처럼 웰다잉의 근본에는 존엄한 죽음이 있고, 그 밑바탕에는 죽음을 '받아들이는 것'이 있다.

모든 생명에게 가장 강한 본능이 생존 본능이다. 죽음을 피하고 오래 살고 싶어 하는 인간에게 죽음을 받아들이는 일은 쉽지 않다. 전공의와 의사를 대상으로 한 조사에서도 좋은 죽음의 가장 핵심요소로 죽음의 받아들임이라고 제시했다(유상호, 2013). 의료의 발달로 죽음을 언제든 맞을 수 있는 운명적 사건이 아니라 무한대로 연기할 수 있는 사건으로 인식한다. 늙고 죽는 것이 자연현상이 아니라 조절 가능한 의지의 산물이라 착각하며, 늙음과 죽음을 이해하고 용납하는 마음이 없다. 이 상황에서는 존엄한 죽음이나 웰다잉이 있을 수 없다.

죽음을 용납할 수 있을 때 삶의 여한 없는 마무리가 가능하다. 삶에 집착으로 인한 죽음의 질 저하 문제는 죽음을 받아들이지 못하는 것에서 출발한다. 생에 대한 집착은 치료에 대한 기대를 높이고, 그 기대를 가지고 계속하는 치료는 또 다른 통증이나 부작용을 가져온다. 힘들게 치료를 했는데도 병세가 호전되지 않으면 원망과 분노가 일어난다. 이 상태에서 환자가 사망하면 남은 가족도 경제적 어려움과 함께 의료에 대한 배신감을 가진다. 이 모든 것은 죽음을 받아들이지 않은 결과라고 볼 수 있다.

관과 수의를 준비하고 장지를 미리 마련하는 장례준비도 죽음을 받아들이는 신호다. 그러나 본질적인 죽음의 용납은 더 살고 덜 살고의 삶의 시간에 매달리지 않는 것에 있다. 좋은 죽음이 되기 위해서는 임종 이전 단계에서부터 죽음을 긍정적으로 받아들이는 마음이 있어야 한다. 죽음을 연기하기 위한 노력과 투자보다 용납 가능한 죽음의 요건을 충족하는 삶을 누리는 것이 더 중요하다. 용납 가능한 죽음은 다음의 5가지 요건을 가진다(Danile Callahan, 2000).

① 삶의 가능성을 완성

삶의 가능성을 어느 정도 완성했을 때 맞는 죽음이어야 한다. 삶은 자신의 목표를 달성하기 위해 영위한다. 자신의 삶에서 적절한 목표를 달성했다면 죽음이 다가와도 굳이 부정하지 않는다. 자신만이 할 수 있고 꼭 해야 하는 목표를 가지면 죽음도 두렵지 않다. 독립투사들이 국가와 민족을 위해 죽음을 불사하는 일이나 군인이 국가에 목숨을 걸고 충성을 맹세하는 일 등 자신의 목표와 신념이 완성될 경우 죽음을 받아들인다. 사업의 열정, 사랑의 열정 등 이것만 이룬다면 죽어도 좋다는 생각이 드는 일을 성취해도 삶은 완성된 것이다. 자신의 죽음과 바꿀 만한 가치 있는 인생의 목표를 둔다면 죽음의 두려움이 떠오를 겨를이 없다. 그 목표를 달성한 후 죽음을 만나야 한다. 인생의 성취 없이는 웰다잉이 없다. 웰다잉은 성공적으로 잘 사는 것이 먼저다. 삶의 가능성이 완성되었을 때 죽어야 그것이 웰다잉이다.

② 도덕적 의무 완수

다른 사람에 대한 도덕적 의무를 다했을 때의 죽음은 용납해야 한다. 부모나 자식의 도리를 다하는 등 가정의 구성원으로 책임과 의무를 다한 후 삶을 정리한다면 다행한 일이다. 자신을 존재하게 해 주거나 자기 자신이 책임져야 할 사람과 세상에 대해 도덕적 의무를 다하고 맞이하는 죽음은 당당하게 받아들일 수 있을 것이다.

③ 감정적 충격 없이

다른 사람에게 감정적 충격을 주지 않는 죽음이면 용납이 가능하다는 뜻이다. 죽음의 방법도 다양하고 결과도 복잡하다. 갑작스럽고 고통이 따르는 죽음은 가까운 사람에게 감정적 충격을 준다. 이러한 죽음을 피하고 자연스럽고 편안한 죽음이면 용납해야 한다.

④ 분노와 절망을 주지 않고

인간 존재의 유한성에 대해 절망이나 분노를 부추기지 않을 것으로 여겨지는 죽음이어야 한다. 원한이나 타의에 의한 죽음이어서는 안 된다. 존경 속의 죽음이어야 한다.

⑤ 통증과 망설임 없이

죽음이 참을 수 없는 고통, 존엄성을 훼손하는 통증과 같이 해서는 안 된다. 죽음의 시간에도 인간의 존엄이 지켜져야 한다. 인간의 존엄을 객관화할 수 없는 만큼 존엄한 죽음의 개념을 객관화하는 것도 어려운 일이다. 죽음을 앞둔 상황에서 삶과 죽음의 존엄에 대한 논의는 회복 불가능한 환자의 수명연장을 위한 행위와 관련해서 개념을 잡으면 가능하다. 전적으로 기계에 의지하면서 생명을 연장하는 상태나 병원의 중환자실에서 생명연장 장치에 의지하여 살아가는 경우는 현실적으로 존엄한 삶이라 할 수 없다. 이렇게 맞는 죽음은 존엄한 죽음이 아니다.

환자가 병에 대한 의혹을 가지고 지내면 오히려 불안은 커진다. 얼마 남지 않은 시간을 충실하고 의미 있게 보내는 것이 중요하다. 죽음의 용납을 위해서 환자의 상태를 정확하게 알리고, 환자 자신도 정확히 알아야 한다. 알리는 것을 미루다가 중환자실로 옮겨져서 인공호흡기를 장착하면 환자의 의사표현 기회는 원천 봉쇄된다. 갑작스러운 죽음을 맞는 것은 정리할 시간과 기회를 박탈당하는 것이다. 동시에 용납 가능한 죽음도 멀어진다. 알폰스 데켄은 죽음을 적극적으로 알려야 하는 이유를 기본 인권으로서 자기의 병을 정확히 알 권리이며, 가족과 의료진의 신뢰 유지를 위해서도 서로 올바른 정보를 공유해야 한다고 했다. 위험에 대비하여 사전에 알리면 그에 대응할 방법이 생기고, 사고를 당해도 피해를 줄일 수 있듯이 죽음에 대한 정보도 정확하게 알려주어야 한다.

웰다잉은 죽음을 용납할 수 있을 때 가능하다. 용납가능한 죽음은 우선 평균수명에 생의 목표를 정하는 것에서 벗어나야 한다. 용납 가능한 죽음의 개념은 웰다잉의 근본 개념이며, 바람직한 삶의 마무리를 위한 요건이다. 추억을 공유하고, 삶의 의의를 확인하며, 정리를 마친 후 존엄을 유지한 채로 흔쾌히 죽음을 맞는 것이 용납 가능한 죽음이고 웰다잉이다.

웰다잉에 이르는 삶을 살고 죽음을 준비한다면, 막연히 수명을 연장하려는 어리석은 노력에서 벗어나야 좋은 삶의 완성인 평안한 죽음을 성취할 수 있다.

너는 자신을 버리고 사랑을 얻었는데,
나는 나를 지키느라 나이만 먹었다.
사랑하지 않는 자는 모두 유죄다.
자신에게 사랑받을 대상 하나를 유기했으니,
변명의 여지가 없다.
　　　　　―노희경, 《지금 사랑하지 않는 자, 모두 유죄》에서

첫째 문턱

죽음 인식

제2장

죽어감

우리는
죽음에 대한 걱정 때문에
제대로 살지 못하고,
삶에 대한 걱정 때문에
제대로 죽지 못한다.
죽음은 인생의 끝일 뿐 목표는 아니다.
― 몽테뉴, 《수상록》에서

2-1 죽음은 과정이다
－ 임종의 개념

　죽음의 도래는 순간이 아니라 과정이다(미하엘 데 리더, 이수영 역, 2011). 죽음은 어느 순간에 갑자기 일어나는 것이 아니라 일정한 기간 진행되는 것이다. 죽음의 완성을 위해서는 죽음에 이르는 과정, 즉 사망과정이라는 중간을 거쳐 가는데 이를 임종이라 한다. 죽어가는 과정이 끝나면서 살아 있는 상태도 종결되면 죽음이다. 임종이란 의사의 판단에 의해 죽음이 시작되는 시점에서부터 법적·사회적 죽음을 경험하는 과정이다. 사람의 죽음은 임종을 거쳐 운명함으로써 완성된다.

　임종이란 사전적으로 '숨을 거둘 때' 또는 '죽을 때'를 의미한다. 삶을 회복할 가능성이 희박한 상태에서 죽음에 직면하게 되는 때, 죽음이 임박한 시기에서부터 죽음 완성기까지를 일반적으로 임종이라고 한다. 생명을 잃을 위기에 직면한 시점부터 죽음의 시점까지의 과정이 바로 임종이다. 그 외에도 임종이라는 말은 "죽은 사람에 대해 슬퍼하고 애석하게 여기는 일, 죽음을 받아들이는 방법, 꺼리고 피하는 일"이라는 의미로도 쓰인다.

　의·생물학적 관점에서 보면 임종은 생명이 끝나는 시간이다. 일반적으로 '의사가 환자의 사전기死前期(죽음에 이르기 직전의 상태)에 입회하여 죽었다는 판단을 내리는 시점'을 임종이라 한다. 환자의 호흡과 혈압이 떨어지는 등 의학적으로 표준 치료에 반응하지 않으면서 생명이 급격히 악화되는 시기다. 마지막 48시간 동안의 그런 과정에 국한해서 적용할 것을 권한다(고양곤, 2005; 백승균, 2008). 몸의 기력이 다하고 호흡이 멈추려는 시간으로 남은 가족이 보았을 때 곧 운명하겠다는 생각이 드는 시간과 상황이다. 의료현장에서는 임종을 하나의 진단으로 보고, 임종 판단은 주로 진료를 담당하는 의사의 재량에 의지한다.

삶과 죽음은 이분법적으로 구분되는 것이 아니다. 죽음은 찰나에 일어나는 문제가 아니며, 사는 동안 지속된다. 임종은 삶에서 죽음의 상태로 바뀌는 과정이다. 죽어감은 죽음을 향해 생명이 나아가는 것을 말한다. 인간은 누구나 한 번은 죽어야 한다는 점에서 보면, 삶 전체가 죽어감이다. 우리는 살아가는 동시에 죽어간다고 할 수 있다. 죽어감은 출생의 순간부터 시작되는 삶의 과정 전체와 같은 과정이다. 그러나 누구나 살아간다고 생각하지 죽어간다고 생각하거나 표현하지 않는다.

임종이라는 용어의 개념을 명료하게 정립하기는 어렵다. 우리나라의 임종에 관한 논문 대부분에서는 퀴블러 로스의 'On Death and Dying(Elisabeth Kübler Ross, 2003)'에서 소개한 '죽음에 이른 환자가 가지는 다섯 가지 반응'을 인용하고 있다. 이것을 '임종 5단계' 또는 '죽음 5단계'라고 번역하여 사용한다. 원래 이 책에서 다룬 조사 대상은 죽을 병에 걸린 말기환자, 시한부 말기환자였다. 이런 환자를 '임종자' 또는 '임종환자'라 번역하여 사용한다. 그 외 '임종전환자', '죽음직전환자', '말기환자', '시한부환자'라고 해석하기도 한다. 그만큼 임종이라는 용어는 다양한 상황을 표현한다. 죽음과 임종을 서로 구별하지 않고 사용하기도 한다.

　임종의 시간적 구획을 객관적이고 구체적으로 정하기 어렵다. 임종과정이라는 구체적 한계 시간을 설정하는 것은 가능하지도 않고, 합리적이지도 않다(장욱, 2013). 임종의 시간과 상황이 확정적인 것이 없고 개인별로 차이도 있다. 따라서 임종의 개념은 표준화, 객관화하기 어렵다. 임종과정은 의사와 가족 간 소통을 통해 결정되는 것이 현실적이고 합리적이다.

　종교에서는 죽음의 임박을 임종이라 한다. 임종을 거치면서 육체와 정신이 소멸하고 사후 세계로 들어가 영혼이 된다. 전통 상장례의 초상에서 초종은 곧 초종 장사라고 하며, 이것을 임종이라 하기도 한다. 기독교에서는 사람이 숨을 거두는 것을 운명 또는 죽음이라 하였고, 운명이 다가온 것을 임종이라고 한다. 천주교의 상장예식은 죽음 이전의 임종예식과 죽음 후의 운명예식으로 구분한다. 이것으로 보면, 임종은 죽음에 임박한 죽음 이전의 사건이고, 운명은 숨이 멈춘 시점 이후의 상황이다. 불교에서는 상장의례를 임종의례, 시다림, 다비의례의 세 분류로 나누었고, 상장의례의 시작은 임종의례부터라고 한다. 임종은 생유生有, 본유本有, 사유死有, 중유中有의 사유四有에서 사유死有에 해당한다.

임종의 순간은 삶과 죽음의 경계선이다. 죽어가는 과정이 종결되고 죽음의 상태로 전환되는 시점이다. 죽어가는 당사자에게는 삶을 정리하는 시간이며, 보내는 사람에게는 이별이며, 반성과 애도의 시간이다. 이때의 모습은 남아있는 유족이 기억하는 마지막 모습이다.

삶의 종말에 대부분은 환영을 겪는데, 죽어가는 사람에게 삶의 연속성을 암시한다고 해석한다(피터 팬윅·엘리자베스 팬윅, 정명진 역, 2008). 좋은 환영을 가지면, 웃음을 띤 밝고 편안한 모습으로 임종한다. 반대로 쫓기듯, 도망치듯 일그러진 임종을 하는 경우도 있다. 임종시 환영은 대개 살아서 겪은 일들이 일순간 나타나는 삶의 반영이다. 따라서 웃으며 죽으려면 평소에 많이 웃고 좋은 일을 많이 해야 한다.

옛 사람들은 고종명考終命을 오복五福 중의 하나로 꼽았다. 잘 죽어야 잘 산 것이다. 임종은 전 생애에서 삶과 죽음의 갈림길이다. 그 순간의 의미는 크다. 사람의 삶이 성공적인지 아닌지를 죽음의 순간으로 판단하기도 한다. 인간적 존엄성은 삶의 마지막 순간까지 유지되어야 한다. 병의 치료나 통증의 완화만큼 경건한 임종을 맞는 것도 중요하다. 그래야 인간다운 삶을 살았다 할 수 있을 것이다.

오복五福은 《서경書經》·주서周書 '홍범편洪範篇'에 나오는 문장으로 열거하면 다음과 같다.

"오복五福은 일왈수一日壽요 이왈부二日富요 삼왈강녕三日康寧이오 사왈유호덕四日攸好德 오왈고종명五日考終命이니라."

다섯 가지 복은, 첫째가 장수하는 것, 둘째가 부유한 것, 셋째가 신체가 건강한 것, 넷째가 좋은 덕을 가진 것, 다섯째가 일생 동안 평안하게 살다가 천명天命을 마치는 것을 의미한다. 곧 수壽·부富·귀貴·덕德·고종명考終命이다.

―《네이버 지식백과사전》

2-2 죽어감을 보다
– 임종 과정

　임종은 살아날 가능성이 희박한 상황에서 죽어가는 과정을 말한다. 뇌의 신경과 신체조직이 죽고 세포 전체의 생명 현상이 정지되어가는 이행 과정이다(백승균, 2008). 눈의 정기가 없어지며 눈동자가 커지고, 호흡과 혈맥의 박동이 멈추고, 전신이 싸늘해졌을 때를 이른다. 이에 비하여 죽음은 심장, 허파, 동공 등의 생물학적 유기체가 생존 능력을 상실해 다시 소생할 수 없는 상태에 든 것을 의미한다. 임종에 대한 판단 요소는 회생 가능성, 치료에 대한 반응, 증상의 악화, 죽음의 임박 등이다. 죽음이 임박한 과정은 가역적 과정, 비가역적 과정, 의식불명 전 과정, 의식불명 후 과정 등으로 구분할 수도 있다. 환자가 회생 가능성 없는 비가역적非可逆的인 사망 과정에 진입한 시점을 임종이라 한다.

　임종 시간이 되면 오랫동안 잠을 자거나 의식을 차리지 못하는 시간이 길어진다. 호흡이 곤란해지고 숨을 쉴 때 심한 소리가 난다. 중간중간 무호흡의 상태를 보이기도 한다. 물을 삼키지 못해 입안이 건조해지며 소변이 진해진다. 손발이 차가워지면서 그 차가움이 온몸으로 퍼지고 피부가 희어지거나 파랗게 변한다. 심장박동이 약해지며, 혈액순환장애로 푸른빛과 자줏빛 반점이 나타난다. 떨림이나 발작, 근육경련, 정신착란 증세를 보이기도 한다. 인지력이 감소하고 임종환영臨終幻影을 보기도 한다. 이때가 되면 스스로가 죽음이 다가온 것을 느끼고 가족에게 마지막 인사나 당부를 하기도 한다. 그 후 마지막 숨을 몰아쉬면 육체적 생명이 끝난다.

임종자는 이 순간에도 자신의 품위와 인격을 유지하려는 욕구를 가진다. 동시에 삶과 죽음에 대한 불확실성으로 인한 공포, 두려움, 허탈감, 비애감, 저항감, 외로움, 슬픔, 자아통제감 상실 등의 심리상태를 나타낸다. 임종말기 단계가 되면 불안은 감소하며, 무감동한 특성을 보이기도 한다(권중돈, 2008). 가족은 슬픔, 위축감 등을 경험하기도 한다.

임종 단계에서는 의식과 관점이 삶에서 죽음으로 이동한다. 엘리자베스 퀴블러 로스는 죽어가는 사람들의 심리 변화 과정을 부인, 분노, 타협, 우울, 수용 등 5가지 형태를 설명하고 있다. 데켄은 기대와 희망이라는 종교적 변화를 추가하였다. 이러한 과정을 두고 그에 맞는 돌봄을 제공하라는 의미일 것이다. 임종과정에서 죽어가는 사람과 돌보는 사람에게 나타나는 육체적, 심리적 변화와 그에 대한 바람직한 대처가 매우 중요하다. 의사는 육체적 고통을 줄여주어야 한다. 충분한 완화의료를 제공하고 잔여 수명을 예측하여 그에 대비하도록 한다. 당사자가 의식이 있을 때는 자신의 상황을 직시하고 수용하도록 한다. 가족은 심리적 고통을 줄여주는 데 최선을 다해야 한다. 먼저, 환자를 임종실이나 1인실로 따로 모신다. 그간의 삶에 대해 감사를 이야기하며 환자가 마지막까지 보람을 느끼도록 해 준다. 주변을 청결하고 조용하게 유지한다. 죽음에 임박하면 안심과 마음의 평안을 얻도록 조용한 소리로 기도를 하거나 경전을 읽어준다. 종교와 상관 없는 경우 평소 즐겨 듣던 음악 중 조용한 음악을 들려준다. 더불어 죽어가는 본인은 삶을 정리하고 유언을 한다.

운명의 시간이 오면 붙잡고 흔들거나 큰 소리로 부르지 않는 것이 좋다. 의식이 없어져 갈 때는 옆 사람의 이야기가 천둥소리 같고, 이 한 마디가 마차의 무게와 같다고 한다. 호흡은 멎어도 감각이 완전히 소멸한 것은 아니다. 몸이 식을 때까지 조용히 기도를 계속해 주다가 어느 정도 시간이 지난 후 장례를 위한 준비를 한다.

임종으로 죽음은 시작되고 삶은 완성된다. 달라이라마는 "죽은 후에 극락이나 천당으로 가느냐, 지옥으로 가느냐가 결정되는 것이 아니다. 삶의 종착점인 임종을 보면 좋은 곳으로 갈 사람인지 그 반대인지를 알 수 있다."라고 하였다(달라이라마·제프리홉킨스, 이종복 역, 2007).

임종 상황은 임종자에게 삶의 완성이자 마무리이지만, 남은 사람들에게는 떠나보내는 마지막 이별의 순간으로 특별한 의미를 가진다. 타인의 임종을 통해서 사람은 죽음의 상황을 공유하기도 한다. 임종을 지키면서 죽음은 삶의 한 부분으로 항상 같이 존재하는 것을 깨닫는다. 임종을 통하여 간접적으로 죽음에 대한 태도를 배우며, 그 것을 통해서 진정한 삶의 의미를 발견하기도 한다.

오늘날 우리 사회에서 임종은 보기 어렵다. 가장 큰 원인은 임종의 장소가 가정에서 병원이나 노인수용시설로 변하였기 때문이다. 가족구조와 주거문화가 변함에 따라 생사문화生死文化가 가정 중심에서 병원 중심으로 옮겨졌다. 병원에 맡겨진 임종 전 환자는 생명존중이라는 구호 아래 죽음이 미뤄진다. 기업화된 병원의 상업적 전략에 의해 치료의 가능성이 없는 환자에 대한 의학적 조치가 늘어나고 있다. 장례의례는 살아 있는 자식의 대인관계를 확인하는 장소로 변했다. 장례식은 간소화라는 이름 아래 상업화·전문화·표준화되어 간다. 그에 비해 평온한 죽음, 아름다운 죽음을 위한 노력인 좋은 임종은 찾아보기 어렵다.

웰다잉은 좋게 죽어감을 의미한다. 재해사, 돌연사, 자살에서는 임종이 없다. 그만큼 불행한 죽음이다. 임종 시간에는 임종자가 가장 평안하고 안정된 상태에서 생을 마치고 변화를 받아들이도록 하는 것이 중요하다. 죽음 과정에서 불필요한 고통은 되도록 배제시킨다. 임종자로 하여금 덧없는 세상의 욕망을 버리도록 심적 안정을 취하게 해준다. 스스로도 영원한 이별을 준비하도록 해야 한다.

2-3 죽음을 챙기다
― 임종 의례

죽음은 살아온 경험과 생각에 따라 다르게 받아들인다. 나이를 먹으면 배우자나 친구의 상실, 본인의 질병 등으로 죽음에 대한 생각이 많아진다. 죽음에 대한 생각이 많을수록 '심리적 면역 효과'로 죽음의 두려움은 줄어든다. 시간이 가면서 자기 마음을 편안히 가지려는 '단계적 둔화 현상'도 죽음을 수용하는 자세를 가지도록 한다. 과거에는 온 가족이 같이 지켜보던 임종이 심리적 면역 효과와 단계적 둔화 역할을 했다. 다른 한편에서 꾸준히 그 역할을 해온 것이 종교이다.

종교는 죽음을 전제로 존재하며, 죽음을 받아들이는 방법을 제시한다. 인간은 종교를 통해 죽음과 죽음 이후의 세계를 배운다. 죽음은 영혼의 문제와 직결되므로 임종자를 돌보는 데 종교의 역할은 크다. 죽음의 이해와 수용은 대부분 종교와 관습에 따라 이루어진다. 임종은 죽음 바로 앞의 육체와 정신 그리고 몸을 떠나는 영혼에 관심을 두며, 종교적으로 중요한 의미를 가진다. 그에 따라 임종의례로써 그 종교의 죽음관을 반영한다.

종교는 의례를 통하여 죽음에 의미를 부여한다. 영혼이나 내세의 문제를 해결하기 위해 특별한 종교적 의례를 행하는 공통성을 가진다. 인간은 죽음 이후의 세계를 가정하고 죽음의례를 통하여 보이지 않는 세계에 대한 동경과 희망을 표현한다. 종교는 이러한 현상을 체계적으로 발전시킨 결과물이기도 하다. 종교 신자는 외형적인 의례를 통하여 하나가 되고 지속적 만남을 이룬다. 임종의례를 행함으로서 임종은 마지막 순간인 동시에 새로운 시작, 혹은 새로운 출발의 시점이라는 것을 공식화한다. 종교의 임종의례는 죽음이 임박한 사람들에게 정신적 두려움을 이겨내고 편안하게 운명을 맞이할 수 있도록 도와준다.

거의 모든 종교에서는 임종의 순간에 어떤 의식을 갖는가가 영혼의 미래 상태를 결정짓는다고 본다. 따라서 임종자의 의식을 올바로 인도하고 임종하는 사람의 영혼을 위해 쉼 없이 기도문을 외우고 성인의 이름을 반복해서 부른다.

■ 유교의 임종의례

동양은 서양과 비교하면 가족 간 유대의식이 강하며, 죽음은 자연으로 환원한다는 인식 또한 강하다. 이러한 유대와 자연회귀自然回歸 사상은 사후 세계나 내세來世를 부정하는 모습으로 나타난다. 유교에서 죽음은 우주만물의 질서로 자연의 법칙과 하늘의 뜻에 따라 자연으로 돌아가는 것이다. 삶과 죽음을 시작과 끝으로 볼 때, 임종은 마침의 과정이다. 마침을 위한 유교의 상장례식 절차는 복잡하고 엄숙하다. 이렇게 죽은 조상을 섬김으로써 어른은 가족공동체 내에서 자연스럽게 공경받는 구심점이 된다.

유교의 상장의례는 임종을 위한 천거정침遷居正寢에서부터 시작된다. 환자가 회복이 불가능하다고 판단되면 남자는 정침正寢[사랑방]에 여자는 내침內寢[안방]에 옮겨 임종하도록 한다. 천거정침遷居正寢 단계에 이르면 객지에 나가 있는 자식과 가까운 가족을 급히 모이게 한다. 자식은 환자의 손발을 잡고 숨이 넘어가는 것을 지켜보는데 이를 임종 또는 종신이라 한다. 임종이 확인되면 복復을 세 번 외친다. 이를 고복皐復이라고도 한다. 고복이란 주검을 떠나는 영혼을 불러서 망자가 다시 살아나게 하기 위한 의례이다. 혼을 부른다는 뜻에서 초혼招魂이라고도 하며, 이 단계까지를 임종으로 본다.

유교에서 임종의 시간은 불효를 반성하며 애도하는 시간이다. 임종은 생과 사의 분리, 사람과 영혼으로 분리를 확인하는 과정이며, 상장례의 다른 부분과 마찬가지로 효의 표현이다. 유교에서 말하는 바람직한 임종은 살아생전에 부와 덕을 쌓고 남자 자손을 많이 두고 천수天壽를 다한 후 자기 집에서 식구들이 지켜보는 가운데 임종을 맞이하는 것이다. 가족과 함께 죽음을 지켜보며 죽음으로 인해 헤어지는 아픔을 가족이 함께하고, 살아남은 자손이 죽음을 확인한 후 장례를 준비시키는 시간이다. 신앙적 의미보다 가족주의적 의미에서 중요한 행위이다. 대부분의 자녀가 객지에서 살고, 죽음이 병원에서 진행되는 현대에는 이와 같은 가족 중심의 임종이 불가능해졌다.

■ 기독교의 임종의례

기독교는 인간 생명의 영원하와 영혼의 불멸성에 대한 신앙이다.

기독교에서 죽음은 삶의 종말이며 심판의 계기이다. 이것은 하나님에 대한 불순종不順從에 대한 비극적 결과이며, 신의 의지에 따른 인간의 운명이다. 인간이라는 생명체는 하나님의 영적현존靈的現存이기는 하나, 불멸적不滅的인 신성한 본질은 갖고 있지 않으므로 사는 동안 천국에 갈 준비를 해야 한다. 죽음 이후에는 심판과 천국이 있으므로 죽음에 의해서 신의 영원한 세계에 참여할 수 있다고 믿는다. 임종은 그리스도를 본받는 가장 좋은 때이다. 이 세상과의 결별인 동시에 하나님을 만나서 구원 여부가 최종적으로 확정됨으로 신적인 영원한 행복으로 들어가는 시간으로서 의미가 있다.

기독교의 임종의식은 목회자의 주도하에 수행된다. 목회자는 임종 순간이 생에서 가장 중요한 시간이므로 정성을 다해서 기도하고 보살핀다. 임종예배 의식은 운명 전과 운명 후로 나누어 진행한다. 죽음은 삶의 종국이 아니라 하나님께로 돌아가는 관문이므로 부활의 소망을 가지도록 하나님에 대한 믿음을 더욱 강조한다. 임종의례는 교인의 봉사와 협동심을 발휘하는 계기이며, 선교의 기회이다. 기독교에서의 임종은 성직자 주도로 임종자와 유가족, 그리고 동료 신도들이 모두 참여하는 종교 행위의 한 분야이다. 가족과 이별의 의미보다 하나님의 세계에서 하나님을 만날 기회를 얻는 것에 더 큰 의미를 둔다.

■ 천주교의 임종의례

천주교에서 죽음은 영원한 단절이 아니라 하느님 안에서 새로운 삶으로 옮겨 가는 것이다. 천주교에서는 임종의례를 모든 의례 중 가장 중요하게 여긴다. 사람이 이 세상을 떠나는 순간은 엄숙하고 중요한 때이며, 영원한 생명을 얻을 수 있느냐 없느냐는 이 순간에 결정되기 때문이다. 기도와 사랑으로 임종자를 이끌고 잘못을 회개하도록 도우며, 하느님의 뜻에 순명하게 한다.

천주교의 임종예식은 주례자主禮者가 사후 세계에 대한 확신을 갖도록 도와주는 것을 목적으로 집전執典한다. 임종자는 일생을 마무리하며 죽음을 묵상하고, 가족과 신자는 임종자가 신앙 안에서 죽음을 맞을 수 있도록 고해성사告解聖事를 포함한 병자성사病者聖事, 노자성체路資聖體를 모실 것을 권한다.

주례자를 통해 바치는 기도와 예식은 회개와 참회, 믿음과 희망, 사랑, 봉헌, 죄의 용서와 자비를 구하는 내용으로 영원한 생명으로 이끌어줄 것을 바라면서 행해진다. 그 외에도 성경독경, 화살기도, 호칭기도 등의 기도와 찬송을 이어가고 운명 때에는 운명의식[연도 煉禱]을 집전한다.

천주교에서의 임종은 구원과 심판의 시작을 의미하고 신앙심을 고취하고, 교인의 단합과 소속감을 일깨우며 새 생명을 얻는 과정이며 목회자와 동료 신도가 중심이 되어 진행한다.

■ 불교의 임종의례

생사 문제의 해결과 생사 윤회로부터 자력적 해탈, 미혹의 세계에서 벗어난 깨달음을 얻는 것이 불교의 목적이다. 여기서 생사 문제란 오래 사는 것이나 사후 세계에 대한 답이 아니라, 죽음의 두려움을 여의는 방법을 모색하고, 생사를 올바로 파악하는 진리인식眞理認識을 통하여 생사를 초월한 열반의 경지에 이르는 것을 뜻한다.

불교는 현실 세계의 고통을 벗어나는 해탈을 추구하는 실천적이며 현실적 가르침이다. 또한, 삶과 죽음에 대한 고뇌의 해결, 즉 삶에 번민하지 않고 죽음에도 불안해하지 않는 온전한 생명을 추구한다.

불교에서 죽음에 관한 인식과 해석은 다양하다. 먼저 죽음 등 형이상학적인 문제에 대하여 무기無記라 하며, 깨달음과는 상관없는 문제로 보았다. 한편으로는 죽음의 과정은 깨달음의 과정이며, 죽음에 대한 관찰과 자각을 통하여 죽음을 극복함으로써 한 단계 더 성숙한 인간이 되도록 가르친다. 삶과 죽음을 따로 구별하지 않고 결국은 하나라는 관점이 생사일여生死一如 정신이며, 생과 사를 나눌 수 없으니 생사즉열반生死卽涅槃이며, 원래 생과 사가 같고 다르지 않으니[不二], 삶과 죽음은 분리된 것이 아니라 삶이 곧 죽음이라는 것이다. 죽음은 멀리 있는 것이 아니라 지금 이 순간에도 함께하고 단 한 번의 숨 사이, 마지막 한 호흡 사이에 있다. 산다는 것은 곧 죽는다는 뜻이며, 죽음을 향해서 간다는 뜻이다.

불교에서 임종의 과정은 지금까지 살아온 삶의 전 과정을 보여주는 시간이다. 감각이 죽고, 몸의 의식이 소멸하고, 숨이 멎으며 환각을 느끼기도 하는 때이다. 이때의 환영이나 죽어가는 모습은 살아온 대로 모습을 그대로 반영한다. 선업을 많이 닦은 사람은 아름답고 환희에 찬 즐거운 환영이 나타난다. 영혼의 실체도 어둠 속에서 광명의 세계로 들어가는 것 같아 임종자의 표정도 밝아진다. 이처럼 선업을 지은 사람은 기쁜 현상이 전개되고 태연하고 근심 없이 즐거운 상태에서 천화遷化하게 된다. 반대로 악업을 지은 영혼은 마치 밝은 데서 어두운 곳으로 들어가는 것과 같은 상태가 전개된다. 죽음의 찰나에도 무섭고 기괴한 환상을 보게 된다. 혼미한 생각으로 범했던 악업의 환상이 발동하여 암흑세계가 펼쳐지며, 괴로운 죽음을 면치 못하는 것이다. 불교에서는 이렇게 임종의 순간을 묘사하면서 살아있을 때 선업을 쌓을 것을 강조한다.

임종의례는 죽음이 임박한 사람에게 정신적 두려움을 이겨내고 편안하게 운명을 맞이할 수 있도록 도와준다. 따라서 운명이 가까워져 오면 평소 믿고 있거나 관심 있던 종교의 성직자를 모셔다 임종의례를 행하는 것이 도움이 된다. 모든 종교에서 임종의례를 행함으로써 임종은 마지막 순간인 동시에 시작, 출발의 시간이라는 것을 공식화시킨다.

임종의 순간에 죽어가는 사람이 가져야 하는 마음가짐과 돌보는 사람의 정신 자세와 행동 요령은 제시되었으나 거의 무시되고 있다. 상장례의 시작인 임종의례를 이해하고 실천하는 것이 '좋은 죽음', 즉 '웰다잉'으로 가는 기본이다. 최소한 가족과 멀어진 중환자실에서의 임종만큼은 피해야 한다.

2-4 임종이 실종되다
– 임종 현실

 인간의 삶은 거의 중요한 시간에 대한 대비로 이루어진다. 임종은 한 사람의 삶을 마감하는 중요한 시간이다. 중대한 질병과 죽음에 대비한 보험이 있다. 장례를 치르기 위한 상조에 가입하기도 한다. 그러나 죽음을 마주하는 시간에 대한 준비는 없다. 임종을 준비하려는 태도보다 어떻게 해서든 살아야 한다는 생각이 더 많다. 죽음에 대한 열린 소통을 두려워하고, 죽음 인식이 불안과 공포에 머문 탓이다. 위험을 사전에 알리면 그 대응 방법이 생기고, 대비하면 사고를 당해도 피해를 줄일 수 있는 것처럼 임종을 위한 준비가 있어야 한다.

 죽음이 얼마 남지 않았을 때 삶의 시간은 더 소중하다. 사람들은 얼마 남지 않은 귀한 시간을 무의미한 연명치료나 대체요법에 삶과 돈을 낭비한다. 더는 치료의 효과가 없을 것이라고 안내해도 불신과 갈등으로 혼란스러워한다. 이때부터 의사나 전문가의 도움을 받아야 하는데 오히려 더 말을 듣지 않는다. 중대한 질병에 걸렸다고 하면 풍문에 떠도는 온갖 효험 있다는 풀을 달여 먹는다. 기적을 바라고 명의를 찾고 신약이 발명되기를 기대한다. 검증 안 된 대체요법을 찾아 밥도 굶는 기도원에서 마지막 삶을 외롭게 보낸다. 그러다가 어느 낯선 병원 응급실이나 중환자실 병상에서 가족과 인사 한마디 못 나누고 임종을 맞는다. 병상 밑에 둔 신발은 다시 신어보지 못하고, 입고 간 그 옷은 입어보지 못한다. 얇은 환자복을 입은 채 병원을 떠나지 못하다가 죽어서야 그곳을 벗어난다.

실제로 병원에 있어도 별로 나을 것은 없다. 죽음의 신호에도 불구하고 의료조치는 계속된다. 호흡 곤란이 오면 인공호흡기를 연결하기 위해서 기관지를 절개해 산소를 공급한다. 콧줄로 특수 음식을 공급하는 등 몸에 부착된 생명줄만 점점 늘어난다. 중환자실로 가면 전문화된 치료를 위해서 가족과의 면회가 제한된다. 하루 한두 차례 20분 가량 면회가 허용되지만 손을 잡아보는 게 전부다. 죽음의 의료화는 좋은 임종을 막고, 죽음을 뿌리친다. 시간이 갈수록 고통만 늘어난다. 심장박동이나 호흡수를 계측하기 위한 기계음, 가래를 뽑아내는 기계음, 옆 환자의 신음과 함께 있다가 죽음을 맞는다.

사망 원인 1위인 암의 경우 더욱 그렇다. 초기 암은 완치가 목적이다. 진행기에는 생명연장이, 말기의 경우 통증에서 벗어나 편안함을 주는 것이 목적이다. 그러나 우리나라에서는 처음부터 끝까지 치료하는 것을 목적으로 한다. 화학 항암요법은 항암치료의 독성으로 삶의 질이 저하되는 부작용이 크다. 완치를 기대하다가 환자가 체력적으로 이겨내지 못하고, 가족이 경제적으로 버틸 수 없을 때 항암치료는 결국 중단한다.

환자의 심장박동이 멎으면 심폐소생술을 하기도 한다. 사전에 의논된 것이 없으면 의료진의 판단 아래 시행하게 된다. 심폐소생술은 결국 편안한 죽음을 방해하는 일이다. 삶의 마지막은 이렇게 낭비된다. 정리할 시간과 기회마저 의료에 박탈당한 것이다.

임종이 실종失踪되었다. 주거문화의 변화, 가족의 의미와 가족 구성의 변화는 죽음을 가정에서 병원으로 옮겼다. 임종의 종교적 필요성과 유의미성有意味性이 상실된 탓도 크다. 개인 중심적, 물질 중심적, 결과론적 사고방식이 팽창되어 죽음의 정신적·영적인 부분보다는 육체적이고 편의적이며 현실적인 문제에 더욱 집착한 것도 원인이다. 존엄한 죽음을 위한 심적·영적인 부분의 노력은 축소되고, 임종보다 상례에 치중하는 죽음 문화를 만들게 된다.

의학과 과학의 발달도 좋은 임종을 어렵게 한다. 임종을 효도의 개념으로 해석하고, 효도를 증명하기 위하여 연명의료에 집착한다. 여기에는 환자의 존엄성에 대한 고려는 없다. 죽음 앞에까지 계속되는 의료행위는 임종의 본래 의미를 상실하고 있다. 2014년 우리나라 사망자 중 병원에서 죽는 사람이 73%이다. 집에서 임종을 원하지만 그런 경우는 16.6%에 불과하다. 병원에서 죽는 대부분의 사람은 임종이 제대로 이루어지지 않는 죽음을 맞는다.

좋은 죽음, 웰다잉은 말 그대로 좋은 임종에 달려 있다. 현대인은 효율성과 부의 창출을 최대 목적으로 삼고 산다. 이러한 사고방식이 임종의 과정도 축소하거나 숨겨버리는 현상을 만든다. 삶의 결과가 죽음이라는 것을 알면서도 죽음의 과정은 등한시하고 무시한다. 죽음을 맞이하는 과정, 즉 임종 무시는 죽음 무시로, 죽음 무시는 삶과 생명의 가치마저 경시하는 원인이 된다.

임종을 잘 실천하는 것이 '좋은 죽음', 즉 '웰다잉'의 기본이다. 좋은 임종의 실천은 존엄한 죽음 문화를 만들고, 존엄한 죽음 문화는 생명존중으로 이어진다.

죽음과 관계된 예식을 장례식葬禮式이라고 부른다. 이 말은 매장할 때 갖는 예식이라는 뜻이다. 죽음에 대한 사람들의 관심이 시신을 땅에 묻는 과정에 쏠려 있음을 알 수 있다. 자신을 죽음에 맡기고 죽음으로써 이별을 고하는 시간을 준비하는 것이 웰다잉이다. 웰다잉 혹은 좋은 죽음을 만들기 위해서는 장례식 앞 과정인 임종에 더 많은 관심을 가져야 할 것이다. 임종을 실천하면 남은 가족의 결속이 좋아질 것이며 고인을 보낸 뒤의 비탄도 줄어들 것이다.

잠들면서까지 살아갈 것을 걱정하는 자와

죽으면서도 어떤 것을 붙잡고 있는 자를

나는 보았네

길은 또다른 길로 이어지고

집을 떠나 그 길 위에 서면

바람이 또 내게 가르쳐 주었네

인간으로 태어난 슬픔을

다시는 태어나지 않으리라 다짐하는 자와

이제 막 태어나는 자

삶의 의미를 묻는 자와

모든 의미를 놓아 버린 자를

나는 보았네

—류시화, 〈길 가는 자의 노래〉 중에서

2-5 좋은 임종을 실천하다
― 임종 지도

　임종자는 육체적으로 고통을 피하며 사랑과 애정을 확인하고 싶어 한다. 왜 병에 걸렸는지, 숨을 거둔 뒤 남겨진 가족은 어떻게 될 것인지 등 죄책감이나 불안감으로 마음 상태가 혼란하다. 자신만만했던 생활이 막을 내려가는데 깊은 비애감에 잠기게 된다. 불안, 우울, 분노와 적개심, 죄의식, 수치심, 두려움 등 정서적 반응을 보인다. 이것은 불완전한 뇌나 신경계의 신체적 장애로 인한 경우도 있지만 갈등, 좌절, 불만과 같은 정신 혼란에서 비롯된다(서광, 2004). 이 순간에도 자신의 품위와 인격을 유지하려는 마지막 욕구를 가지고 있다.

　좋은 임종을 위해서는 죽음에 임박한 사람의 마음가짐[정신적]이나 몸의 변화[육체적], 행해지는 장소[환경적]에 대한 준비가 필요하다. 보호자가 적극적으로 죽음의 순간에 개입하여 죽음에 대한 공포나 고통 속에 있는 임종자가 마음의 안정을 찾도록 해야 한다. 얼마 남지 않은 생을 아름답게 마무리지을 수 있도록 도와야 한다.
　죽음이 임박하면 일상이 생각나게 하는 말이나 행동을 하지 말아야 하며, 통곡을 하거나 흔들어 깨우는 일, 숨이 끊어진 후 곧바로 손발을 거두거나 자리를 움직이는 일 등은 하지 말아야 한다. 편안하게 보내야 남은 사람도 온전해진다. 조용하고 깨끗한 환경에서 죽음을 맞이할 수 있도록 해야 한다.

■ 가족의 공유와 유대

임종 시간에는 함께하고 싶은 사람과 같이 있어야 한다. 돌보는 사람은 임종자에게 여생이 얼마 남지 않았다는 것을 알려주고 남은 시간을 의미 있고 효율적으로 사용토록 배려해야 한다. 정서적 불안에 대비하여 손을 잡아주며 회상과 마음의 정리를 도와준다. 이때 환자 스스로가 해야 하는 일에 대한 통제권을 빼앗아서는 안 된다. 신체적 고통이 심한 경우 의학의 힘을 빌려 제거해야 한다.

가족들은 상황을 정확하게 인식하여 충분한 애정과 이해와 존경을 내보여야 한다. 불필요한 고통과 괴로움을 주는 일은 되도록 배제하는 것이 바람직하다. 임종자와 가족은 대화를 통해 재산정리 등 유언뿐 아니라 감사와 아픔을 표현하도록 해야 한다. 세상에 남겨진 사람과 인연을 마무리하며 참회와 용서의 시간을 가지도록 한다. 임종자와의 대화는 임종을 맞이하는 사람의 통증이나 불안을 완화하기 위해서도 필요하다.

■ 종교적 지원

종교는 오늘의 고통과 미래의 죽음을 위해 존재한다. 죽어가는 사람에게는 편안함을, 보내는 사람에게는 불필요한 사별의 슬픔에서 벗어나게 해 준다. 임종자는 종교를 통해서 죽음 넘어서 희망을 품게 될 것이다. 종교적 지원은 임종자가 죽음에 대한 불안에서 벗어날 수 있도록 돕는다. 임종할 때 가족이나 의료진 외에도 종교인처럼 임종자의 마음에 평안을 줄 사람도 있어야 한다. 그 외 임종 준비 방법, 임종 시 기도법, 입관 전후에 할 일, 시신 처리 방법, 장례식과 이후에 해야 할 일, 문상 때의 예절 등도 종교의례에 따른다.

■ 완화의료

삶의 마지막 순간에 불필요한 통증을 줄여 주는 것이 완화의료다. 의미 없는 고통을 받지 않음으로써 인간다운 죽음을 맞이하도록 돕는다. 암환자의 경우를 보더라도 마지막까지 항암치료의 고통을 벗어나지 못하고 있다. 죽음의 질이 높은 선진국의 경우, 불필요한 치료나 의미 없는 생명연장보다 인생의 마지막 순간에 삶을 잘 정리하고, 사랑하는 사람과 의미 있는 시간을 가지도록 한다. 말기환자가 마지막 시간까지 인간적 대접을 받고, 존엄한 임종을 하기 위하여 완화의료를 충분히 활용해야 한다. 불필요한 과잉치료는 없애고, 치유 불가능한 환자에 대한 적절한 완화의료가 제공되어야 좋은 임종을 만들 수 있다.

■ 임종실

병원이 치료보다 죽음을 기다리는 곳으로 변해가고 있다. 예전에는 집안에서 식구에게 둘러싸인 가운데 죽음을 맞았다. 오늘날은 병원이나 시설 등의 낯선 장소에서 낯선 사람에게 둘러싸여 죽음을 맞는다. 병원에서의 임종은 자기의 죽음을 타인에게 보이게 된다. 동료 환자도 보고 싶지 않은 타인의 죽음을 보게 되는 경우가 많다. 죽음이 임박한 사람도 타인이 죽어가는 과정을 볼 때 공포가 커진다. 이런 임종 문화를 고치기 위해서 죽는 장소에 대한 배려가 필요하다. 죽음을 앞둔 사람들의 만남이 의료기계와 장기臟器의 만남이 아니라 사람과 사람의 만남이 되어야 한다. 그 답이 임종실이다.

임종 때 가족은 체온을 느낄 수 있도록 하고 통곡하지 말 것을 강조한다. 임종자의 의식은 숨을 거둔 뒤에도 몸을 떠나지 않고 남아 있어서 여전히 지각활동知覺活動을 하고 있다고 본다. 때문에 12시간이 지나 죽은 사람의 온몸이 차갑게 식고 의식이 몸을 완전히 떠난 뒤에 비로소 죽었다고 인정해야 하며, 숨을 거둔 후 12시간이 지난 후에 안치하도록 권하고 있다. 그러나 의사의 진단과 동시에 시신은 별도로 모셔지는 것이 오늘날의 현실이다. 이러한 문제를 해결하려면 임종실은 충분히 확보되어야 한다.

보호자는 환자와 같이 하면서 헛된 희망을 주는 말이나 상태에 대한 거짓말을 해서는 안 된다. 시간이 얼마 남지 않았음을 알리고, 하고 싶은 일이 무엇인지 확인하고 도와주도록 한다. 어떠한 경우라도 끝까지 같이할 것이라는 확신을 준다. 민간요법 이야기가 나오면, 한 발 물러나서 생각해 보아야 한다. 기적을 바라서는 안 된다. 가정에서 간병을 하는 경우, 환자 돌보기보다 문병 오는 가족 돌보는 것이 더 힘들다. 다른 가족이나 친척과 간병 부담을 나누어 져야 한다.

좋은 임종은 마음의 준비가 필요하다. 시니어 관련 기관이나 노인대학에서 죽음 교육을 통하여 죽음의 의미와 죽음을 받아들이는 자세에 대해 자세히 알려줄 필요가 있다. 노인들이 죽음과 가까워지도록 다양한 프로그램을 개발하고, 임종 준비를 할 수 있도록 죽음을 생각하는 자리를 많이 만들어야 한다. 청소년교육에서도 죽음에 관한 내용으로 부모에 대한 효도와 가족에 대한 사랑을 강조할 수 있고, 생명존중 의식을 높일 수 있다.

이제 먼저 해야 할 일은

잊는 것이다

그리워하는 그 이름을

미워하는 그 얼굴을

잊지 못하는 그 사람을

모두 잊고 훌훌 털어버리는 것이다

잊음으로써 그대를

그리움의 감옥으로부터 해방시켜야 한다

잊음으로써 악연의 매듭을

끊고

잊음으로써 그대의 사랑을

완성해야 한다

—장석주, 〈잊자〉 중에서

둘째 문턱

연명의료결정

제3장

연명의료결정 제도

하느님께서
이사를 준비할 여유를 우리에게 주셨으니,
우리는 그 채비를 해야 한다.
짐을 꾸리고,
서둘러 친구들과 작별한다.
바야흐로 우리를
사회에서 떼어놓아야 할 때다.

― 몽테뉴,《수상록》에서

3-1 죽음의 의료화에 대비하다
— 연명의료

생애말기에 필연적으로 다가오는 것이 죽음의 문제다. 인간은 대부분 노화를 거쳐 죽음에 이른다. 한 개인이 삶을 시간의 축선에 놓고 볼 때, 노화와 죽음은 구성원 모두가 경험하게 되는 삶의 후반부에 나타나는 현상이다. 죽음의 수준은 개인적 관심, 가족의 부양 여건, 사회적 환경, 의료적 지원 등의 상황에 따라 달라진다. 고령화와 더불어 편안하고 품위 있는 죽음을 위한 자기 노력이 더욱 절실해졌다. 핵가족화와 여성의 사회 진출 증가로 생애말기를 가족과 함께하기 어렵고, 생애말기 삶의 질을 고려한 시설이나 복지지원 관리체계가 부족하기 때문이다.

오늘날 죽어가는 생명은 의료조치의 대상으로 존재한다. 고령인구의 증가와 질병 양상의 변화로 암을 비롯한 만성퇴행성질환의 발병률과 사망률이 높아지고 있다. 그에 따라 말기환자도 늘어난다. 그들 대부분은 죽기 전까지 치료 중심의 의료시설에서 죽음의 시간만을 연기시키려는 의료조치에 의존한다. 과거와는 반대로 생명이 다해 가는 신호가 오면 집에 있던 말기환자도 곧바로 병원으로 향한다. 의사는 실낱같은 생명을 이어주기 위해 무엇인가 할 일을 찾는다. 편히 있을 병실도 없이 응급실과 중환자실을 오간다. 인간적 존엄, 고통, 비용 등의 문제는 다음이다. 생명의 가치가 삶의 존엄에 우선한다. 오로지 수명연장이 목표다. 죽음을 준비하고, 나름대로 유언장을 작성해 두어도 죽음의 순간은 원하는 대로 이루어지지 않는다.

오늘날 대부분의 사람은 얼마 남지 않아 더욱 소중한 시간을 병실에서 보낸다. 중증환자에 대한 국가 지원이 대형병원의 의료처치 쪽으로 많아지면서, 그 혜택의 그늘에서 인간다운 죽음을 준비하기보다 수명을 더 연장하는 데 노력과 경비를 쓴다. 병상에 누워 주삿바늘을 꽂고 천정을 바라본다. 통증을 참으며 기적을 바란다. 위급상황이 오면, 심폐소생술을 받고, 인공호흡기를 달고 중환자실에 머문다. 가족과 눈 한 번 마주치지 못하고 죽음을 맞는다. 호화로운 장례식장에서 살아남은 사람의 관계를 확인하기 위한 의례에 들어간다. 상조회사 직원이 시키는 대로 3일을 보내면 죽음이 마무리되고 모두 일상으로 돌아간다.

병원에서 죽음을 맞는 일이 많아지면서, 죽음의 문제는 의학적 논의의 대상이 되었다. 의료가 죽음을 판명하는 시대에서 죽음은 운명이 아니라 권한의 산물이다. 위장된 효도와 의료의 과장된 욕망은 임종을 미루는 데 합작한다. 이런 죽음 과정은 인간의 존엄을 손상하고, 자연적 죽음의 길목을 가로막는 행위이다.

가장 인간적인 진료는 의도적으로 죽음을 미루지 않는 것이다. 죽음의 길을 열어 두고, 낡아 못 쓰게 된 육신이 벗어날 수 있도록 해야 한다.

2014년 노인 실태조사에 따르면 65세 이상 노인의 10명 중 9명이 연명의료를 거부하겠다고 한다(한국보건사회연구원b, 2015). 의식불명 상태이거나, 삶을 다시 찾을 수 없을 정도로 심각한 상황이면 치료를 거부하겠다는 이야기이다. 현행법상으로 문서로 작성된 의사표시가 있고 보호자가 원하면 이 희망은 수용된다. 그렇지 않으면 환자는 육체적 고통으로, 가족은 경제적 고통으로, 의료진은 심리적 고통으로 한 생의 마지막을 접한다. 살아날 희망이 없어 마음 아픈 사람, 이별에 가슴 쓰린 사람이 준비 없는 현실의 고통에 한 번 더 멍든다.

연명의료중단 또는 결정은 삶의 질을 위한 조치이다. 회복 불가능하고 죽음이 확실한 사람에게 생명이 짧아지는 한이 있더라도 남은 시간을 가치 있게 쓰도록 하는 것이다.
스스로 죽음을 앞당기면 '자살'이라 한다. 죽음이 임박하거나 죽음보다 괴로운 고통에 있는 사람에 대해 어떤 행위를 가해 생명을 의도적으로 단축하면 '촉탁·승낙에 의한 살인죄'에 해당한다. 연명의료를 중단한 결과 더 이른 죽음을 맞은 경우는 '존엄한 죽음'이라 부른다. 장수와 중증환자의 증가 등 노인과 죽음에 대한 사회 환경의 변화로 존엄한 죽음에 대한 규정이 필요해졌다. 죽음의 의료화와 더불어 나타나는 세계적인 추세이다.
2016년 1월, '호스피스 완화의료 및 임종과정에 있는 환자의 연명의료 결정에 관한 법'이 국회를 통과했다. 완화의료 부분은 2017년 8월에 시행·적용되었다. 그 외 연명의료와 관련된 부분은 2018년 2월부터 효력이 발생했다.

이 법이 국회를 통과했을 때 매스컴은 '연명치료를 거부할 권리', '자기결정 존중', '인간다운 죽음', '웰다잉의 실현'이라는 용어를 사용하면서 긍정적 보도를 쏟아냈다.

내용을 보면 이야기가 달라진다. 법률 전문가는 '의사의 의학적 판단 존중', '법률적 시도', '좋은 죽음에 대한 인식'이라는 의미로 평가한다. 국민의 존엄한 죽음보다 의사의 면책과 국가 개입을 위한 법이다.

좀더 자세히 들여다보면, 죽음을 통제할 구실을 나열하며 기관을 새롭게 만들고 세금을 쓸 궁리를 한다. 사전연명의료의향서만 있으면 웰다잉이 될 것처럼 온통 사전연명의료의향서에 관한 규정이다.

사전의료의향서는 이미 다른 나라에서는 한물간 방식이다. 쓰다 남은 몽땅 연필과 같다.

한 대학병원 의사는 "완화의료에 건강보험이 적용되면 수익성 때문에 주저하던 병원들이 호스피스 병동을 확대하고, 환자들의 인식도 달라지는 계기가 될 것(매일신문, 2015.5.6)"이라고 전망했다. 그러나 지금까지 호스피스 병동 신축, 증축 소식은 많지 않다.

우리나라에서는 매년 약 26만 명 정도가 사망한다. 그중 급성질환, 사고, 자살 등을 제외하면 약 20만 명이 만성질환이나 노쇠와 맞서다가 죽음을 맞는다. 그들 중 대부분은 대형병원 중환자실에서 의식도 없이 튜브와 호스를 건 채 시간을 버티는 과정을 겪는다. 생명이 끊어지는 시간을 조금이라도 미루려는 어리석은 시도이다. 좋은 인연의 사람과 눈을 마주치며 더불어 삶을 정리하는 모습은 성스럽고 아름답다. 연명의료를 이해하고, 연명의료법을 적절하게 활용해야 한다. 연명의료에 대한 소신이 죽음의 수준을 결정하기 때문이다.

3-2 연명의료는 선택과 결정이다
- 관련 용어

　법률에서 용어의 개념 정립이 중요한 요소이다. 법령은 언어적 표현을 통해 규정화된다. 법률에서 사용되는 용어는 분명한 의미와 적용 범위를 확실하게 표현할 수 있어야 하고 이해하기 쉽게 구성되어야 한다(김성룡, 2006). 법률과 관련하여 다양한 개념이 존재하면 기준 설정과 사회적 합의를 끌어내는 데 저해 요인이 되기 때문이다.

■ 연명의료

　죽음이 임박한 환자에 대한 의료행위는 치료의 목적이 없다. 이미 시작된 죽음 과정을 인위적으로 연장하는 의료행위를 '연명치료' 또는 '생명연장치료'라고 한다. 연명치료Life-Sustaining Treatment는 상병의 원인을 직접 치료하거나 주된 병적 상태를 개선할 수는 없지만, 생명은 연장할 수 있는 치료행위를 말한다. 단순히 생명을 연장하기 위한 행위로서 심장마사지, 인공호흡, 점적수액요법 등의 소생술을 포함한다.

　의료와 치료는 약간의 차이가 있는 개념이다. 치료란 병이나 상처 따위를 잘 다스려 낫게 한다는 뜻이다. 의료란 인간 질병의 예방, 조기 발견, 치료, 사회복지 등을 목적으로 하는 의학의 실천이다. 의료와 치료는 행위의 주체에 따라 의료인에 국한되면 의료라 하고 비의료인이 하는 행위를 포함하면 치료라 구분하기도 한다(김도경, 2013). 최근에는 의료라는 용어가 질병의 진단과 치료라는 협의의 개념에서 벗어나 예방과 재활에까지 그 범위를 넓혀가고 있다. 보살핌, 돌봄, 생명유지 행위는 치료라기보다는 의료의 개념에 가깝다. 그런 의미에서 연명치료보다는 연명의료라는 용어를 사용하고 있다.

연명의료결정법에서는 연명의료의 범위를 좁게 제한한다. 연명의료 범위를 심폐소생술, 인공호흡기 착용, 혈액투석, 항암제 투여 등의 4가지 조치로 한정한다(2019년 3월 28일부터 앞의 4가지에 체외생명유지장치-에크모, 수혈, 승압제 사용 등 3가지 의료 조치가 추가되었다). 법 조문을 엄격하게 해석하면, 연명의료란 이 네 가지 조치만을 이야기하는 것이 된다. 일반적으로 생명을 연장하기 위한 모든 치료와 조치를 연명의료로 생각하는 데 비해서 범위가 좁다. 법의 제정으로 연명의료라는 용어의 사용에 혼선이 일게 생겼다. 법의 규범성으로 보면 범위는 정확한 것이 옳다. 그러나 일상적 용어와 학문적 범주나 법률적 한계가 다르면 혼란이 생긴다. 이 법에서 용어 규정을 이렇게 정하면 혼란이 일어날 수밖에 없다. 이 법이 위의 네 가지 조치를 위한 법이 되는 자기모순에 빠진다.

- **연명의료결정**

죽음에 가까운 환자가 병을 고치는 것과 무관하게 상황에 맞는 의료적 서비스를 선택하고 결정하는 것이 연명의료결정이다. 죽음에 이르는 원인의 시작에서부터 죽음에 이르기까지의 의료적 처치와 말기 케어를 선택하고 결정하는 것이다. 연명의료결정은 삶과 죽음의 의미, 생명의 소중함과 고통의 문제, 인간의 권리와 의학에 대한 개인의 가치관 등에 근거한다. 이 결정은 존엄한 죽음의 실천을 위한 의료적, 간호적 돌봄과 보건, 사회, 복지적 욕구에 대한 선택이며 종교적, 경제적 현황을 고려하면서 개인의 가치관에 맞는 죽음으로 다가서는 방법이다.

연명의료의결정을 내리는 것은 의료적 관점에서 무의미한 연명치료의 중단만을 결정하는 것이 아니다. 환자 입장에서 연명에 관한 의료의 선택, 유보, 포기, 제거할 수도 있는 제반 사항을 선택하며, 그 이후 호스피스서비스까지 연계하는 개념이다. 모든 연명의료를 행하거나 행하지 않는 행위, 계속하거나 중단, 보류하는 행위, 가망 없는 퇴원, 치료의 철회, 치료의 유보 등의 판단과 호스피스 완화의료를 포함한 결정을 하는 의미로 정의를 할 수 있다.

■ 연명의료중단

연명치료중단이란 더는 환자의 회복에 영향을 미치지 못하는 의료적 활동을 중지하는 것을 말한다. 치료가 불가능한 상태의 환자에 대한 고통만 있고 의미가 없는 치료행위나 단순히 수명 연장만을 위한 의료행위를 중단하는 것이다.

연명의료중단은 환자의 상태를 고려하여 치료를 중단하는 것이므로 자연스럽게 죽음이 예측된다. 환자에게 고통이 되는 치료를 하지 않는 것이라는 의미의 소극적 안락사와 구별이 어렵다. 소극적 안락사는 존엄사와 혼용된다.

2009년 한국보건의료원에서 오해의 소지가 있는 '존엄사'라는 용어 대신 '무의미한 연명치료의 중단'이라는 말로 통일하기로 하였다. 그런데 '무의미한'이라는 단어 자체가 가치 중립적이지 않고 누군가의 편견이 들어갈 가능성이 있기 때문에 이 용어는 사용하지 않기로 했다.

2013년 7월 대통령 직속 자문기구인 국가생명윤리심의위원회에서는 연명의료 '중단'Withdraw이라는 용어에는 연명의료 '유보'Withhold의 개념을 포함할 수 없으므로 의료현장에서 많은 혼란이 야기되고 있다고 판단했다. 특정 연명의료를 처음부터 시작하지 않는 것은 연명의료 유보이며, 이미 시행 중인 연명의료를 중지하는 것이 연명의료중단이다. 따라서 혼란을 없애고 사전의료계획의 개념을 포괄할 수 있는 '결정'이라는 용어를 쓰기로 했다.

3-3 안락사와 연명의료중단은 다르다
- 유사 개념

■ 안락사

안락사는 어원적으로 편안한 죽음 혹은 행복한 죽음의 의미를 지닌다. 어떤 사람이 가능한 한 편안한 수단을 이용하여 다른 사람을 죽이려는 의도에서 파생된 결과로서 죽음을 의미한다(김상득·손명세, 2001). 치료가 불가능한 죽음의 단계에서 들어선 환자의 고통을 덜어주려고 의도적으로 주위에서 도움을 줘서 죽음에 이르는 행위를 말한다. '안락사'라는 용어에는 도움을 받아 생명이 단축되는 죽음이라는 의미와 가치가 없는 생명의 말살이라는 개념이 내포되어 있다.

안락사의 개념은 생존 의미의 존재 여부에 따른 허용성 및 시술 방식의 직·간접성, 그리고 행위의 유형에 따라 매우 다의적이다. 그에 따라 분류도 다양하다. 행위자의 개입 강도에 따라서 능동적 안락사와 수동적 안락사로 나눈다. 능동적 안락사는 약물을 주사하여 숨지게 하는 적극적 안락사와 의료 수준에 따른 일반적인 생명 유지 장치를 차단하거나 제거하는 소극적 안락사로 나눈다. 외부인이 어떤 행동을 함으로써 환자의 생명을 중단시키는 것으로 적극적 안락사라

하며, 작위적 안락사 또는 행위적 안락사라고도 한다(문국진, 1982). 적극적 안락사는 '조력 자살'이라는 용어로 바뀌는 추세이며, 행위자는 법적으로 자살 방조에 해당한다.

안락사를 시행 배경이나 생존의 윤리성과 관련지어서 구분하면, 극심한 고통에서 벗어나게 하기 위한 안락사를 자비적 안락사라고 하고, 인간으로서의 품위와 존엄을 유지하기 위해 생명을 종식하는 것을 존엄적 안락사라 하며, 나치의 유대인 학살처럼 사회에 부담을 준다고 여겨지는 사람을 학대하여 제거할 경우를 도태적 안락사라 한다. 죽음에 대한 환자의 동의 여부에 따라서 스스로 동의한 자의적 안락사, 의사표시를 할 수 없거나 하지 않은 무자의적 안락사, 환자의 반대에도 불구하고 이루어지는 타의적 안락사로 구분할 수도 있다.

기독교에서의 안락사

인간다운 죽음은 참으로 과분한 기회이자 거대하고 은혜로운 선물이다. 기독교에서 품위 있는 죽음은 고통과 공포가 없는 침착한 헌신의 상태, 고난과 비탄, 괴로움과 절망이 없는 상태에서의 작별이다. 희망에 찬 기다림과 잔잔한 확신, 그리고 삶의 흔적에 남아있는 선과 과실에 대하여 부끄럽지만 감사하는 마음으로 하나님을 우러르는 죽음을 품위 있는 죽음이라 하겠다.

하나님은 인간에게 자유를 선사하고 삶에 대한 책임을 요구하듯, 죽어가는 인간에게도 그의 죽음의 방식과 시점에 대한 책임과 양심적 결정을 위임했다. 생명의 시작이 인간에게 맡겨졌듯이 죽음의 권리 또한 인간에게 있다.

환자의 의지를 알 수 있는 문서화된 서류로 그의 의지가 존중되야 한다. 누구도 죽음을 강요 받아서 안되듯 삶 역시 강요 받아서는 안 된다.

—한스 큉·발터 옌스(2010), 《안락사 논쟁의 새 지평》에서

■ 소극적 안락사

소극적 안락사는 회복 가능성이 없는 환자에 대한 연명을 위한 의료 행위를 중단해 자연적으로 죽음을 맞도록 하는 것을 말한다. 환자나 환자 가족의 요청에 따라 회복 가능성이 없는 환자에 대하여 적극적으로 생명 연장 수단을 사용하지 않아 죽음에 이르는 것이다. 외부인이 어떤 행동을 하지 않은 상태에서 맞는 죽음으로 '거부적 자살'이나 '존엄사'로 부르기도 하지만 의사에 의해 환자를 죽음에 이르게 하였다는 점에서 안락사와 근본적 차이는 없다(이종원, 2007)고 보는 견해도 있다.

소극적 안락사는 인위적인 생명의 단축이라는 점에서 인간 생명의 침해라는 입장이 있다. 반면에 무의미한 삶을 위한 의료기기의 제거 등은 자연사적 또는 존엄적 안락사에 해당하고, 이럴 경우를 제한적으로 수용해야 한다는 의견이 있다. 최근에는 고통을 겪는 사람에게 불필요한 고통은 줄여 주어야 한다는 의미와 살아있는 시간의 가치와 인격존중이라는 관점에서 소극적 안락사를 인도적 행위로 보고, 수용하고 허락하는 추세이다.

- **존엄사**

　존엄사Death with Dignity의 사전적 의미는 사람으로서의 존경을 유지하면서 죽는 것을 말한다. 존엄사는 현대 의학으로 회복 가능성이 거의 없는 환자에게 인위적으로 생명을 유지하는 장치를 보류하거나 중단함으로써 초래되는 죽음, 즉 자연사의 임종과정을 의미한다. 자연사를 말하기도 하고 안락사의 완곡한 표현으로 쓰이기도 한다.

　자연사는 의료의 처치를 거부하고 자연적인 질병의 결과로 죽음을 맞는 것을 의미하여 '치료중단'이나 '존엄사'와 같은 의미이다(엄주희, 2013). 자연사는 인위적인 행위의 개입이 전혀 없는 상태, 즉 중증환자를 죽음에 방치하는 '기피적 안락사'로 오인할 위험이 있다.

　존엄사는 연명의료는 중단하였더라도 완화치료는 계속함으로써 존엄을 유지하면서 죽음을 맞도록 도와주는 처치이다(오진탁, 2007). 지금까지의 생존방식, 사상, 의지에 역행하는 일이 없이 스스로 원하는 상태에서 죽음을 맞이하는 것이다. 회생 가능성이 없는 말기환자가 불필요하고 괴로운 치료를 더는 하지 않고 자기결정권과 그에 따른 치료 거부권에 의해 인간답게 맞는 죽음을 말한다. 의학계에서는 소극적 안락사를 존엄적 안락사euthanasia with dignity 또는 존엄사 dying with dignity와 같은 의미로 사용한다. 연명치료 거부를 소극적 안락사의 범주에 포함하고 그것을 '부작위에 의한 안락사' 또는 '존엄사'라고 표현하기도 한다.

　미국 오레곤 주에는 적극적 안락사의 한 종류인 '의사 조력자살 assist suicide에 관한 법'이 있다. 이 법률 명칭은 'The Oregon Death with Dignity Act'로 번역하면 '존엄사법'이다. 이것의 내용은 치명적 용량의 약물 처방에 의한 조력자살, 의사보조임종, 혹은 의사조력사망을 허용하는 것이다. 환자에게 돌봄은 중지되고 죽음이 제공되는 것으로 연명의료결정이나 존엄사와는 다른 개념이다. 이러한 용어가 그대로 번역되면서 우리 사회에서 혼란이 일어난다. 그로 인한 불필요한 논쟁이 빈번하다.

존엄사라는 용어를 사용할 경우 연명의료를 중단하는 것이 곧 존엄사라는 가치를 부여하게 된다. 연명치료를 계속하려는 환자에게 연명치료중단을 묵시적으로 강요할 수 있는 위험이 있다. 그래서 연명치료중단이라는 용어를 사용한다(이석배, 2009). 의식이 있을 때 극심한 고통을 적극적으로 없애는 차원의 죽음이 안락사이다. 고통 없는 생의 마감이 목적이면 소극적 안락사, 인간다운 생의 마감이 목적이면 존엄사다. 존엄사는 죽을 권리에 초점이 있다.

과거에는 연명의료중단과 소극적 안락사는 구별하지 않고 썼다. 연명의료를 포기한 환자는 이 결정에 의해 임종은 앞당겨질 수는 있지만, 실제로 당장 죽지 않는 점이 안락사와 다르다(김신미·김진실·고수진, 2015). 소극적 안락사는 환자의 죽음이 목적이고, 연명의료의 중단은 남은 기간의 삶의 질을 위해 치료 중단이 핵심이다.

연명의료를 중지하는 행위는 같지만 '품위 있고 존엄하게 삶의 마지막을 보내려는 의도'이면 존엄사이고, '죽게 내버려 두는 행위'면 소극적 안락사가 된다. 자기의사, 사전 준비성 등을 근거로 소극적 안락사와 존엄사를 구별하기도 한다.

3-4 오랜 논쟁을 마무리하다
— 시행상의 주요 쟁점

연명의료결정 혹은 중지는 대립적 가치를 내포하는 까닭에 논쟁의 중심에 있다. 삶과 죽음의 의미, 생명의 소중함과 고통의 문제, 인간의 권리와 의학의 궁극적 목적, 의료자원의 활용 효율성, 사적·공적 의료비 부담과 경제성, 개인 의사와 사회적 통념 등 여러 부분에서 논쟁이 계속되었다.

■ 치료의 무의미

연명의료중단결정의 기준은 연명의료의 무의미함에 있다. 무의미함은 치료 결과 수명연장에 초점을 두는 양적 무의미함과 치료 기간 동안 환자의 삶의 질을 평가하는 질적 무의미함으로 구분한다(김진경, 2010). 질적 무의미함이란 삶의 질을 의미하는데, 연장된 삶이 가지는 인간으로서 가치 수준을 뜻한다. 연명의료중단을 찬성하는 쪽은, 연장되는 삶의 가치가 떨어질 경우 생명에 대한 보호 의무는 제한될 수 있고, 연명의료는 중단해야 한다는 관점이다. 환자에 대한 적극적인 치료가 고통만을 증가시키는 것에 불과하다면 의사는 무조건적이고 절대적인 치료보다 환자가 아름다운 죽음을 맞이할 수 있도록 배려해야 한다는 논리이다.

반대 관점에서는, 연령이나 질병 여부에 따라 그 사람의 생명 가치가 달라질 수 없다는 논리이다. 생명 가치에 차별을 둘 수 없으며, 번복할 수 없는 중요한 선택이므로 함부로 결정해서는 안 되는 영역이라는 입장이다. 장애를 가지고 있거나 늙은 사람이 죽음을 선택하도록 강요할 수도 있다는 우려를 드러낸다.

연명의료과정에서 삶의 무의미성과 회복 불가능성에 대한 판단이 어려웠다. 오늘날 우리는 과거에 볼 수 없었던 장수시대에 살고 있다. 의학 분야에서도 치료 능력이 발달한 만큼 진단 영역도 발달하고, 회생 가능성을 예측하는 확률도 높아지고 있다. 오히려 뇌사, 장기이식 등의 생명존중을 위한 다른 의료적 조치로 전환이 권장되고 있는 현실이다. 그러므로 치료의 무의미함이나 오진에 대한 불안과 우려 때문에 연명의료중단을 망설일 이유가 없다. 죽음의 질을 높이기 위해서, 존엄한 죽음의 실현이라는 관점에서 보면 더욱 그렇다.

■ 자기결정권

다른 쟁점은 생명에 대해서 자기 자신이 결정할 권리가 있느냐의 문제다. 환자의 자기결정권은 소극적 자기결정권과 적극적 자기결정권으로 나눈다. 소극적 자기결정권은 환자가 자신의 생명과 신체기능을 유지하기 위하여 자신에게 제공되는 진료 행위를 선택하는 것을 말한다. 소극적 결정의 경우, 의료진은 현재의 상태, 필요한 치료의 종류와 효과, 중단 시 초래될 결과 등을 설명하고 다른 적절한 진료 방법을 강구한다.

상업화된 의료의 불편한 도움을 거부하고 자연스럽게 죽는 것을 자신의 의지로 선택하는 것을 적극적 자기결정권이라 한다(이석배, 2009; 유재중, 2014). 환자가 치료를 통해 회복이 가능한 상황임에도 불구하고 자기결정권을 바탕으로 치료를 거부하는 것은 받아들여질 수 없다. 이것을 받아들여 치료를 중단하는 행위는 형사상 책임을 피할 수 없다. 이처럼 적극적 자기결정에서 환자의 자율성은 존중하지만, 자살이나 안락사와 같이 자기 생명을 처분하는 것은 허용되지 않는다.

회복 불가능한 사망의 단계에 이른 환자의 경우는 적극적 자기결정을 예외적으로 허용한다. 말기환자의 연명치료에서만큼은 환자의 자기결정권을 존중하는 것이다. 죽어가는 환자의 경우, 의료 기술적인 판단보다 환자의 가치관이 더 중요한 결정 인자로 보기 때문이다. 환자의 생명 가치를 무시하고 안락사를 허용할 위험이 있다는 반대가 있다. 인간적 존엄성을 유지하며 죽음을 선택한다는 관점에서 존중되어야 할 권리라는 찬성의 입장이 엇갈린다.

치료중단이 현명한 자기결정이었는지, 자기 의사가 확실한지가 관건이다. 자기결정을 위해 충분한 진료 정보를 획득할 수 있는 시대에 살고 있다. 환자의 의견 개진과 상담의 내용적 측면이 성숙해 가고 있다. 의사표시의 측면에서 볼 때 컴퓨터, 복사기, 스마트폰 등 사무 통신기기의 발달로 서류 작성과 보관이 용이해졌다. 개인의 자기 책임의식에 따른 자발적 자기표현을 수용하고 보호해야 할 상황이다.

■ 경제적 효율

경제적 부담은 임종기에 처한 말기환자의 치료 계속 여부를 결정하는 데 큰 영향을 미친다. 개인과 가족의 입장에서도 경제적 문제가 연명의료결정에서 가장 핵심일 수 있다. 오스트리아, 스위스, 영국 등 유럽의 주요 국가들과는 달리 전액 의료비가 지원되지 않는 우리나라의 경우, 연명의료에 따른 경제적 책임은 거의 환자의 가족에게 있다. 죽음에 가까운 시간 동안 환자의 돌봄 문제와 생명연장을 위한 의료조치에 대한 인간적, 경제적 부담은 가족의 몫이다. 자신의 삶에 급급한 가족에게 간병과 의료비 부담은 부부간, 형제간 갈등의 원인이 되기도 한다. 환자 가족은 금전적 문제로 괴로움과 갈등을 겪고, 의사는 병원의 운영과 개인적 소신과 환자에 대한 연민으로 갈등을 겪는다.

의료비 급증은 산업화한 국가 대부분이 안고 있는 과제다. 의료 기술의 발달과 고령화로 인한 말기환자의 과도한 의료 이용이 원인이다. 보험정책연구원의 연명치료진료 현황 분석 자료에 따르면 2008년 7월부터 2012년 12월까지 장기요양등급 1~3등급 인정을 받고 숨진 271,474명 중 27.8%가 임종 전까지 인공호흡기, 인공영양공급 등 연명치료를 받은 것으로 나타났다. 인정자의 31.8%는 사망 전 1개월간 연명치료를 받았다. 사망 전 2주 동안에는 20.8%가 진료를 받았고, 사망 월에 가까울수록 상급병원 입원으로 인해 건강보험이용급여가 증가하였다(전수영, 2015).

의료자원의 효율적 활용과 경제적 부담을 줄이는 데 도움이 된다는 이유로 연명치료중단을 찬성하는 입장이 있다. 반면에 경제적 이유만으로 죽음을 당기는 데 반대하는 입장이 서로 대립한다.

단지 경제적 이유만으로 연명의료중단을 결정하는 일은 없어야 한다는 원칙은 지켜져야 한다. 현실적으로 복지예산의 효율적 쓰임이나 건강보험재원 측면에서 보아도 연명치료중단결정 제도를 적극적으로 활용하는 것은 국가 재정에 이익이 되는 선택이다. 남은 가족의 경제적 부담도 덜 수 있다.

■ 관련 여건

연명의료결정에서 호스피스는 반드시 연계되어야 하는 개념이다. 연명의료결정에 대한 논의 이전에 편안한 죽음을 맞이하도록 하는 호스피스 체계부터 먼저 정착되어야 한다. 우리나라는 존엄한 죽음의 선택을 문서화하는 제도나 관행이 성숙해 있지 않고, 호스피스와 완화의료가 활성화되어 있지 않기 때문에 법제화한다고 해도 실효성이 적을 것이라는 분석(고준기·조현·이강호, 2014)도 있다. 존엄한 죽음의 선택에 연계되는 호스피스와 완화의료에 대한 법적 성격이나 지원 법률도 활성화되어 있지 않다는 점, 그리고 말기환자와 관련한 의료보장제도의 확충이 부족한 상태라는 점을 감안할 때 법제화를 해도 실효성이 의문이며 정착에 시간이 필요할 것이라는 분석이다.

이것은 오늘날 관련법이 없어 어떠한 결정도 내리지 못하고 무의미한 삶을 이어가고 있는 사람의 어려움을 무시한 주장이다. 역설적으로, 그렇기 때문에 연명의료와 호스피스 완화의료에 대한 규정이 더욱 필요하다. 국가나 사회에서 죽음에 대한 담론을 시작하지 않았고, 죽음 준비에 관해 거론하지 않았기 때문에 죽음 선택 문화나 호스피스가 뒤쳐져 있다. 예를 들면, 사전의료지시서의 경우 호스피스 병동 말기암환자 및 내과의사 97%가 사전의료지시서에 대해 모르고 있었으나 사전의료지시서 제도에 대해 설명을 들은 후 95.5%가 찬성한다고 하고, 실제로 사전의료지시서를 작성할 것인가에 대해서는 68.1%가 작성하겠다고 답하였다(손덕승 외, 2009). 다른 예로, 한 지역의 성인 통원환자를 대상으로 한 조사에서 대상자 중 71.6%는 사전의료지시서에 대해 들어 본 적 없다고 답하였으며, 그 제도에 대해 설명을 들은 후 찬성하는 응답자는 92.5%로 나타났고, 실제로 작성하겠다는 사람은 전체 응답자의 58.9%였다(김수현, 2010).

늦었지만 국가 주도로 연명의료결정을 공식화, 제도화하려고 한다. 민간에 의지한 호스피스제도나 사전의료지시서 활용에 국가에서 개입과 지원을 하겠다는 의미이다. 제도를 본격적으로 활용하여 존엄한 죽음의 실천을 활성화할 계기가 되어야 할 것이다.

3-5 시대가 요구하다
— 제도의 필요성

죽음은 피할 수 없다. 죽음을 부정하고 의료의 힘으로 버티는 데서 비극이 시작된다. 가족은 의사에게 최선을 요구하고 의사는 각종 첨단의료장비를 사용하여 죽음의 시간을 늦춘다. 이런 행위 중의 일부는 무의미한 연명치료라 할 것이다. 그 결과 환자와 가족 모두에게 고통만 남긴다.

■ 죽음의 의료화

의학이 발달하고 생활환경이 좋아지면서 사람의 수명은 길어지고, 그만큼 노인 인구도 많아졌다. 2013년을 기준으로 우리나라의 노인 인구비율은 12.7%에 달한다(통계청, 2015). 수명이 늘어나는 만큼 죽기 전에 앓는 기간도 덩달아 길어진다. 2011년 기준 국민 평균수명은 81.20세이고, 장애보정 건강수명은 70.74세다(한국보건사회연구원, 2014). 이러한 통계는 평균적으로 노인 대부분이 10.46년을 병과 함께 살아가는 것을 의미한다. 이것은 죽음에 이르는 과정과 시간이 길어진 사람이 더 많아졌음을 뜻하며, 여기에는 연명의료 기간도 포함된다.

고령화와 더불어 연명의료와 관련된 결정을 내려야 하는 경우가 더 많아졌다. 현대 의학은 죽음에 임박한 생명도 의료기기와 각종 약물 등으로 호흡과 심장박동이 가능하도록 하기에 이르렀다. 인공호흡기와 같은 장치는 생명을 위협받는 환자의 목숨을 구하는 의학 발전의 성과였지만, 말기환자에게 적용되면서 삶의 연장과 동시에 죽음 지연이라는 상황을 만들었다. 주거문화의 변화와 가족구조의 변화, 여성의 취업으로 인한 가족 내 돌봄의 어려움 등 사회 현실은 죽음의 장소를 병원으로 변화시켰다. 2015년의 사망자 중 의료기관에서의 사망이 74.7%를 차지하였고, 이 비율은 전년 대비 1.5% 증가하였으며 비율은 매년 증가하고 있다(통계청, 2016).

죽음 환경의 변화는 의료 자원의 효율적 활용과 의료비의 경제성, 생명에 관한 개인의 권리, 국가의 복지재원과 건강보험재원 등 사회 부담 증가와 같은 사회적, 경제적 문제를 낳았다. 그에 대한 해결 방안으로 연명의료결정의 필요성이 대두된다.

■ 사회 경제적 부담

희망이 없는데도 의학에 의존하여 목숨만 유지하고 싶어 하는 사람은 없다. 연명의료 결정과 호스피스 완화의료 등을 효과적으로 활용하여 존엄한 죽음을 맞겠다는 사회적 인식은 계속 높아지고 있다.

연명의료결정제도는 환자의 삶의 질과 자기결정권 보호의 문제, 그리고 죽음에 대한 긍정적 경험을 제공하기 위하여 그 필요성이 강조되어 왔지만, 생명과 직결되어 있어서 공개적으로 논의가 어려웠다. 의학적, 사회적으로 삶의 의미가 없음에도 불구하고 생명만의 유지와 연장을 위해 계속해서 치료를 받는 환자와 그 가족의 선택을 보호할 사회적 장치가 필요하다. 환자가 단순히 생명을 유지하기 위하여 의료기구에 의존하여 삶을 이어가거나, 의료적 숙련의 대상이 되거나, 기업화된 병원의 이익을 증가시키기 위한 생명연장의료는 인간적 품위의 손상을 가져올 뿐이다.

병의 상태가 심각해지거나 치료를 위한 고통이 질병의 고통을 넘는 경우, 혹은 다시 살아날 가능성이 희박한 환자의 경우 소신에 따라 의료행위를 선택하고 거부할 수 있는 권리를 보호할 필요가 있다. 환자의 자기결정 권리를 보호하고 경제적·심리적 부담을 고려하여 존엄한 죽음에 이르도록 하려면 연명의료결정제도가 필요하다. 가족이 겪는 정신적, 경제적 부담으로 인한 고통은 죽음 이후에도 계속될 수 있다.

■ 의료의 책임

의료 처치로 죽음을 조절할 수 있을 만큼 의료기술이 발전하였다. 예전 같으면 죽음을 맞이했을 환자도 지금은 생명을 유지하고 있다. 그중에는 의료장치가 없으면 바로 숨을 거두는 환자도 있다. 치료중단을 뒷받침할 법률이 없어 연명의료를 이어가기도 한다. 환자에 대한 생명 유지 여부를 결정해야 하는 일이 많아지고 그 과정에서 의료진과 환자 가족 사이에 갈등이 빈번하게 발생한다.

보라매병원 사건은 의사의 판단을 위한 규정이 없는 상태에서 충분한 윤리적 숙고 아래 내려진 결정이라도 유죄판결로 이어질 수 있음을 보여주었다. 그 후 환자의 명시적 지침이 없는 경우는 환자나 보호자의 의사意思에 반하는 치료라 하더라도 함부로 중단할 수 없었다. 관행처럼 되어버린 이러한 행위는 집착적, 전단적 의료행위라는 인권침해의 문제이기도 하다. 이 문제를 해결하기 위하여 연명의료결정에 대한 제도화, 법제화 논의는 계속되었다.

의사의 처치, 즉 연명의료중단의 이행 과정에 참여한 의료인이나 의료기관에 대해 고의 또는 과실이 없는 한 민사나 형사상 책임 문제에 대한 구체적이며 제도적인 대안이 필요하였다. 의사 입장에서 죽음에 임박한 사람에 대한 의료적 처치를 계속할지, 유보, 중지, 포기할지 결정하기 위해서 사회적으로 공감할 수 있는 기준이 있어야 했다. 연명의료결정의 개념을 명확히 하고 대상, 절차, 방법, 기준 등의 법적 근거와 연명치료와 호스피스와의 연계에 관한 사항을 규정할 필요가 생긴 것이다.

이러한 입법의 예는 장기이식의 과정과 흐름을 같이한다. 장기이식 수술에 관한 법이 없었을 때, 이 수술을 하는 의사들이 살인, 상해, 사체손괴와 같은 형사범으로 처벌될 위험에 노출되어 있었으나 장기이식에 관한 법률이 제정되면서 이러한 위험에서도 벗어났다. 장기이식의 상황, 종류, 이식 절차, 장기의 배분 등이 법률로 제정되면서 합법화되고, 법적 근거를 바탕으로 객관적 접근이 가능해지자 장기 이식 수술이 활성화된 것이다(신현호, 2005). 연명의료에서도 이와 같은 현상이 나타날 것으로 본다.

■ 객관적 기준

환자와 보호자의 의사표현을 근거로 의료진과의 소통을 통해서 임종할자에 대하 의료 처치를 결정하는 것이 바람직하다. 그러나 세브란스 김 할머니 사건에서 보듯이, 의료현장에서는 의사와 보호자 간의 합의를 도출하기가 쉽지 않다. 이처럼 연명의료의 계속 여부에 대해 매번 사법의 참여를 요구하는 것은 사법·행정업무상 불필요한 일을 만드는 것이다. 환자 가족과 의료기관에게 또 다른 부담이며 사회적·국가적 낭비이다.

대법원의 판례도 연명의료중단제도의 필요성을 인정하면서 법제화를 지지하였다. 헌법재판소도 2009년 11월에 연명치료중단 등에 관한 법률을 제정하지 않은 것은 위헌이라는 결정을 내리면서 "현재 대법원이 제시한 기준으로 현안을 해결하고, 국회가 그 필요성을 인정하여 법률을 만들 때까지 기다려야 한다."라며 입법의 필요성을 강조하였다(헌재 2009. 11. 26. 2008헌마385, 판례집 21-2하).

연명의료중단에 관한 법이 준비되지 않은 상황에서 관련된 소송이 제기된다면 법원이 객관적 기준에 의하여 판단을 제대로 할 수 있다는 보장도 없다. 판사 개인의 양심과 의견에 의존하는 판결이 많아질 것이다. 이 경우 법적 일관성을 유지하지 못하게 되고, 사법부가 일관된 태도를 보여주지 못하는 기관으로 보일 수도 있다. 그만큼 국가기관에 대해 국민의 신뢰는 떨어지고, 불평등과 불확실성으로 인한 혼란이 가중된다. 이러한 문제를 해결하기 위한 법제화가 절실히 필요했다. 그 외에도 제도의 활용 및 관리를 위한 규정과 국가의 개입을 위한 근거를 마련하는 데 법제화는 필수적이었다.

3-6 오랜 시간이 걸리다
- 제도화 과정

■ 이슈화

우리나라의 연명의료중단에 관한 논의는 보라매병원 사건으로 본격화되었다. 이 사건은 임종기나 연명의료중단과 직접 관련된 사건은 아니다. 엄밀하게 말하면 이 사건은 환자 가족의 요구에 따라 환자를 퇴원시킨 후 사망한 경우 의사의 책임에 관한 사건이다. 이 사안에 대하여 1심에서는 담당의사에게 살인죄를 적용하였다. 2심 재판부는 살인죄 대신 살인방조죄를 적용했다. 2004년 6월 대법원은 담당의사 2명에게 2심과 같이 살인방조죄를 적용하여 유죄 판결을 내렸다. 환자의 사망이라는 결과에 대해 고의가 인정된다는 이유로 징역 1년 6개월에 집행유예 2년을 선고한 원심을 확정하였다.

보라매병원 사건

1997년의 12월, 환자는 술에 취해 머리를 기둥에 부딪치고 넘어지면서 다시 시멘트 바닥에 머리를 찧어 경막외출혈상을 입고 응급 후송되었다. 수술 후 중환자실에서 의식을 회복하고 있었으나 뇌부종으로 자가 호흡을 할 수 없는 상태였으므로 인공호흡기에 의존해서 생명을 유지하였다. 환자의 처는 치료비를 감당할 수 없는 사정과 회생 가능성이 보이지 않는다는 점을 이유로 퇴원을 요구했다. 의사는 이 상태로 퇴원하면 바로 사망할 수 있다는 점을 설명했다. 그런데도 환자의 처가 지속해서 퇴원을 요구했고 의료진은 퇴원 후 환자가 사망하더라도 이의를 제기하지 않겠다는 귀가 서약서를 받고 환자를 퇴원시켰다. 환자는 퇴원을 위해 인공호흡기를 제거하고 나서 5분 만에 사망하였다.

―김중곤(2014), 〈연명의료결정에 대한 법 제정과 현실〉(요약)

법원은 병원은 환자의 자기결정권을 추정적 의사표시로 확인했다는 점과 환자 가족 중 반대하는 사람이 있었다는 점도 고려했다. 해당 의사는 중증환자의 경우, 환자나 보호자가 강력하게 원하면 서약서를 받고 퇴원을 허락하는 당시의 관행을 이유로 부당함을 토로하였다.

이 판결은 의료계에 두 가지의 충격을 주었다. 하나는 그동안 관행적으로 받아들여졌던 의학적 충고에 반한 퇴원각서가 법적으로 더는 보호받을 수 없다는 사실이다. 다른 하나는 의식이 없는 환자의 경우라도 의료진의 생명보호 의무가 우선하며 환자 본인의 의사가 아닌 경우 환자의 생명에 위해가 가해지는 의학적 판단과 조치는 불법이라는 것이다. 소생 가능성이 희박한 환자의 퇴원 여부라 하여도 오직 환자 본인이 결정할 수 있으며, 환자 가족의 요구에 의한 치료 중단이나 퇴원은 불법으로 규정한 것이다.

이 사건을 계기로 의료계는 환자의 의사표현이 불가능한 경우, 임종기환자라 하더라도 가족의 요구로는 연명의료를 중단할 수 없는 사안으로 적용하였다. 그 결과 환자가 병원에 있는 이상 치료를 계속해야만 하는 왜곡 상황을 만들었다. 이후 우리 사회에 나타난 무의미한 연명치료나 과잉진료 문제의 원인이 되었다.

세브란스병원 김 할머니 사건

이와 비교하여 '세브란스병원 김 할머니 사건'은 사실상 우리나라에서 존엄사(또는 소극적 안락사)를 인정한 첫 판례이다(김중곤, 2014). 고령의 식물인간 상태인 환자가 인공호흡기로 연명하는 것은 질병의 치유와 상관없는 현 상태만을 유지하기 위한 연명치료이며, 이것은 신체침해 행위이므로 중단해야 한다는 것이다.

2008년 2월, 78세 김 할머니는 폐렴 증세로 세브란스병원에 입원했다가 기관지 내시경을 이용한 폐종양 조직검사를 받던 중 과다출혈로 심정지가 발생하였다. 저산소로 인한 뇌 손상을 입고 의식불명 상태에서 중환자실에 입원하여 인공호흡기를 부착하고 치료를 받고 있었다. 환자는 식물인간 상태로 있었는데, 환자 가족들이 병원 측에 환자가 평소에 자연스러운 죽음을 원했으므로 인공호흡기를 제거해 달라는 소송을 청구하였다.

―김중곤(2014), 〈연명의료결정에 대한 법 제정과 현실〉(요약)

이 사안에 대하여 2008년 11월 서울서부지법에서는 인공호흡기를 제거하라는 판결을 내렸다. 회복 불가능한 사망 단계에 이른 환자의 인간적 존엄과 가치를 해하는 연명의료에 대한 거부는 자기결정권의 행사로 보고 중단을 허용한 것이다. 2009년 2월에는 고등법원에서도 제거하라는 판결을 내렸다. 제거의 조건은 다음과 같다.

① 환자가 회복 가능성이 없는 비가역적 사망과정에 진입하여 있어야 하고
② 환자의 진지하고 합리적인 치료중단의사가 있어야 하며,
③ 중단을 구하는 치료행위의 내용은 환자의 연명 즉 사망과정의 연장으로서 현 상태의 유지에 관한 것에 한정하고 고통의 완화나 일상적인 진료는 중단할 수 없으며,
④ 치료의 중단은 반드시 의사에 의해 시행되어야 한다.
―고등법원판결 2008나 116869(2008)

2009년 5월 대법원은 무의미한 치료에 대한 판결의 근거를 설명하고, 연명의료중단과 관련한 제도를 마련할 것을 권고하였다. 연명의료결정의 요건과 절차를 제시한 점, 병원 윤리위원회의 설치를 인정한 점 등도 이 판결의 의의라 하겠다.

환자가 다시 의식을 회복하고 인공호흡기 등의 도움 없이 생존 가능한 상태가 될 가능성이 없어 보이고, 인공호흡기 부착의 치료행위는 상태회복 및 개선에 영향을 미치지 못하는 치료로서 의학적으로 무의미하다고 판단한다.
―대법원 판결, 2009다 17417(2009)

김 할머니는 회복 불가능한 사망단계라는 단서에도 불구하고 2009년 6월 23일 인공호흡기 제거한 후 201일이 지난 2010년 1월 10일 별세했다. 인공호흡기 제거 후 생존한 시간에 대한 진단의 객관성 문제를 남겼다. 김 할머니 사건과 같은 상황에서 법이 없으면 일일이 법원에 인공호흡기 제거 청구소송을 제기하여야 한다는 문제를 사회에 알리게 되었다. 연명의료결정을 일일이 법원의 판단을 받는 것은 낭비적이고 비현실적이므로 법제화가 필요하다는 인식을 높이는 계기가 되었다.

3-7 법을 만들다
— 법률의 국회 통과

■ 법률의 국회 통과

2013년에 마련된 '특별위원회' 권고안은 종교계 등과의 협의를 거쳐 2015년 김재원 의원의 '임종과정에 있는 환자의 연명의료결정에 관한 법률안'으로 마련되었다. 2015년 5월 22일에 열린 이 법률안에 대한 공청회에서 "호스피스 완화의료에 대한 언급은 없고 연명의료 중단결정에 대한 논의에 치중되어 있으며, 안락사 허용 입법으로 비춰진다"는 여론의 강한 반대에 부딪쳤다. 그 후 암관리법의 완화의료부분을 보완하여 '호스피스 완화의료의 이용 및 임종과정에 있는 환자의 연명의료 결정에 관한 법률안'으로 수정 발의되었다.

김재원 안에 앞서 김세연의 삶의 마지막 안, 신상진 안, 김세연의 호스피스 안, 김춘진 안 등 4개 법안이 발의되어 있었다. 2015년 11월 9일 제337회 정기국회 제8차 보건복지위원회에서 상정된 네 가지 관련 법안의 심사가 이루어졌다. 국회 보건복지위원회 법안심사소위원회에서는 그 이전에 발의되었던 김제식 안과 이명수 안의 '암관리법 일부 개정 법률안'을 김춘진 안으로 통합하고, 김세연의 삶의 마지막 안, 신상진 안, 김세연의 호스피스 안과 김재원 안을 병합·논의하였다.

동 소위원회는 2015년 12월 8일 호스피스 완화의료 관련 4개 법률안을 병합 축소 심사 후 대안을 가결했다. 보건복지위원회는 12월 9일 전체회의에서 김춘진 위원장의 직권으로 김재원 안을 기반으로 여타 법률안을 통합하여 '호스피스 완화의료 및 임종과정에 있는 환자의 연명의료결정에 관한 법률안(대안)'으로 의결하였다. 이 법률안은 2016년 1월 8일 임시국회에서 '호스피스 완화의료 및 임종과정에 있는 환자의 연명의료결정에 관한 법률'이라는 제명으로 국회 본회의를 통과했다. 재석 의원 203명 중 202명이 찬성했고, 1명의 의원만 기권했다. 법률 제1403로 국무회의를 거쳐 2월 3일 공포되었다.

■ 연명의료결정법의 의의

이 법률은 특별법 형식이다. 국가에 따라서 연명의료결정에 관한 사항을 민법이나 공중보건법에 편입하여 규정하는 입법례도 있지만 오스트리아의 '환자사전의료지시법'이나 대만의 '안녕완화의료조례'처럼 상당수 외국에서는 특별법의 형식을 취한다(이인영, 2016).

'연명의료결정법'의 취지는 인간으로서의 존엄과 가치를 유지하면서 죽음을 맞도록 하는 것이다. 이 법률을 제안한 이유를 다음과 같이 설명하고 있다.

연명의료에 대한 기본원칙과 연명의료결정의 관리체계, 연명의료의

결정 및 그 이행 등에 필요한 사항을 정하여 임종과정에 있는 환자의 연명의료결정을 제도화함으로써 환자의 자기결정을 존중하고 환자의 존엄과 가치를 보장하며, 암환자에만 국한되어 있는 호스피스 서비스를 일정한 범위의 말기환자에게 확대 적용하도록 하고, 호스피스에 대한 체계적이고 종합적인 근거 법령을 마련하여 국민 모두가 인간적인 품위를 지키며 편안하게 삶을 마무리할 수 있도록 하려는 것이다.

―〈연명의료결정법, 입법취지〉에서

우리나라의 연명의료 관련 상황은 다른 나라와 매우 상이한 양태를 띤다. 우선 우리나라에서는 연명의료에 이를 수 있는 불치의 병이나 치명적이고 심각한 질병 상태에 대한 본인 통보가 보호자에 의해서 차단되는 경우가 많다. 또, 죽음과 관련된 결정은 환자 본인보다 의사나 보호자의 가치관이 더 반영된다. 죽음을 앞둔 상태에서 의료의 결정도, 외국에서는 삶이 가치중심적이라면 우리나라는 의료기술중심적 결정에 가깝다(엄주희, 2013). 그만큼 우리나라의 연명의료 인식 수준은 특이하며 초보적이다.

연명의료결정법의 국회 통과는 생명의 소중함과 죽음을 앞둔 시점의 고통에 대한 인식이 시작되었다는 의미이다. '보라매병원 사건'의 판결로 촉발된 의사의 연명의료 적용의 합리성 확보와 환자의 자기결정권 보호에 대한 결실이다. 인간의 존엄과 가치의 보장이라는 헌법상에서 명시하고 있는 규정에 적합하면서도 안락사를 방지하는 제도적 장치이며, 나아가 의료자원의 활용 효율과 의료비의 경제성을 제고시킬 수 있는 사회적 규범을 마련하게 된 것이다.

연명의료와 관련한 의학적 결정 기준이 제시됨으로써 의료현장에서 상당한 변화가 일어날 것이다. 먼저 말기 상태에서 인간의 존엄과 가치에 대한 위해를 방지하고, 의사표시를 존중하여 자기결정권에 따른 의료처치가 가능할 것이다. 법은 말기환자의 권익을 보장하고 치료의 적정성을 유지하는 기준이 될 것이다(전수영, 2015).

연명의료결정의 제도화를 통해 국민이 의학적 상황과 가능한 치료에 대한 정보에 접근할 기회가 늘어나고, 치료 효과를 기대할 수 없음에도 불구하고 환자나 환자 가족의 의사에 반하여 연명의료를 해야 하는 사례와 그로 인한 비합리적 부담도 덜게 될 것이다. 더불어 바람직한 노후의 삶과 아름다운 마무리에 대한 인식의 변화를 가져와 호스피스 완화의료의 활성화와 존엄한 죽음을 정착시킬 계기가 될 것이다.

3-8 제도를 시행하다
– 연명의료결정법 개요

■ 연명의료결정제도 주요 내용

이 법률은 총 6장 43조와 부칙 3조로, 연명의료결정과 호스피스 완화의료에 관한 사항의 두 가지 큰 축으로 구성되었다. 연명의료결정에 관한 사항은 제9조부터 제14조까지로 국립연명의료관리기관 등 연명의료결정의 관리 체계와 제15조부터 제20조까지 연명의료결정 이행에 관한 사항으로 나눌 수 있다. 연명의료계획서, 사전연명의료의향서의 작성과 활용, 등록기관의 지정 등에 관한 규정이다. 연명의료중단결정 시에 환자의 의사 확인 방법, 연명의료중단 시 대상과 범위나 기록 유지에 관한 규정이 포함되었다. 제21조부터 제30조까지는 호스피스 센터와 호스피스 전문기관의 운영 등 호스피스 완화의료에 관한 내용이다.

① 연명의료 중단

이 법에서는 연명치료의 중단이 허용되는 대상은 '임종과정에 있는 환자'로 되어 있다. 임종과정이란 '회생 가능성이 없고, 치료에도 불구하고 회복되지 않으며, 급속도로 증상이 악화되어 사망에 임박한 상태'라고 정의하고 있다(법 제2조 1항). 연명의료중단 대상은 '담당의사와 해당 분야의 전문의 1명으로부터 임종과정에 있다는 의학적 판단을 받은 자'로 정의했다(법 제2조 2항).

연명의료를 '임종과정 환자에게 하는 심폐소생술, 혈액투석, 항암제 투여, 인공호흡기 착용의 의학시술로서 치료효과 없이 임종과정의 기간만을 연장하는 것'이라고 하였다(법 제2조 4항). '연명의료중단 등 결정'에 대하여 '임종과정에 있는 환자에 대한 연명의료를 시행하지 않거나 중단하기로 하는 것을 결정하는 것'으로 정의하고 있다(법 제2조 6항). '연명의료중단 등 결정 이행 시라 하더라도 통증완화를 위한 의료행위와 영양분 공급, 물 공급, 산소의 단순공급은 시행하지 않거나 중단될 수 없음'을 명시하고 있다(제19조 2항).

② 환자의 의사 확인

연명의료결정에서 중요한 것은 환자의 의사이며, 그것을 확인하는 방법이다. 이 법에서는 의료기관에서 작성된 연명의료계획서가 있는 경우 이를 환자의 의사로 보고 그것으로 최우선적으로 적용하도록 했다(제17조 1항의 1). 또, 사전연명의료의향서가 있고 그 내용을 환자와 담당의사가 확인했을 경우에는 환자의 의사로 보도록 규정했다(법17조 1항의 2).

사전연명의료의향서는 있으나 환자의 의사표현 능력이 없는 경우에는 심폐소생술, 혈액투석, 항암제 투여, 인공호흡기 착용의 4가지 처치에 대하여(법 제2조 4항) 사전연명의료의향서의 작성과 등록의 규정에 따라 작성했는지(법 제12조) 담당의사와 해당 분야 전문의 1명이 확인한 후 환자의 의사로 본다(법 17조 2항의 2- 가, 나). 사전의료의향서가 없는 경우에는, 환자의 연명의료에 관한 평소 의사意思가 환자의 연명의료중단 등 결정에 관한 것으로 보기에 충분한 기간 동안, 일관하여 표시된 것을 제시해야 한다. 더불어 환자 가족 2명 이상의 일치하는 진술(환자 가족이 1명인 경우에는 그 1명의 진술을 말한다)이 있으면 담당의사와 해당 분야의 전문의 1명의 확인을 거쳐 이를 환자의 의사로 추정한다(법 제17조 1항의 3).

환자의 의사를 확인할 수 없으며 환자가 의사 능력이 없는 경우, 미성년자인 환자는 법정대리인(친권자에 한한다)이 연명의료결정의 의사표시를 하고 담당의사와 해당 분야 전문의 1명이 확인한 경우에 의사로 보고 있다(법 제18조). 미성년자가 아니면 환자 가족 전원의 합의로 연명의료결정의 의사표시를 하고 담당의사와 해당 분야 전문의 1명이 확인한 경우에 해당 환자를 위한 연명의료중단 등을 할 수 있도록 규정하였다. 그러나 결정에 반대하는 다른 가족의 진술이 있다면 연명의료를 중단할 수 없다. 가족의 범위는 배우자, 만 19세 이상 자녀와 부모로 하고 이에 해당하는 사람이 없는 경우 형제자매까지로 정하고 있다(법 제17조 1항의 3).

③ 연명의료계획서

법 제17조 1항에서는 연명의료중단을 결정하는 의사결정의 1차적 근거는 의료기관에서 의사와 환자가 함께 작성한 연명의료계획서 [POLST; Physician Orders for Life-Sustaining Treatment]로 규정한다. 이 법 제10조는 연명의료계획서의 작성과 등록에 한 규정이다. 법 제10조 1항과 법 제2조 8항에는 작성대상을 '말기환자 등'이라고 정의한다.

  이 법률에서는 의사가 환자에게 절차에 의해 연명의료중단 등 결정, 연명의료계획서, 호스피스 및 완화의료에 대한 정보를 제공하고 충분히 설명하도록 하여 연명의료계획서에 동의하는 과정을 내실화하고 있다. 의료기관에서는 작성된 연명의료계획서를 등록하고, 변경하거나 철회된 경우 그 결과를 관리기관의 장에게 통보한다(법 제10조 6항). 사전연명의료의향서가 작성 등록된 후에라도 연명의료계획서가 다시 작성될 경우 연명의료계획서가 우선하여 효력을 가진다(법 제12조 8항의 4).

④ 사전연명의료의향서

  '호스피스 완화의료 및 임종과정에 있는 환자의 연명의료결정에 관한 법률'에서는 사전연명의료의향서의 등록과 작성에 관한 조항이 자세하고 그 양이 많다. 그간 민간에서 시행해 오던 등록업무를 법으로 지정된 등록기관을 통해 작성 및 등록하도록 했다(법 제11조). 등록기관의 조건은 지역보건의료기관, 의료기관 및 사전연명의료의향서 사업을 수행하는 비영리단체와 공공단체로 제한했다. 작성자가 의사를 변경하거나 철회하였을 때 그 내용을 즉시 반영하도록 하고 있다(법 제12조 6항). 또한, 사전의료의향서의 효력 상실 요건을 명시함으로써 대리 작성 등의 우려 사항에 대비하였다(법 제12조 8항).

  등록기관의 취소 요건 등을 규정하여 그 엄격성을 더욱 강화하였다(법 제13조). 국립연명의료관리기관을 설립하여 등록기관을 관리 지도 감독하게 하고, 등록된 사전의료의향서가 변경, 등록 철회된 경우 결과를 통보하게 하고 있다. 이는 사전연명의료의향서의 대리 작성이나 부적절한 정보를 바탕으로 한 작성 혹은 작성자의 자율성을 보호받지 못할 가능성 등을 방지하고자 한 것이다.

⑤ 완화의료 호스피스서비스

'호스피스 완화의료 및 임종과정에 있는 환자의 연명의료결정에 관한 법률' 제4장의 제 21조부터 30조까지는 호스피스·완화의료에 관한 규정이다. 또, 법 제5조에서는 호스피스 이용 기반 조성을 위해서 국가와 지방자치단체에서 우선적인 시책을 마련하도록 하고 있다. 제6조에서는 삶과 죽음의 의미와 가치를 널리 알리고 범국민적 공감대를 형성하며 호스피스를 적극적으로 이용하고 연명의료 결정을 존중하는 사회 분위기를 조성하기 위해 매년 10월 둘째 주 토요일을 '호스피스의 날'로 정했다.

호스피스의 대상은 '말기환자 또는 임종과정에 있는 환자'이다. '말기 환자'는 '암, 후천성면역결핍증, 만성폐쇄성호흡기질환, 만성간경화 그 밖의 보건복지부령으로 지정하는 질환 등을 앓고 있는 사람들로, 그들에 대해 적극적인 치료에도 불구하고 근원적인 회복가능성이 없고 점차 증상이 악화되어 담당의사와 해당 분야 전문의 1명으로부터 수개월 이내에 사망할 것으로 예상되는 진단을 받은 환자'다 (법 제2조 3항).

우리나라에서는 2015년 7월부터 호스피스 완화의료에 대하여 국민건강보험이 적용되었으나 그 대상은 말기암환자에 국한하고 있다. 이 법 제2조 3항과 부칙 제1조에 의하면, 암 이외의 질병에 걸린 말기환자 중 후천성면역결핍증, 만성폐쇄성 호흡기질환, 만성간경화로 말기상태에 있는 환자는 2017년 8월부터 호스피스 완화의료의 건강보험 적용 대상이 된다.

　호스피스 전문기관 지정 대상은 의원과 한의원, 병원, 요양병원, 한방병원, 종합병원 등 의료기관으로 하고 입원형, 자문형, 가정형으로 구분하여 호스피스 전문기관으로 지정할 수 있도록 규정했다(법 제21조 1항의 2). 국립연명의료관리기관 근거와 함께 지역별 호스피스센터 및 전문기관 지정 및 취소 조항도 마련했다. 그 외 호스피스에 대한 의료인의 설명 의무, 호스피스 신청 절차, 호스피스 전문기관의 폐쇄와 관련된 조항도 있다.

⑥ 관리운영기관

　'호스피스 완화의료 및 임종과정에 있는 환자의 연명의료 결정에 관한 법률'에서는 국립연명의료 관리기관을 새로 설립하여 등록기관을 관리 지도 감독하게 하고 있다(법 제9조). 등록된 사전의료의향서를 변경, 등록 철회하는 경우 결과를 보고하도록 하였다. 연명의료 거부의사를 밝힌 사람의 정보를 확인할 수 있는 시스템을 구축하고 사전연명치료의향서의 작성과 등록, 검색, 보관, 전달하는 서비스를 개발하여 보급, 활용할 수 있도록 하겠다는 조항을 두었다(법 제9조 2항의 1). 연명의료중단결정이나 그 이행에 관한 업무를 수행하려는 의료기관은 의료기관윤리위원회를 설치하고 보건복지부장관에게 등록하도록 하고 있다(법 제 14조).

　호스피스 활성화를 위해서 보건복지부장관은 말기환자의 통증관리 등 증상 조절을 위한 지침 개발 및 보급, 다양한 호스피스 유형의 정책개발 및 보급, 호스피스에 관한 홍보 등 필요한 사업을 실시해야 하고, 보건복지부장관은 말기환자 관리에 필요한 사업을 수행하기 위하여 중앙호스피스센터 및 권역별호스피스센터를 지정할 수 있도록 하였다. 호스피스 전문기관을 지정하고 평가하며, 지정 취소를 규정하고 있다. 호스피스 전문기관을 설치·운영하려는 의료기관의 시설, 인력, 장비 등의 기준은 보건복지부령으로 정하도록 하였다.

둘째 문턱

연명의료결정

제4장

연명의료결정법 개선

자연은 상냥한 안내자이지만,
그에 못지 않게
사려 깊고 공정한 안내자다.
나는 도처로
자연의 흔적을 찾아다닌다.
우리가 인위적인 발자국으로
그것을 흩뜨려버렸기 때문이다.
― 몽테뉴, 《수상록》에서

4-1 연명의료결정법을 보자
- 연명의료결정법 배경

첨단의학기술의 발달은 인류의 건강 증진과 수명 연장에 크게 기여하였다. 수명연장에 위생과 영양, 주거환경 등 생활수준 향상이 큰 영향을 주었지만, 의학이 기여한 바도 20%정도라고 평가된다(미셸 오트쿠베르튀르, 김성희 역, 2014). 인공호흡기나 체외순환기와 같은 생명연장 장치와 심폐소생술 등도 급성질환의 치료율을 향상시켜 수명연장에 도움을 주었다. 그러나 생명만을 유지시키는 치료술은 회복이 불가능한 말기환자나 임종기환자의 삶의 질을 저하하고 무의미한 생존 기간만 연장하는 부정적 측면을 가지고 있다.

2010년 기준으로, 우리나라는 영국의 이코노미스트지 산하 연구소에서 산출한 '죽음의 질'Quality of Death 순위에서 OECD 및 세계 주요 40개국 중 32위이었다. 특히, 말기 치료의 비용과 말기 치료의 질 등 생애 말기 치료 관련 부분에서 현저하게 낮은 수준을 보여 주었다(정은선, 2014). 같은 통계에서 2015년에는 평가 대상 80개국 중 18위로 올랐다. 전체적으로 많이 향상되었다. 연간 사망자 중 완화의료 처치를 받은 환자 비율이 5.6%(33위)에 그쳐 상위권에 들지 못했다. 이것은 아직도 우리나라가 임종기환자의 삶의 질 향상과 좋은 죽음에 대한 준비가 미흡하다는 점을 의미한다.

오늘날 거의 모든 죽음은 의료의 대상이고, 의료행위의 결과다. 2015년을 기준으로 보면, 우리나라 사망자의 74.7%는 의료기관에서 사망하였고, 병원에서의 죽음은 지속해서 증가하는 추세다. 이와 더불어 죽음을 앞둔 환자에 대한 의료적 지원과 조치 사항이 많아졌다. 죽음이 의료화된 것이다. 죽음과 관련된 새로운 의료 상황이 발생하고 있는데, 그중 하나는 죽음의 결정 기준이 과거의 심폐사 중심에서 뇌사가 도입되기 시작한 것이고, 다른 하나는 회복 불가능한 환자에 대한 무의미한 연명의료중단에 대한 문제다(김중곤, 2014).

죽음의 의료화로 연명의료결정과 호스피스가 죽음의 질을 결정하는 중요한 요소가 되었다. 임종기 동안의 삶은 개인의 죽음을 '좋은' 혹은 '나쁜' 죽음을 결정하는 요건이다. 좋은 죽음은 죽음의 시간에 인간의 존엄, 즉 인간으로서의 가치와 신념이 존중되며 추한 모습을 보이지 않는 것을 공통적 요건으로 포함한다. 그러므로 연명치료 상황에서의 죽음은 좋은 죽음이라 할 수 없다.

죽음에서 의학의 판단은 중요한 요건이다. 그러나 죽음은 의료의 문제이기 이전에 개인적 사건이며 가급적 자기 스스로가 결정지어야 할 삶의 마무리에 대한 문제다. 삶의 마지막 순간을 고통 속에서 의미 없이 보내는 것보다 편안하고 존엄한 죽음을 선택하는 것이 연명의료설정이다. 죽음은 개인적 삶이 중단되는 동시에 사회적 활동이 중단됨을 의미한다. 죽음에 이르는 과정과 죽음의 순간, 그리고 그 후의 문제도 사회적 인식을 바탕으로 취급되는 사회적 사건이다. 나의 의지가 최대한 반영된 '존엄한 죽음'이 되려면 주어진 사회적 환경 영향 아래에서 개인 스스로가 준비하고 선택해야 할 요소가 있는데, 그것이 연명의료의 결정과 선택이다.

우리나라의 연명치료중단 제도화에 대한 논의는 1997년 소위 '보라매병원 사건'을 계기로 본격적으로 시작되었다. 그 후 많은 논의를 거쳐 2013년에는 대통령 직속 국가생명윤리심의위원회에서 임종기 환자가 치료를 거부할 수 있도록 하는 법률 권고안을 채택했다. 마침내 2016년 2월 '호스피스 완화의료 및 임종과정에 있는 환자의 연명의료결정에 관한 법률'(이 책에서의 약칭: '연명의료결정법')을 제정, 공포하였다.

연명의료결정제도는 병실에서 기계에 의지한 채 죽어가고 싶지 않다는 의사를 밝히는 것이다. 삶의 의료화 뒤에 오는 죽음의 의료화와 의료의 상업화로 인해 자연스러운 죽음이 방해받는 현실에서 존엄한 죽음을 찾으려는 시도다. 연명의료결정제도가 바람직한 생의 마무리를 위한 개인의 선택인 동시에 의료의 행위가 비윤리적인 행위가 되지 않도록 하는 장치이기도 하다. 그 실천은 법률을 만드는 것만으로 해결되지 않는다. 연명의료결정제도의 효과적 활용을 위해서 먼저 개인의 죽음 인식의 변화를 통한 좋은 죽음을 준비하는 사회 분위기가 만들어져야 한다.

법은 일반 원칙과 절차를 규정한다. 그것을 구체적 상황에 적용하여 실행하는 것은 그 상황에 처한 사람의 몫이다. 이 법의 제정은 그간의 법제화에 대한 찬반 논의 대신 법률을 효과적으로 활용할 수 있는 방안에 대한 논의를 주문한다. 사회적 안녕과 제도의 정착을 위해서는 법을 만드는 것인 만큼 효과적 활용도 중요하다. 연명의료결정법은 죽음의 의료화 시대에 연명의료의 계속이나 중단을 결정하기 위한 제반 정책을 검토하여 우리 사회에 맞도록 규정화한 도구다. 법 조항으로 사회의 모든 사항을 규정하는 데는 한계가 있다. 때로는 표현으로 인하여 애초 입법 의도와 달리 해석되는 문제도 있다. 법이 추구하는 목표와 현실의 차이에서 오는 실효성이나 현실성의 문제도 있을 수 있다.

법은 인간의 공동의 관심 사항에 대하여 국가에 의하여 승인되고 중심 권력에 의하여 강제되는 조직화한 규범이다(최완진, 2014). 언어라는 수단으로 창조되고 표현되며 합법화되는 과정을 거쳐 영향력을 가진다. 법은 다양한 관점과 관심에 따라서 접근하는 속성이 있는 만큼 다양하게 표현되고 해석될 여지가 있으므로 원리와 적용 방법을 정확히 하기 위해서 조문의 의미 분석적 검토가 필요하다. 법에 대한 의미 분석적 해석 방법은 법을 하나의 언어적 약정으로 보고 언어적 의미를 파악하는 것이다.

법은 사회생활에 직접적이고 강제적인 효력을 가진다. 법은 언어를 통하여 규범과 그 규범이 추구하는 방향을 표현한다. 법의 올바른 시행과 효과적 활용을 위해서 법률이 명확하고 공정하며 적합한지, 실행에 문제가 없는지 살펴보아야 한다. 법의 선의적 활용을 위한 방안과 제도의 조속한 정착을 위한 방법을 찾아서 시행상 착오를 미리 없애야 한다.

4-2 법률의 명칭부터 바꾸자
— '연명의료결정에 관한 법'으로

　인간은 공유된 언어적 행위 규범을 통하여 타인과 연결되어 있다. 법은 언어를 통하여 포괄적으로 형성된 정책을 사회적 현상에 적용한다. 법은 사회 평균인의 상식에 합치하여야 일반의 지지를 받고 규범력을 발휘하며 적절하게 집행된다. 행위 규범은 언어 형식을 갖춘 표현으로 나타난다. 언어적 표현이 효율적 의미를 가지려면 어휘 간 결속성, 의도성, 수용 가능성, 정보성, 상황성, 상호성의 요건을 요구한다(김종현, 2010). 법의 내용을 표현할 때, 삶의 영역에서 이해될 수 있는 단어로 간결하게 표현하는 것이 원칙이다.

　특히, 법률의 제명은 요약하여 정확하게 오해의 소지가 없는 명칭으로 간략하게 확정해야 한다(박영도, 2009). 나아가 전문本文의 성격을 담고, 내용을 추측할 수 있으며, 쉽게 부르고 이해할 수 있어야 한다. 이 법의 명칭은 '호스피스 완화의료 및 임종과정에 있는 환자의 연명의료결정에 관한 법률'로 9단어 30글자로 되어 있다. 법의 성격이 호스피스 완화의료와 연명의료에 관한 법이라는 짐작은 간다. 호스피스는 연명의료결정이라는 개념에 반드시 연계된 것이므로 별도로 명시할 필요가 없다. 호스피스와 완화의료는 법조문에서는 구별하지 않으면서 제목에만 불필요하게 나열하고 있다. 내용을 모두 포함하려다 보니 길고 쉽게 부르기에는 너무 긴 이름이다.

'연명의료의 중단을 결정'하는 것은 당연히 임종단계에 있는 환자를 대상으로 해야 하지만, '죽음 준비 차원에서 연명의료를 준비'하는 것이나 '사전의료지시서를 작성'하는 것은 임종단계에 있지 않은 건강한 일반인이 대상이다. 말기환자의 경우 연명의료결정은 임종과정 이전에 할 수도 있다. 임종과정에 있는 환자가 하는 연명의료결정은 '연명의료중단'이다. 연명의료결정의 대상은 임종과정에 있는 환자만이 아니다. 좀 더 시간적 여유가 있을 때 자기 죽음에 대해 결정하고, 법이 이와 같은 결정을 보호하는 역할을 해야 한다. 이 법에서 호스피스 완화의료의 대상을 '말기환자'로 하고 있지만, 제명에서는 호스피스 완화의료의 범주를 '말기환자'라고 한정하지 않았다. 이것은 법이 당장 호스피스 완화의료를 받는 말기환자에게 해당하는 것만이 아님을 인식한 표현이다. 같은 이유로 연명의료결정에 대해서도 '임종과정에 있는 환자'라는 단서는 없어야 한다. 연명의료 전반의 사항을 규정짓는 법률이기 때문이다.

생애말기돌봄과 죽음 준비에 대한 포괄적 개념이 '연명의료결정'이다. '연명의료결정'이라는 용어는 연명의료를 선택 또는 보류, 중지하는 결정과 호스피스로 연계되는 의미를 지닌다. 법은 죽음이 임박한 환자의 연명의료중단만을 위한 것이 아니고, 연명의료결정은 당연히 호스피스를 수반한다. 따라서 이 법의 제명을 '연명의료결정에 관한 법'이면 된다. 명칭에 꼭 호스피스를 강조하고 싶다면, 한 걸음 더 나아가 '존엄한 죽음을 위한 법'이라고 불러 법의 의도를 분명히 해주는 것이 더 바람직하다.

2015년 5월 프랑스에서는 줄여서 '깊은 잠 법'deep sleep bill이라 부르는 법이 통과되었다. 사실상 완화적 진정에 의한 안락사를 허용한 법률이다. 본래의 제명은 '말기환자 등의 새로운 권리에 관한 법'(Loi créant de nouveaux droits en faveur des malades et des personnes en fin de vie: 세계법제정보, 2016)이다. 우리나라의 이 법도 존엄한 죽음을 위한 연명의료의 선택과 준비를 위한 법임을 강조하려면 '존엄한 죽음을 위한 법'이라고 하면 된다.

법령의 제명이 길 경우 약칭을 제정하여 법적으로 인정하고 있다. 외국의 경우 통상 법령의 이름을 결정함과 동시에 약칭도 법으로 정하여 공포하는 사례가 많다. 우리나라에서도 2016년 1월에 법제처에서 대법원, 국회 등 관계 기관과 논의해 '법률 제명 약칭 기준' 책자를 제작·배포했다. 이 법률의 제명도 10음절 이상으로 약칭 제정 대상이었지만, 이 법은 약칭 제정 작업이 끝난 후 입법된 관계로 아직 공식적인 약칭이 없다.

언론에서는 이 법을 줄여서 '웰다잉well-dying법', '존엄사법' 또는 '김 할머니법'이라 부르고 있다. 이것은 모두 약칭으로 적합하지 않다. '웰다잉법'이라는 약칭은 부분으로 전체를 대신할 수 없는 오류를 가진다. 앞에서 보았듯이, 전문가들이 정한 웰다잉을 위한 십계명 중에서 '사전의료의향서 작성'이라는 하나의 항목이 있다. 그것만으로 웰다잉이 되는 것은 아니다. 웰다잉이 무슨 뜻인지도 모르고 쓴 표현이다. 이 법을 '웰다잉법'이라고 부르는 것은 호스피스와 연명의료결정만 하면 웰다잉이 되는 것으로 오해할 소지가 있다.

일부는 이 법을 '존엄사법'이라고 줄여 부르고 있다. 존엄사라는 용어도 명확하게 정해진 개념이 없다. 삶마저도 존엄하지 못했던 사람이 갑자기 연명의료 거부 또는 중지를 결정한다고 그의 죽음이 존엄하다고 할 수는 없다. 연명의료결정에 의한 죽음을 존엄사라고 하는 것은 그러한 죽음을 미화하고 부추긴다는 지적도 있다.

혹은 '김 할머니법'이라고 줄여서 부르기도 한다. 김 할머니 사건은 법원에서 연명의료중단을 인정한 첫 사례이다. 연명의료결정제도의 필요성에 대한 논의를 가속화한 것도 사실이다. 그러나 이 법은 지속해서 논의되어 오던 안락사 논쟁에 대한 시대적, 환경적 결과물이기도 하다. 이 법에는 연명의료중단결정뿐만 아니라 호스피스에 관한 사항도 중요하게 다루고 있다. 식물인간 상태의 환자인 김 할머니에 대한 연명의료중단결정에 관한 사건인 '김 할머니 사건'이 법의 성격을 모두 표현할 수도 없고, 핵심 사건이 아니다. 따라서 '김 할머니 법'이라는 약칭도 적절하지 않다.

이 법률의 제명은 '연명의료결정에 관한 법'으로 하는 것이 맞다. 약칭은 '연명의료결정법'으로 부르고, 더 줄여 쓰면 '연명의료법'이라 하면 된다.

4-3 법률의 목적을 구체화하자
– 법률의 목적에 대한 의견

법의 목적은 입법 목적을 간명하게 요약한 문장이다. 법령이 달성하고자 하는 목적과 함께 법령의 다른 조문 해석에 도움이 되도록 하려는 취지에서 두는 것이므로 입법 의도를 명확히 하고 적절하게 규범화하여야 한다(박영도, 2009). 이 법 제1조에는 "환자의 최선의 이익을 보장하고 자기결정을 존중하여 인간으로서의 존엄과 가치를 보호하는 것을 목적으로 한다."라고 법률 목적을 규정하고 있다. 이 법의 목적에서 사용하는 용어는 문리적으로 볼 때 모호하고 전문적 해석을 필요로 하는 표현이다. 일반인이 이해하기 용이하고 법령을 제정한 이유에 맞는 표현으로 개선할 필요가 있다.

■ 환자의 이익

환자 상태에 맞는 적절한 의료행위를 제공하는 것은 의료의 기본이다. 그것이 반드시 환자에게 이익이 되지 않을 수도 있다. 의료의 기본과 환자 측의 이익이 서로 맞지 않아서 법의 판단을 물은 것이 세브란스 김 할머니 사건이다. 김 할머니 사건에서 쟁점은 인공호흡기치료가 과연 무의미한 연명의료인가에 있다. 여기에서 무의미함은 환자와 가족에게 물질적, 정신적 이익이 있느냐와 의미를 같이한다. 가족은 생명 징후만 연장시키는 인공호흡기는 이익이 없는 치료라고 주장하였고, 법원이 이를 인정했다. 그 결과 법적으로 '인공호흡기 제거'라는 판결을 얻어 냈다.

'인공호흡기 제거'가 환자에게 최선의 이익이인지, 가족에게 최선의 이익인지도 명확하게 구별할 수 없다. 상속문제가 해결되지 않은 상태의 재벌총수는 자녀의 필요 때문에 아직 죽지 못하고 있다. 사전의료지시서로 연명의료중단 의사를 표했다 하더라도, 나아가 의사가 중단을 결정했다 하더라도 자녀가 동의하지 않으면 그 결정은 받아들여지지 않을 것이다. 환자에게 최선의 이익이 아니라, 자녀에게 최선의 이익이 보장된 것이다. 반대로 자녀에게 의료비 부담을 주지 않으려면 치료를 중지하는 것이 '최선의 이익'이라고 환자가 주장해도 의사가 동의하지 않으면 수용되기 어렵다. 의사도 이 법에 명시된 네 가지 조치 이외에는 손을 쓸 수가 없다. 법의 목적대로라면 이 경우도 '환자의 최선의 이익'을 보장하여 연명의료를 즉각 중지시켜 주어야 할 것이다. 이처럼 환자의 최선의 이익을 판단하고 보장하는 일은 실행이 불가능할 수도 있다.

이로움과 해로움에 대한 판단은 주관적이다. 같은 경우를 놓고도 어떤 사람에게는 이익이고, 어떤 사람에게는 손실이 되기도 한다. 그러므로 무엇이 환자에게 최선의 이익인지 객관적으로 규정할 수 없다. 환자 자신의 의도와 존엄성과 삶의 질을 고려한다고 하지만, '최선의 이익'이라는 용어는 범주가 정해진 객관적 용어가 아니다.

■ 자기결정 존중

현대 사회에서 의료윤리를 포함한 생명윤리 분야에서 논의되는 '자기결정권'이라는 개념에는 어떤 전제, 범위, 한계의 규정이 없다. 때문에 때로 인간 생명을 파괴하는 의도적 행위를 정당화시키기도 한다. 낙태는 임신한 여성의 자기결정권이고 안락사는 말기환자의 자기결정권이다. 자기결정권을 존중한다는 것은 낙태나 안락사의 정당화에 대한 근거를 제공하게 될 위험에 빠진다.

자기결정권과 연명의료가 결합한 것이 '연명의료에 관한 환자의 자기결정권'이다. 연명의료에서 자기결정을 존중한다는 것은 연명의료의 종류, 환자의 상태, 의학적 예측, 의사의 소견 등이 참작되지 않을 위험도 있다(정재우, 2013). 어휘적 의미로만 보면 어떤 연명의료든 환자가 결정하면 그 결정이 존중되어야 한다. 자신의 삶을 위한 어떤 자기결정도 존중한다면 안락사의 논쟁에서도 자유롭지 못하다.

자기결정은 자율적 의사를 따르는 것이다. '자기결정' 혹은 '자율성'이란 '스스로 한 선택의 정당성'이라는 의미이다(지안 도메니코 보라시오, 김영하 역, 2015). 이와 같이 환자 고유의 본성에 따른 자신의 선택을 보호하기 위해 규정을 만든다는 것은 이미 자율이 아니다.

■ 인간으로서의 존엄과 가치

인간의 존엄과 가치라는 용어도 개념이 추상적이고 명확하지 않다. 인간의 존엄성이 무엇인가에 대해서는 여러 가지 견해가 대립한다. 존엄성이라는 표현이 너무 추상적이기 때문에 무엇이 인간의 존엄성을 침해하는지에 대한 개념 정립을 통해서 인간의 존엄을 입증

해 나가는 실정이다.

　연명의료결정에서 생명을 유지하는 것이 존엄한 것인지, 품위를 유지하며 죽음을 맞이하는 것이 존엄한지 가치 충돌이 있다. 노화, 질병, 사고 등으로 죽음을 앞둔 상태에서는 의료조치를 필연적으로 수반한다. 의료처치를 받아들여야 한다는 '생명 자체의 존엄'과 죽음이 임박한 사람에 대한 의료행위는 인간의 존엄성을 훼손할 수 있다는 '삶의 존엄성'이 대립한다. 고통을 감수하면서도 고귀한 생명을 유지하는 것과 인간으로서의 품위를 유지하며 행복하게 죽는 것 중 어느 것이 더 존엄한지에 대한 입증과 결론은 없다. 이 법의 목적이 상반되는 두 가지 존엄 중 어떤 존엄을 보호한다는 것인지 알 수 없다. 이러한 상반된 추상적 개념을 법률에서 사용하고 있다.

　맥클린(R. Macklin, 2003)은 생명윤리에서 존엄성이라는 단어가 너무 모호하며, 단지 구호 정도의 역할밖에 하지 않기 때문에 '존엄성' 대신 '사람에 대한 존중'respect for persons 또는 '자율성 존중'respect for autonomy이라는 단어를 사용하자고 제안하였다. 연명의료결정은 궁극적으로 인간의 존엄에 영향을 줄 수는 있다. 추상적이며 상반되는 의미를 지니는 '인간으로서의 존엄'이라는 용어는 적절치 않다.

　연명의료결정에 대하여 십수 년 동안 수많은 대안과 법안이 제시되었다. 그중 몇 가지 안만 보아도 목적을 어디에 두어야 하고 어떻게 표현해야 할지를 알 수 있는데도, 하필이면 가장 모호하고 장황한 표현을 선택하고 있는 이유를 알 수 없다. 법은 전문가를 위한 것이 아니라 일반 국민을 위한 것이어야 한다.

4-4 의사 확인 방법을 보완하자
— 환자의 의사 확인

임종단계에서 자기 의사를 표현하지 못하는 경우를 고려하여 '사전의료지시서'를 작성해 둔다. 사전의료지시서는 연명의료에 대한 의사표시를 적은 문서로서 이 법에서 표현한 '사전연명의료의향서'와 같은 것이다. 사전연명의료의향서가 있더라도 환자의 의사표시 능력이 없으면 심폐소생술, 혈액투석, 항암제 투여, 인공호흡기 착용의 네 가지 시술에 대하여(법 제2조 4항) 사전연명의료의향서의 작성 및 등록 규정에 따라 했는지(법 제12조) 담당의사와 해당 분야 전문의 1명이 확인하여 환자의 의사로 보도록 하고 있다(법 제17조 2항의 2- 가, 나).

■ 의사표시 능력

연명의료결정이나 중단의 시행은 자기결정권에 의한 의사표시 능력을 근거로 한다. 의사표시 능력이란 당사자가 한 의사표시가 어떠한 효과를 발생하는지에 대하여 이해하고 판단할 수 있는, 통상인이 가지는 정상적인 능력이다(이진기, 2009). 그러나 민법상 의사 능력에 대한 명문 규정은 없으며 '무능력자에 의한 의사표시는 법적 효과를 부여할 수 없으며 무효'라는 사실만 명기하고 있다.

법률 체계는 단순화된 흑백논리로 결정되는 속성이 있다(지안 도메니코 보라시오, 김영하 역, 2015). 환자의 의사표현과 관련해서 미성년자인지 아닌지, 연명의료계획서가 있는지 없는지는 최소한 흑백논리로 구별이 가능하다. 연명의료결정에서 환자의 의사표시 능력 유무에 따라서 해당 분야 전문의의 확인과 동의의 필요 유무가 결정된다. 그런데 환자의 의사표시 능력이 '있음'과 '없음'은 어떻게 구별할 것인지 그 기준을 정하기가 쉽지 않다. 의사醫師와 대화를 통한 의사소통이 가능한 단계인지, 수신호나 고개를 끄덕이는 것도 의사소통에 포함할 것인지에 대한 세부 규정을 정하기도 어렵다.

말기 의료에서 환자의 의사표시를 확인할 수 없는 경우가 많다. 연명의료중단에서 문제가 되는 것은 환자 대부분이 의식불명의 상태에 빠지기 전에 치료 여부에 대해 명확한 의사표시가 없었던 경우다. 이런 경우에 대비해서 연명치료중단에 대한 환자의 승낙이 추정되는 경우에는 환자의 동의로 인정할 수 있도록 하는 것(전수영, 2015)이 의사 추정과 대리 결정이다.

■ 충분한 기간 동안 일관된 의사표현

법률은 표현이 간명하고 정밀하고 이해하기 용이해야 한다. 법에 명기된 사항은 개인의 삶에 상당한 구속력을 가진다. 이 같은 관점에서 보면 법에서 말하는 '환자의 의사로 보기에 충분한 기간'이라는 규정이나 '일관하여 표시된 의사'라는 용어는 간명하지도, 정밀하지도, 이해하기 용이하지도 않은 개념이다. 사전연명의료의향서 작성 참여도와 활용도를 높이고, 의사 추정이나 대리 결정의 위험을 배제하기 위해서는 법률에서 표현한 '일관하여 표시된 의사'에 대한 근거, 기준, 포함 사항, 입증 방법 등에 대한 규정 보완이 필요하다. 최소한 몇 년 이내에 작성된 일기장, 공증된 유언, 가족 합의서 등 조건을 명시해 주어야 하겠다.

미국의 많은 주에서 요구하듯 이 표현은 '명백하고 설득력 있는 증거(엄주희, 2013)'라는 용어로 규정하는 것이 더 적절하겠다. 공증을 필한 생명에 관한 사전 유언이나 가족 전체의 연대서명이 있는 사전의료지시서 등의 경우는 해당 분야 전문의 1명의 확인을 생략하는 등 업무를 간소화하는 방법을 하위 법령에서 제시하여 연명의료결정에 대한 접근성과 활용성을 높일 필요가 있다.

■ 병원윤리위원회 권한과 임무 강화

가족 전원이나 가족 2인과 의사가 내린 결정은 '추정'이 아니라 '대리 결정'이다. 연명의료가 가족, 제3자, 보호자의 결정에 전적으로 맡겨지면 병원비 부담이나 상속문제 등으로 부당하게 죽임을 당하게 될 수도 있다. 이에 대한 검증의 일환으로 해당 분야 전문의 1인이 확인하는 절차를 두는 것만으로는 대리 결정의 부작용을 막기 어렵다.

이 상황에 대한 보완책으로 병원윤리위원회의 권한과 임무가 보강되어야 하겠다. 우선 환자를 대신할 사람이 없는 경우에 대한 연명의료결정은 국가와 사회의 책무라는 관점에서 접근이 필요하다. 보호자가 없어 연명치료를 중단하지 못하고 있는 경우는 국가가 개입해야 한다. 이 법률에는 '김재원 안'에 있던 법정 대리인이나 가족이 없는 환자에 대하여 해당 의료기관의 병원윤리위원회 및 공용병원 윤리위원회가 그 의결로 연명의료를 결정하는 조항(법 제16조 1항의 3)이 삭제되었다. 가족과 연락이 끊어져 혼자 임종을 맞는 환자는 병원윤리위원회의 결정에 따라 조치를 결정할 수 있도록 하는 조항이 추가로 검토되어야 한다.

  이보다 근본적 대안은 연명의료계획서를 사용하여 환자의 의사표현 능력과 상관없이 결정하는 방법이다. 아니면 이 법이 제시하는 사전연명의료의향서를 포기하고 사전돌봄계획제도를 도입하는 것이다. 사전돌봄계획을 도입하면 임종과정으로 국한된 연명의료중단 혹은 결정 대상 환자를 임종 상태에 접어들기 전의 말기 또는 노쇠한 중증 질환자에게까지 확장할 수 있다. 그들의 평상시 의사표현과 그에 대한 진료 기록으로 연명의료에 관한 의사표현으로 인정해 주면 이 법에서 규정한 온갖 기관이나 규제가 필요 없다.

4-5 해당 분야 전문의 조항을 재검토하자
― 전문의 1명

연명의료중단을 결정할 때에는 환자의 의사 확인과 환자의 상태에 대한 의학적 판단이 중요하다. 따라서 환자의 상태를 가장 잘 확인할 수 있는 담당의사에 의존도가 높다. 그러나 연명의료계획서가 없거나 환자의 의사를 직접 판단할 수 없는 경우는 해당 분야 전문의의 확인을 필요로 한다. 담당의사 외 전문의의 확인 절차는 미국, 독일, 오스트리아, 대만 등 대다수의 국가에서 취하고 있다.

■ 전문의 1명이 필요한 상황

이 법에서 임종과정에 있는 환자는 '회생 가능성이 없고, 원인 치료에 반응하지 않으며, 급속도로 병이 악화하는 상태의 임종과정에 있는 환자이면서 담당의사와 해당 분야 전문의 1명으로부터 임종과정에 있다는 의학적 판단을 받은 자'라고 하였다. 임종과정에 있는지에 대한 판단은 담당의사와 해당 분야 전문의 1명이 한다.

연명의료결정 대상인지를 확인할 때 환자는 모두 '임종과정'에 있어야 한다(법 제15조). 임종과정임을 판단 받기 위해서는 전문의 1명으로부터 의학적 판단을 받은 상태이어야 한다(법 제2조 2항, 법 제16조). 이렇게 되면, 모든 연명의료결정과정에서 해당 분야 전문의 1명의 확인이 있어야 한다는 뜻이다. 연명의료계획서가 있는 경우와 사전연명의료의향서가 있고 본인의 의사를 확인할 수 있는 경우는 담당의사의 재량으로 환자에 대한 조치가 가능하다. 그러나 '임종과정'임을 확인하거나 중단을 결정하려면 전문의가 필요하다. 결국 연명의료 중단을 결정하려면 항상 전문의 1명의 확인이나 동의가 있어야 한다는 뜻이다.

제도를 합리적으로 활용하려면, 임종과정에 있는지 여부의 판단은 담당의사의 판단으로 조정해 주어야 한다. 더불어 임종과정 판단에 대해 가족의 동의나 확인 혹은 가족에게 통보하는 조항을 넣어 가족과 함께 결정할 수 있도록 해 주는 것이 바람직하다.

■ 긴박한 상황에서 전문의 1명의 확인

환자가 임종과정에 접어들면 상황은 매우 긴박하게 돌아간다. 항암제 투여나 혈액투석과 달리 심폐소생술이나 인공호흡기 착용은 말기환자에게 갑자기 나타날 수도 있다. 응급의료에서는 환자가 심장기능을 회복하여 생명을 유지시키는 것이 최선의 이익이 되는 상황이라면 대리인의 동의를 사전에 획득한다는 것도 유보될 수 있다(김아진, 2013). 위급한 상황에서 판단은 짧은 시간에 이루어져야 유효하기 때문이다.

연명의료중단결정도 죽음이 임박한 상황에서 이루어지는 것이다. 연명의료결정법에서는 임종과정에 있는지 확인하거나 의사표현이 불가능한 환자의 의사 확인을 위하여 담당의사는 해당 분야 전문의의 의견을 듣고 그 처치를 결정하도록 하고 있다. 긴급 상황에서 전문의의 의견과 확인 절차가 필요하다는 것은 현실적으로 불합리한 규정이다. 전문의가 바쁘거나 다른 업무 중이어서 그 순간에 즉각적으로 의학적 의견을 내놓을 수 없는 경우는 우선 연명을 위한 의료처치부터 해야 할 것이다. 연명의료처치는 심폐소생술이나 인공호흡기 부착을 의미한다. 긴박한 상황에도 전문의의 확인과 동의를 고집하면 자동으로 연명의료로 이어질 수밖에 없다.

전문의 1명의 확인과 동의를 받는 조건을 이행할 수 없는 상황으로 연명의료조치로 이어진다면 법의 목적과 취지에도 맞지 않는다. 법을 그대로 적용해서 전문의의 확인을 받지 못해 연명의료에 해당하는 응급처치를 하였다면, 응급 상황이 종료되는 즉시 사전의료지시서나 별도의 의사 확인 절차를 거쳐 연명치료의 계속 여부를 결정하도록 명시해야 한다. 임종단계 이전에 환자와 사전연명의료의향서에 따라 의사를 확인한 경우나 호스피스 병동에 있었던 경우 등에서는 전문의의 확인을 생략하는 예외 규정을 두어야 할 필요가 있다.

■ 해당 분야 전문의의 범주

연명의료결정법에 의하면 담당의사만큼 전문의도 중요한 역할을 한다. 담당의사에 대한 용어 정의를 명시한 만큼 전문의에 대한 자세한 규정도 있어야 하겠다. 벨기에의 경우, "자문의사는 담당의사의 환자로부터 독립적이어야 하고, 문제가 되는 질환에 대해 자문을 할 수 있는 자격을 갖추어야 한다."고 규정하고, 대만의 조례 시행세칙에서는 "관련 전문의사는 말기환자로 진단될 중대한 상병에 관련되는 영역의 전문의를 말한다."라고 규정하고 있다(이인영, 2016).

의료 행위에 대한 의사결정 과정에 제3의 인물인 전문의가 개입할 경우 책임과 영역의 범위를 명확히 해야 한다. 의료조치의 절차와 조치사항, 책임 한계가 모호하면 또 다른 의료분쟁의 요인이 될 수 있기 때문이다. 죽음이 임박한 경우는 환자가 가진 주 질병의 관련 분야 이외의 전문의도 판단이 가능하므로 하위 법령에서는 해당 분야에 대한 범주를 완화한 지침이 마련되어야 할 것이다.

법에서는 환자가 의사표현 능력이 없는 경우, 해당 분야 전문의가 사전연명의료의향서의 작성의 적법성을 확인토록 하고 있는데, 이는 연명의료결정을 할 수 없도록 방해하는 조항이다. 환자가 응급실로 찾아왔을 때나 임종을 앞두고 병원을 이동하였을 때, 사전연명의료의향서의 적법성을 어떻게 확인할지가 문제다. 따지고 보면 작성의 적법성은 담당의사와 해당 분야 전문의가 하는 것이 아니다. 작성하고 등록할 때 등록기관에서 철저하게 확인해야 할 문제이다. 해당 분야 전문의가 작성의 적법성을 밝힐 기준과 방법이 없을 수도 있다. 이때에도 자동으로 연명의료를 받게 된다.

응급실 내원 전 후에서의 심정지 환자에게 사망의 근거가 명백한 경우 또는 사전의료지시서를 가지고 있는 경우 등 특별한 예외가 없는 한 심폐소생술을 시행하게 된다. 환자가 응급실에 도착할 당시 보호자가 없어서 환자의 추후 치료를 결정할 수 없는 경우 의료진은 우선하여 환자의 생명을 연장하는 일에 집중하는 것이 현실이다. 법의 전문의 조항은 노인병원이나 중소병원에서는 연명의료부분에 대한 진료는 하지 말라는 의미와 같다. 해당 분야 전문의가 없는 중소병원에 대한 예외 규정을 두어야 한다. 특히, 응급환자와 노쇠한 말기환자에 대한 예외 규정을 마련해야 한다. 소생 가능성이 없다면 의료진의 의학적 판단에 근거하여 가족과 상의하여 연명의료중단을 결정하도록 하는 등의 규정 보완이 필요하다.

4-6 중단 대상과 조치를 확대하자
– 대상 확대

　연명의료중단이란 죽음이 임박한 환자에게 의학적으로 무익하고 불필요한 의료수단을 사용하지 않는다는 것을 말한다. 연명의료중단을 요청할 수 있는 권리는 헌법적으로 인정되는 기본권의 성격을 가지고 있다. 그러므로 연명의료를 중단할 수 있는 특별한 사유 등을 명확히 규정할 필요가 있다(고준기 외, 2014). 법에서는 연명의료중단 대상을 '회생 가능성이 없고 원인 치료에 반응하지 않으며 급속도로 악화하는, 즉 임종과정에 있는 환자'로 규정하고 있다.

　연명의료에서 중단할 수 있는 처치는 임종과정에 있는 환자에게 하는 심폐소생술, 혈액투석, 항암제 투여, 인공호흡기 착용의 의학적 시술이다(2018년 3월 체외생명유지술, 수혈, 승압제 등 3가지 조치가 추가되었다). 연명의료중단 등 결정 이행 시라 하더라도 통증완화를 위한 의료행위와 영양분 공급, 물 공급, 산소의 단순 공급은 시행하지 않거나 중단되어서는 안 된다.

　미국의 경우 뇌사, 임종환자, 지속적 식물상태의 환자, 말기환자 등이 연명치료중단이 가능하다(엄주희, 2013). 임종단계에 든 환자에 대한 이 네 가지 조치의 중단을 위해서 이렇게 장황한 법을 만들 이유가 있었는지 묻고 싶다. 법의 낭비다. 죽음에 대한 복지적 관점으로 보면 모든 환자를 호스피스 완화의료의 대상으로 확대하는 동시에 모든 환자가 연명의료중단의 대상이 되어야 한다.

■ 특수연명치료와 일반연명치료의 구분

의학기술의 급속한 발달로 특수연명치료에 속하던 치료방법이 이제는 일상화되고 있다. 이 때문에 특수치료와 일반치료의 경계가 모호해졌다(이인영, 2009). 미국 의사협회는 이처럼 구분해서 연명치료 중단 여부를 결정하는 것에 의문을 제기한다. 미국의 경우 주별로 약간의 차이는 있지만, 헌법과 판례상 특수연명치료에 인공영양과 수분공급 중단까지 포함하고 있는 추세이다. 또 우리나라 법에서 제시한 4가지 처치 이외에 이식용 심혈관 전자장치, 기계적 순환보조 장치 등도 실제로 삶의 질과 상관없는 수명연장을 위한 처치로 분류한다. 이식용 심혈관 전자장치는 노인인구에서 널리 사용되어오는 것이며, 기계적 순환보조장치는 말기심부전 환자를 기계적으로 지지하기 위한 장비다. 그 외 부정맥을 치료하는 심박동기, 심각한 빈박성 부정맥에 대해 사용되는 심장제세동기 사용도 중단 대상이 된다.

현실적으로 연명의료 기술만큼 진단이나 예후 판단 기술도 발달했다. 질병의 종류도 많아지고 처치도 다양하다. 연명의료에서 일반연명치료와 특수연명치료의 개념도 가변적인 만큼 특수와 일반을 구별 지을 이유가 없어지고 있다. 연명의료에 대한 병명과 조치를 나열하는 식의 규정은 한계가 있고 효과적이지 못하다. 현실에 맞는 조치가 가능하도록 범위를 넓혀야 한다. 생명에 대한 확실한 예측이 가능한 환자에 대해서는 의사의 진단과 예측으로 중단할 처지를 결정하는 것이 옳다.

■ 중단 조치에 수분과 영양 공급 포함

1989년 미국 내과의사협회는 진전된 암을 비롯한 각종 말기환자에게 총정맥 영양법과 같은 영양 지원에 반대한다는 의견서를 발표했다. 말기환자에게 제공하는 인공영양과 수분 공급은 환자를 움직이지도 못하게 하고 극도로 불편하게 만들 수 있다는 점과 생명을 위협하는 전신 감염을 초래할 수 있다는 점을 지적하였다.

종양의 경우, 대부분이 환자의 나머지 신체보다 더 높은 신진대사율을 가지고 있다. 환자가 섭취하는 영양소는 암이 먼저 섭취하기 때문에 체중이 감소한다. 암과 더불어 진전된 심장질환과 폐질환도 식욕감퇴나 악액질 등 비가역적 소모증후군을 만든다. 이들에게 영양을 공급해 주기 위해서 경정맥 용액이나 튜브 영양공급, 총정맥 영양법 등으로 몸에 영양분을 공급하는 것은 추가적인 부작용을 낳는다(매기 컬러넌, 이기동 역, 2013).

이러한 이유로 미국의 내과의사협회가 인공영양과 수분 공급에 반대하는 결정을 내렸다(매기 컬러넌, 이기동 역, 2013). 또 테리 샤이보(Terri Schiavo) 사건에서 보듯이 미국은 연명의료중단 범위에 인공영양공급의 중단을 포함하고 있다(엄주희, 2013). 인공영양 공급이나 수분 공급도 부작용과 위험을 동반한다고 판단하기 때문이다. 죽음을 앞둔 환자 대부분이 공통으로 보이는 음식물 섭취 감소와 수분 부족 현상은 환자에게 고통이나 불안, 불쾌감을 주지 않으며 의식을 둔화시키고 그로 인해 죽음 단계의 불안을 진정시키는 작용을 하기도 한다(미하일 데 리더, 이수영 역, 2011). 임종기환자에게 하는 인공영양 공급은 환자에게 침습적이고 상당한 고통을 주는 치료이지만, 생명의 연장이나 임종기 삶의 질에 도움이 되지 않는다. 자연적인 방법으로 영양을 공급하거나 중단하는 것이 감염이나 후유증도 적다. 일부 임종환자의 경우, 인위적인 영양과 수분 공급을 이겨내지 못하고 토하고 설사를 하기도 한다. 정맥영양과 수분 주입을 위한 정맥혈관 확보에 따른 어려움을 환자가 감수해야 한다. 수액정주는 환자의 부종을 악화시키기도 하여 환자에게 불필요한 고통을 초래할 수 있으므로 사용을 자제해야 한다. 이러한 점을 감안하면 이 두 조치도 연명치료중단 대상에 포함해야 한다.

연명의료중단에서 인공영양, 수혈, 수분 공급에 대한 판단은 의사가 하도록 하는 것이 바람직하다. 환자가 죽음에 가까워진 이유는 다양하므로 모두에게 맞는 연명치료조치의 내용을 사전에 명시하는 것은 불가능하고 무의미하다. 그러므로 연명치료의 내용, 환자의 의학적 상태, 환자에게 가해지는 침습의 정도와 예후에 맞추어 의사가 해당 처치의 중단 여부를 결정해야 한다.

미국의 한 연구에서는 영양공급을 한 치매환자와 중단한 치매환자의 생존 기간에 차이가 없음을 밝혔다. 이탈리아에서 실시한 에이즈와 종양 환자를 대상으로 한 연구에서도 같은 결과가 나왔다(미하일 데 리더, 이수영 역, 2011). 앞으로 연명의료와 관련한 의사의 설명 의무에 '인공영양공급을 하여도 수명은 늘어나지 않는다.'는 사항을 환자에게 주지시켜야 하고, 이에 대한 환자의 선택권도 보장되어야 한다. 종교적 이유로 중단을 원하지 않을 경우, 계속해서 영양과 수분을 공급받을 수 있도록 요구하고, 그와 같이 조치해 주면 될 일이다.

가톨릭 교회에서는 영양 및 수분 공급의 중단은 기아와 탈수를 동반한 죽음에 이르게 한다고 본다. 도덕상 그른 것으로 환자가 영양과 수분 공급을 이겨내지 못하는 상황에서만 중지할 수 있도록 해야 한다는 주장이다. 이러한 주장은 해당 종교인에게 적용하면 된다. 그 외 사람들에게는 영양공급이나 수분공급을 원하지 않으면 중단할 수 있도록 하면 된다.

앞에서 언급했듯이 의학의 발달은 살리는 기법의 발달과 동시에 진단하고 예측하는 기법의 발달도 가져왔다. 의료기술의 발전이 긍정적으로 활용되기 위해서 법으로 연명의료에 해당하는 병명과 처치의 종류에 대해 제한하는 것은 바람직하지 않다. 환자의 상황에 맞도록 의사의 의견을 따르는 것이 가장 좋다.

■ 노쇠 말기환자에 대한 예외적 적용

프랑크 쉬르마흐는 저서 《고령사회 2018》에서 독일의 예이지만, 생명연장장치를 14일만 일찍 떼도 전체 국민 보건시스템이 개선될 것이라 했다. 연명의료를 통한 환자의 고통이 의사의 경제적 목적 때문에 계속되면 우울함에 접어든 노인은 자살을 선호하게 될 것이라

경고하고 있다(프랑크 쉬르마흐, 장혜경역, 2011).

    노쇠환자의 경우, 삶의 량과 고통의 교환 효과에 대한 문제 등을 고려한 적정 치료가 특히 필요하다(김도경, 2013). 노쇠한 말기환자에 대한 적정 치료는 사회 문화적 측면을 감안하여 다른 각도에서 접근해야 한다. 연명의료에 있어서도 노쇠한 말기환자에 대한 조치는 다른 차원의 적용이 필요하다. 회복이 불가능할 뿐 아니라 회복이 되더라도 그 기능이 매우 미약한 고령의 노쇠환자에 대해서는 완화의료 중심의 특별조치조항이 만들어져야 한다. 고통 없이 자연적으로 죽음에 이르도록 하는 것을 주된 방향으로 해야 한다.

4-7 연명의료결정 안내를 의무화하자
― 설명 의무화

　의료윤리에서 연명의료결정을 정당화하는 근거는 자율성 존중의 원칙principle of respect for autonomy이다. 모든 인간은 존엄한 인격체로서 인간이 처한 다양한 상황에서 독립적으로 자신의 신념과 자유로운 의사에 따라 결정할 기본권리를 가지며, 이 권리는 최대한 존중되어야 한다는 원칙이다(고준기·조현·이강호, 2014). 의료현장에서 자율성 존중의 원칙은 환자의 상태와 질병 상황에 대한 의사의 충분한 설명을 전제로 한다. 설명을 근거로 한 진료행위의 중단 등 자율적으로 판단할 권리를 행사할 수 있고 존중받아야 한다는 것이다.
　연명의료결정은 의료진의 설명에서 시작한다. 연명의료결정을 위해서는 의료 전반에 관한 설명과 안내가 필요하다. 연명의료결정의 안내는 의료진의 설명 의무에 따라 연명의료와 호스피스 제도 전반에 관한 정보를 제공하는 것이다. 안내에는 환자에 대한 평가, 현재 상황과 문제에 대한 진단, 환자의 예후, 선택 가능한 치료법과 그에 따른 환자의 이득과 부담, 환자가 선택한 치료법에 대한 이해 능력, 환자의 의사결정 능력 등을 포함해야 한다. 이때 완화의료에 대한 소개와 치료중단을 포함한 모든 의료처치에 대한 선택권이 있음을 알려 주어야 한다. 이러한 안내는 연명의료중단을 권유하는 차원이 아닌 임종기 돌봄의 모든 수단과 방법을 통합적으로 적용하려는 조치다.

■ 의사의 설명 의무

의사의 설명 의무는 환자의 자기결정권에 근거한다. 환자의 의사결정을 위하여 담당의사는 충분한 정보를 제공해야 한다. 특히, 말기환자에게는 진단 결과, 적극적 치료 방법, 예후와 부작용, 호스피스 완화의료 시의 예상 여명, 신체적 증상에 대하여 설명해 주어야 하고 (신현호, 2005), 환자는 이를 바탕으로 자신에 대한 조치를 자율적으로 결정해야 한다.

통과된 법에서 언급한 의료인의 설명 의무(법 제27조)는 암관리법 제23조의 '완화의료전문기관의 의사'에서 그대로 차용했다. 완화의료라는 용어를 호스피스로 바꿔 놓았을 뿐이다. 설명 의무는 '호스피스전문기관의 의사'로 한정하고 있다. 그 외에는 연명의료계획서 작성 시, 사전연명의료의향서 작성 시 의료인이나 등록기관이 정보를 제공하는 수준이다. 말기환자에게 질병 상태와 치료 방법, 완화의료의 선택과 이용 절차, 말기환자 사전의료계획의 수립·변경·철회에 관한 사항 등을 설명하여 환자가 본인의 상태를 파악할 수 있도록 하고 있다.

자기의 병을 정확히 알 권리는 기본적 인권이다. 병의 상황과 예후를 정확하게 알아야 한다. 삶의 시간이 얼마 남지 않았다면 그 시간을 충실하고 의미 있게 보낼 수 있어야 한다. 이 법에는 환자와 보호자가 연명의료계획서 작성을 요구할 경우, 의사가 연명의료중단 과정을 의무적으로 설명해야 한다는 조항이 있다. 보호자의 요청이 없으면 설명의 의무를 다하지 않아도 된다는 뜻이다. 환자의 요청에 의해서가 아니라 모든 중대한 질병의 발병 시 의사가 의무적으로 설명하도록 하는 규정이 필요하다.

이 법에서 의사의 설명 의무는 소극적으로 규정되어 있다. 말기 환자와 가족이 담당의사에게 연명의료계획서 작성을 '요청할 때'에 한하기 때문이다. 이에 비하여 미국의 '환자자기결정법'Patient Self-Determination Act에서는 적극적인 법적 의무를 명시하고 있다. 더 이상 치료효과가 없을 때 담당의사는 말기환자에게 질병 상태 및 예후, 치료 방법을 설명하여 환자의 연명의료결정 등을 할 수 있도록 돕는 것이다(엄주희, 2013). 우리나라도 이처럼 적극적인 설명 의무를 명시할 필요가 있다. 자신의 질병에 대한 충분한 정보가 없어서 연명의료를 계속하는 경우도 많기 때문이다.

■ 병황진실病況眞實 통보

우리 사회는 환자와 죽음에 대하여 상의할 수 있는 문화가 아직 미숙하다. 중증 질병에 대해 담당의사가 의논하면 환자는 낙담을 한다. 가족은 의사가 병을 치료할 생각은 않고 나쁜 이야기만 한다며 불평한다. 사실을 알릴 경우 투병 의지가 약해지는 것을 우려하여 대화를 차단하기도 한다. 불치병의 상태를 환자에게 정확히 알려야 한다는 점에 대해 환자의 96%, 가족의 78%가 찬성하고 있다. 그러나 자신이 말기임을 알고 있는 환자는 26%에 불과하다(허대석, 2013).

환자 상태를 정확하게 알리고 환자 자신이 정확히 알려는 문화가 정착되어야 한다. 그래야 연명의료중단이나 호스피스의 선택 등 연명의료결정 제도도 정착할 것이다. 삶을 잘 마무리하고 환자가 자기결정권을 적극적으로 행사할 수 있도록 병의 상태를 본인에게 정확하게 알려 주는 병황진실 통보 문화가 정착되어야 한다.

4-8 연명의료결정을 호스피스와 연계하자
― 호스피스와 연계

불필요한 연명의료에 의존하지 않는 지름길은 호스피스 완화의료이다. 호스피스 완화의료를 제공하는 목적은 불필요한 의료행위를 위한 입원을 방지하고, 환자에게 적절한 말기 돌봄 서비스를 제공하는 것이다. 나아가 말기환자에 대한 치료보다 돌봄을 강조하여 죽음에 대비할 수 있도록 도와주는 체계이기도 하다. 호스피스는 임종 과정에서 인공호흡기를 부착하지 않는 선택이며, 중환자실로 가지 않는 길이다.

우리나라에서는 아직 호스피스 완화의료에 대한 이해와 활용이 부족한 수준이다. 말기암환자 중 사망자의 완화의료 서비스 이용률은 지난 2013년 12.7%이고 평균 이용 일수는 23일인 것으로 나타났다. 2008년 7.3%와 비교해 늘긴 했지만 여전히 낮다. 완화의료 이용 후 사망자는 전체 사망자 대비는 3.6%로 미국의 2010년 기준 41.9%에 비교해서도 낮은 수준이다(생명윤리정책연구센터, 2014).

이러한 현상은 우리나라의 호스피스 환경이 열악한 것이 주요 원인이다. 의료의 급격한 발전과 함께 나타난 죽음의 의료화 현상으로 의료현장에서는 말기환자에게 심리적, 사회적, 영적인 돌봄을 제공하는 것보다 전문적 의료 중심의 신체적 치료를 중시하는 경향이 있다. 따라서 호스피스를 활성화하려면 연명의료결정의 초기 계획단계부터 의료와 케어 개념에 호스피스와 완화의료를 포함해야 한다. 그리고 연명의료결정을 통하여 무의미한 의료조치를 받지 않기를 원하는 환자에게 호스피스 완화의료와 연계된 서비스도 제공해야 한다.

호스피스 완화의료가 효과적으로 실행되려면 연명의료결정이 전제되어야 한다. 이미 특수연명치료 단계에 든 환자에게는 호스피스를 권하기도 어렵고 치유와 돌봄의 효과를 얻기도 어렵다. 연명의료결정의 결론을 좀 더 이른 시간에 내리는 것이 호스피스를 선택할 기회가 된다. 연명의료결정, 즉 연명의료를 보류하겠다는 선택의 시간을 당겨야 호스피스로 연계되는 존엄한 죽음의 길로 들어서게 된다.

좀 더 적극적으로 연계시키기 위해서 치료를 받다가 일정한 요건이 생기면 바로 호스피스로 전환될 수 있는 체계와 제도가 필요하다. 호스피스 도중에라도 적극적 치료나 연명치료로 전환할 수 있음을 알려야 한다. 이렇게 될 때, 가족의 윤리적, 경제적 부담과 의사의 형사적 책임을 해소하고, 보건 경제적 효과를 얻을 수 있을 것이다. 연명의료결정법에는 호스피스와 연명의료 간의 이러한 연계 사항에 관한 언급이 없다.

■ 호스피스 전달 체계

호스피스를 희망하는 중증환자에 대한 의료 전달 체계는 다양한 경로를 거친다. 가정에서 외래, 병원, 준 급성병원, 호스피스 전문병원까지의 돌봄 체계가 있다. 경우에 따라서 재활센터나 요양원 등 시설과 연계도 있을 수도 있다.

많은 나라가 연명의료 결정을 제도화하고 호스피스 제도를 연계한다. 영국의 경우, 사전돌봄계획을 이용한 호스피스 서비스를 실천·제공하는 데 정부의 의료 관련 부서에서부터 병원, 보건소와 협력을 필수 요건으로 한다. 우리나라에서도 하위 법령을 만들 때 치유 불가능한 환자를 대상으로 하는 통증조절, 증상완화, 기타 말기환자에 대한 간병 시스템이 보건소나 일차 진료기관부터 가능하게 하고 처치에서 상호연계가 되도록 해야 한다. 서비스 연계에 대해 상세한 기준을 정하여 이용자의 편리와 혜택을 보호하도록 해야 하겠다.

진료기관과 노인병원, 노인요양서비스 기관, 지역사회와의 연계를 원활하게 하여 말기환자에 대한 진료, 치료, 돌봄이 체계적으로 이루어지도록 해야 한다. 지원 관리 체계를 조속히 정착시켜 병원과 호스피스 기관, 보건소가 연동적으로 움직이도록 해야 한다. 보건소가 지역 내 말기환자의 관리 베이스캠프가 되어 의료기관과 해당 환자 및 그 가족을 위한 연계 및 사례 관리를 통하여 환자와 가족, 의료기관 모두의 상황을 관리할 수 있도록 하면 된다.

호스피스 서비스의 연계는 기관 간 연계뿐만 아니라 간호 영역, 생활보조, 식이요법, 물리치료 등 처치 부분에서도 연계해야 한다. 처치 담당자 및 종사자도 연계하여 의사, 간호사, 사회복지사, 성직자, 자원봉사자, 케어매니저 등이 충분한 의사소통을 바탕으로 업무 수행에 책임질 수 있도록 해야 한다. 재가 돌봄의 경우 지역단위 보건소가 중심이 되고 요양시설, 사회복지시설, 통원의료기관, 입원의료기관 등을 연계해 환자를 케어하는 방식이 정착되어야 한다.

이러한 요건을 모두 실천하기 위해서는 현행법 시행 이전에 '암관리법'에 의해 시도되었던 사전돌봄계획제도를 전면적으로 재도입하는 것이 가장 확실하고 바람직한 대안이다. 왜냐하면, 사전돌봄계획은 연명의료와 호스피스에 대한 연계, 환자 돌봄에 대한 연계를 바탕으로 하기 때문이다. 사전돌봄계획을 정확하게 시행하면 사전연명의료의향서 작성도 필요 없고, 나아가 생애 말기의료와 돌봄의 새로운 패러다임을 형성하게 될 것이다.

4-9 호스피스를 적극 활용하자
– 호스피스의 활용

의학기술의 발전과 함께 삶의 마지막 단계에서 연명 기술의 사용이 증가하고 있다. 그로 인하여 인간적 품위를 유지하면서 평화로운 죽음을 맞이하는 것이 어려워지는 현실이다(Elisabeth Kübler Ross, 2003). 고령사회와 더불어 존엄하고 평화로운 죽음을 위한 생애 말기 돌봄 서비스의 필요성이 증가하고 있다. 국민에게 적절한 임종 관리를 제공하는 것이 의료 서비스의 중요한 과제 중 하나가 되고 있다. 이를 위한 수단이 호스피스 서비스다.

■ 호스피스

호스피스는 완치를 목표로 하는 치료에 반응하지 않으며 병이 점차 진행됨으로써 수개월 내에 사망할 것으로 예상하는 환자와 그 가족이 질병의 마지막 과정과 사별 기간에 접하는 신체적, 정신적, 사회적, 영적 문제를 해소하기 위해 제공되는 전인적 의료 행위를 말한다(국립암센터, 2011). 호스피스는 환자를 치료의 대상으로만 보지 않고 여생을 존엄하게 살아야 할 돌봄의 대상으로 보고, 죽음을 자연스러운 과정으로 받아들이도록 이끌어 삶을 돌아보고 정리할 수 있도록 하고, 부자연스러운 생명 연장에 의지하지 않고 생의 마지막을 가능한 한 안락하게 보내도록 도와준다.

삶의 질 향상에 초점을 맞추고 말기 질환 환자를 돌보는 것을 호스피스라 한다. 미국 호스피스협회(NHO, National Hospice Organization)에서는 호스피스를 "죽음을 앞두고 있는 종말기 환자나 더 이상의 회복 가능성이 없는 만성질환자를 대상으로, 적극적인 치료 대신에 안위적인 간호를 통하여 육체적인 고통을 감소시켜 주고, 자연스럽게 죽음을 받아들이게 함으로써 환자와 그 가족에게 위안을 제공하는 시설 및 간호 등을 말한다."라고 정의한다. 호스피스는 말기상태의 환자와 그 가족에게 죽음이 삶의 한 과정임을 인식시키고, 그 시간을 원하는 장소에서 원하는 사람과 함께 원하는 방식으로 고통 없이 편하게 살 수 있도록 돕는 전인적 치료 프로그램이다. 병에 걸려 치유의 가능성이 없는 환자가 죽을 때까지 남겨진 시간의 의미를 확인하고 그 시간을 충실히 살아가도록 배려하는 광범위한 치료를 말한다(보건복지부, 2014).

호스피스는 말기환자의 육체적 통증을 완화해 주기 위한 치료와 편안하게 죽음을 맞을 수 있도록 돌보는 전문병원을 일컫는 말이기도 하다. 의료법 제3조 8항에서는 "말기환자와 그 가족을 육체적, 정신적, 사회적, 영적으로 돌보는 곳을 호스피스 기관이라 하고 종류와 정의는 보건복지부령으로 따로 정한다."라고 하였다.

■ 완화의료

고통이 사람을 성숙하게 해준다는 잘못된 믿음이 있었다. 고통은 질병의 부차적인 당연한 결과라는 인식도 있었다. 완화의료는 그에 대한 반성으로 환자에게 치료만 필요한 것이 아니라 고통에 대한 보살핌도 필요하다는 관점에서 1980년대부터 본격화되었다(가톨릭대학교 호스피스교육연구소, 2006). 신체적으로 환자를 불편하게 만드는 구토, 설사, 요실금, 욕창 등의 증상을 제어하고 정신적 고통을 덜어주며 마음에 평화와 안정을 주는 처치를 제공한다. WHO에서는 완화의료를 "환자 및 환자가족이 겪게 되는 통증, 신체적, 심리적, 영적인 문제에 대한 평가와 처치 등을 통해 삶의 질 향상을 도모하는 의료행위"라고 정의하고 있다.

넓은 의미의 완화의료는 말기 환자뿐 아니라 모든 환자에게 적용할 수 있는 고통 완화와 삶의 질 유지를 위한 치료로서 진통제, 항경련제, 안정제, 진정제의 투여와 구강치료, 피부치료 등을 포함한다. 좁은 의미의 완화의료는 죽음을 앞둔 환자나 소생 가능성이 희박한 환자가 고통에 시달리지 않도록 해주는 의료행위를 의미한다. 영국에서는 1987년부터 의학의 전문 분야 중 하나로 완화의학을 인정하고 있다. 죽음이 예견된 환자에 대한 연구와 치료, 돌봄을 전문적으로 하는 의학 분야이다. 완화의학은 병이 깊게 진행되어 완치가 불가능하며 고통 속에 있는 환자의 삶의 질에 초점을 맞추고 있다.

호스피스는 전인적 치료이고 완화의료는 의료행위의 한 분야이므로 구별되어야 한다는 견해와 두 개념의 목적이 말기환자의 고통을 경감시켜 주고 육체적으로나 정신적으로 편안한 죽음을 맞도록 해 주는 것을 목적으로 하는 총체적 치료 방법으로 시행되는 만큼 동일한 의미라는 견해가 있다. 의학적으로 보면 호스피스의 케어는 완화의료의 효과를 높이기 위한 것이므로 호스피스는 완화의료의 한 부분이라는 주장(신현호, 2005)도 있다.

쾌유를 목적으로 하는 의학적 조치로 해결할 수 없는 상황에서, 연명보다 통증으로부터 해방을 위하여 비침습적인 조치를 제공해 주는 의료 서비스가 완화의료이고, 죽음이 임박한 사람이 죽음의 순간까지 인간다운 삶을 살도록 보완해 주는 역할을 하는 것을 호스피스라고 구분하기도 한다.(야먀가타 켄지, 김수호 역, 2006) 이러한 구분이 가장 설득력이 있다.

연명의료결정법과 이 책에서는 호스피스, 완화의료, 호스피스 완화의료는 같은 의미로 쓴다. 말기환자의 고통을 경감해 주고 육체적, 정신적으로 편안한 죽음을 맞도록 해 주는 총체적 치료와 돌봄을 의미한다.

4-10 호스피스를 다양화하자
— 호스피스의 다양화

■ 재택 돌봄 장려

이 법에서는 입원형, 자문형, 가정형 등 세 가지의 형태의 호스피스 제도를 규정하고 있다(법 제21조와 법 제25조). 입원형은 병원 내에 완화의료 전담 인력과 조직 그리고 별도의 독립 시설로 된 완화의료 병동을 두고 완화의료 서비스를 제공하는 것을 말한다. 자문형은 완화의료팀PCT: Palliative Care Team 혹은 호스피스팀Hospice Team이라고 한다. 전문인력이 호스피스 병동이나 그 외의 병실의 환자를 위해 서비스를 제공한다. 가정형 호스피스는 전문인력이 가정에서 환자와 가족을 위한 통증 관리와 돌봄을 제공하는 것을 말한다.

현재 우리나라에서는 의료법 시행규칙 제22조에 의거하여 제공되는 가정간호제도를 제외하면 재택의료 서비스 제공 체계는 사실상 전무하다고 할 수 있다. 일본의 경우 최근 수년 동안 정책 추진 결과로 재택의료 전반에 걸친 관심이 높아졌다. 과거 급성질환에 대응하여 긴급한 상황에서 시행되었던 '왕진'과 구별되는 '현대의 재택의료'의 개념이 정비되고 있다. 현대의 재택의료는 '정기왕진(후생노동성 용어로는 방문 진료)'와 '24시간 대응'으로 구성된다.

우리나라에서도 의사의 정기적 왕진과 간호사에 의한 방문 간호 등 재택의료 서비스를 제공하는 '재택요양지원 의료기관'을 지정하여 24시간 전화 상담 및 긴급 왕진 서비스 제공, 긴급 상황 발생 시 입원이 가능한 병실 확보 등의 업무를 맡도록 해야 한다. 말기노쇠환자에 대한 진료가 많은 요양병원이 호스피스 전문기관을 신청하는 경우도 겸해서 맡도록 하는 방안이나 지역단위로 병원을 지정하는 방법도 있다. 지정 병원 지원 규정도 마련해야 한다.

말기 재택 돌봄의 대상이 되는 환자에 대한 지원도 필요하다. 환자가 생활하기 편하도록 주거 환경 개선을 우선하여 지원해 주어야 한다. 재택 환자의 소모품을 지원하고 돌보는 가족에 대한 소득세 경감 혜택 등 별도의 혜택을 주어 가족 간호 제도를 장려해야 한다. 그리고 주된 보호자에게는 출산 휴가와 맞먹는 기간과 혜택의 부모 부양휴가를 주어 가족에 의한 간병이 이루어지도록 해야 한다. 가족과 함께할 시간을 늘리고 효 사상을 높일 수 있을 것이다.

좋은 죽음은 사망 장소와 밀접한 관계에 있다. 우리나라 사람이 가장 원하는 죽음의 장소는 자택이다. 죽기 전 마지막 기간 요양하고 싶은 장소를 물어본 결과, '자택'을 선택한 사람이 46.0%로 가장 많았다. '요양시설'을 선택한 사람이 37.6%로 그다음이었으며, '병원'을 선택한 응답은 10.8%에 지나지 않았다(박재영, 2010). 병원이나 중환자실에서 사망한 암환자는 집이나 호스피스에서 사망한 환자보다 육체적·정신적으로 더 많은 스트레스와 나쁜 삶의 질을 경험하며, 이러한 케어를 제공한 가족도 우울증 등 나쁜 영향을 많이 받는다는 연구 결과도 있다(Yang L, Sakamoto N, Marui E, 2002).

자택에서의 임종은 자연히 연명의료와 관련성이 멀어진다. 병원에서의 사망은 부적절한 의료이용으로 인한 불필요한 의료비 지출이란 측면에서도 불리하다. 이에 따라 일부 국가에서는 자택에서 사망하는 것을 원하는 사람의 희망을 실현시켜 준다는 인본주의적 측면과 가망 없는 말기환자에게 행해지는 과도한 의료이용을 억제함으로써 의료비를 절감할 수 있다는 보건 경제학적 측면에서 병원 사망률을 줄이는 방안을 검토 혹은 시행하기 시작했다(박재영, 2010).

재택 임종을 장려하는 정책이 필요하다. 우선 장례식장까지 운구비나 장례비를 지원하는 등 재택 임종자에 대한 지원을 강구할 필요가 있다. 차선책으로 공동주택에서 재택의료 돌봄 서비스를 받은 후 임종에 가까워진 환자한테는 주거지 인근 요양원이나 요양병원의 임종실을 무상으로 사용할 수 있도록 지원해 주는 방안도 있다.

■ 요양병원의 호스피스 역할 강화

요양병원은 장기 요양이 필요한 입원환자에게 의료서비스를 제공하는 것을 목적으로 의료법에 의하여 개설하는 의료기관이다. 뇌졸중, 치매, 퇴행성 신경계 장애 환자가 60% 이상을 차지한다(건강보험심사평가원, 2011). 요양병원 이용자가 늘면서 요양병원 사망자도 늘고 있다. 2014년 건강보험정책연구원의 자료에 따르면 2009년~2013년 간 전체 사망자 중 암 환자 12.4%, 치매 74.1%, 파킨슨병 59.1%, 뇌졸중 41.2%, 루게릭병 37.9%, 울혈성 심부전 26.8%가 요양병원에서 사망

했다(국민일보, 2016.4.4).

　이번 법률에서는 요양병원도 요건을 갖추면 호스피스 전문기관으로 지정될 수 있도록 했다. 말기환자에 대한 호스피스 서비스 접근성을 보강하는 것이 목적이었다. 그러나 요양병원이 호스피스 전문기관 지정을 신청한 것은 그리 많지 않아 보인다. 그 이유는 규정이 까다롭고 사업성이 낮기 때문이다. 인력 기준만 봐도 요양병원은 환자 60명당 의사1명, 환자 6명당 간호사(조무사 대체 가능)1명인데, 호스피스 완화의료기관이 되려면 환자 20명당 의사1명, 간호사는 환자 2명당 1명이다. 사회복지사 등의 인력 기준을 추가로 갖춰야 한다.

　호스피스의 활성화를 위해서 사회복지사 조건 등 일부 조건을 완화해 요양병원의 호스피스 진입을 쉽게 해주어야 한다. 현행 완화의료 건강보험 혜택과 맞먹는 간병비 지원 및 수가 반영을 통해 요양병원의 호스피스 역할을 강화할 필요가 있다. 이렇게 하면 호스피스 기관의 부족으로 이용에 제한을 받는 사람이 호스피스 서비스 혜택을 받을 수 있을 것이다. 특히, 노인 요양과 호스피스는 직접적이고 밀접한 상황에 있는 만큼, 요양병원 이용 환자가 자동으로 호스피스 서비스를 받게 되는 장점도 있다.

　종교기관이나 사회복지시설 등이 일정한 요건을 갖추고 호스피스 전문기관으로 역할을 해왔고, 우리나라에서 호스피스의 보급과 활성화에 보탬이 되었다. 법규정에 의료기관이 없는 종교계나 사회단체에서 시설형은 물론이고 가정형 호스피스 시설조차 운영할 수 없다는 사실은 호스피스의 특성상 제도의 후퇴이다.

- 통합노인요양시설

현재 중증환자나 노쇠환자는 퇴원 후 돌봄의 주체와 방법이 없어서 요양원, 요양병원, 응급실을 교대로 순회하고 있다. 장기 요양시설인 요양원에 의료의 필요도가 높은 1, 2등급이 입소하기도 한다. 돌봄에 치중해야 할 3등급이 요양병원에 장기간 입원하는 등의 사례도 있다. 의료와 요양의 전달 체계상 혼란 현상이 생애말기 돌봄 서비스 전반에서 나타나고 있다.

또 거의 모든 요양병원은 부설 형태로, 별도 기준에 따라 설립한 요양원을 직접 운영하기도 한다. 이런 현실을 수용하여 말기노쇠환자에 대한 임종기 호스피스 서비스 체계 구축의 한 방법으로 '통합노인요양시설'을 인정할 것을 제안한다. 병원과 시설의 협력을 바탕으로 한 '통합노인요양시설'은 의료와 돌봄의 통합 서비스를 제공하여 환자와 병원의 번거로움을 방지하고 말기환자에게 지속적이며 효과적인 돌봄 서비스를 제공할 수 있을 것이다.

- 호스피스 대상 질병 확대

모든 말기질환자를 대상으로 호스피스 제도를 도입하였을 때 말기 설정 기준이 모호하고 말기환자를 모두 지원하면 비용이 증가할 것을 우려한다(최영순, 2015). 국민건강보험 제도는 보편적 의료보장 구현이 목적이다. 질환에 따른 차별이 없이 모든 국민이 존엄한 죽음을 맞을 수 있는 기회를 가질 수 있도록 해야 한다.

4-11 임종기 의료 기준을 정하자
— 임종기 의료처치 기준

사망 과정에 있는 환자를 돌보는 것을 '질환말기의 돌봄'terminal care이라고 한다(김아진, 2013). 사망과 관련한 돌봄으로 사망 수일 전에 초점이 맞추어져 있다(Izumi S et al., 2012). 이 용어는 점차 '임종기 돌봄'end of life care이라고 불리게 되었다. 임종기란 예후가 명확하지 않거나, 실제로 생명이 위험하거나 회생 가능성이 희박한 시기를 말한다. 이러한 범주에 포함되는 환자는 매우 넓다. 대체로 노령, 암, 말기 호흡기 또는 심장 질환, 심각한 지적 또는 신체적 장애, 상당히 진행된 치매 등을 포함한다(Forero R et al., 2012). 죽음이 임박한 사람을 돌보는 의료조치를 '임종의료'라고 한다. 의료 복지적 측면에서는 호스피스를 통한 완화의료제도가 더 확산되어야 하지만, 의료 조직 내에서도 임종 의학에 대한 명확한 지침이 있어야 한다.

■ 적정 진료

치료의 적정성은 환자의 삶의 질이나 행복을 판단기준으로 할 때 객관적 동의를 얻을 수 있다. 오늘날의 의학은 죽어가는 환자에게 아무엇도 해줄 수 없다는 것도 문제지만, 너무 많은 것을 하려는 것이 더 큰 문제다. 죽음을 앞둔 말기환자가 받는 보건의료 서비스 현장에서는 과잉overuse, 과소underuse, 오용misuse이라는 현상이 공존한다. 이것은 보건의료의 질의 문제로서 차이는 있을지언정 보건의료의 모든 영역에서 나타나는 윤리도덕적 문제이다. 이러한 과소, 과잉, 오용이 없는 상태의 진료가 적정 의료이다. 적정 의료는 환자의 안녕을 위한 의료와 효율성이 고려된 의료로 이 두 축의 조화가 적정 의료 실천의 핵심이다(김도경, 2013).

■ 과잉진료 금지

의학의 본래 과제는 생명의 불꽃을 활활 타오르게 하는 것이다. 비록 그 불씨를 여전히 살릴 수 있다고 해도 그 불씨가 희미하게 깜박이도록 유지하는 것은 의학의 목적이 아니다(한스 요나스, 이유택 역, 2005). 적정 의료의 관점으로 평가할 때, 삶의 질을 개선하지 못하면서 임종 시점을 연장하는 치료는 성공에 도취한 의학이 인위적으로 생명만 연장하는 과잉진료 행위이다.

의학이 막아야 할 죽음은 이른 죽음, 피할 수 있는 죽음, 고통스러운 죽음, 너무 질질 끌면서 다가오는 죽음이다(미하엘 데 리더, 이수영 역, 2011). 과장된 연명의료는 비현실적 치료 가능성을 내세워 환자의 결정력을 제한하고 현혹하여 임종단계에서 인간적 존엄성을 지키지 못하게 하는 중대한 위반이다(지안 도메니코 보라시오, 김영하 역, 2015). 이러한 현상은 의료의 낭비를 조장하는 경제 우선주의의 현실에서 나타나는 의료의 후퇴이다.

의사윤리강령에서는 생명존중을 원칙으로 하면서도 개인의 의사 존중과 존엄성 유지를 강조하고 있다. 동시에 의료 집착적 과잉진료 행위는 의학의 본분을 벗어난 것이라 지적하고 있다. 연명의료결정은 의사의 판단과 행위로 진행된다. 호스피스의 활성화와 존엄한 죽음의 실천을 위하여 의료현장에서 과잉진료라 판단되는 사안에 대해 엄격한 금지 규정을 마련하고 시행해야 한다.

■ 소생의학 제한

죽음이 임박한 환자를 대상으로 응급처치 등을 통하여 호흡과 맥박을 정상화하는 심폐소생술 등의 의료행위를 소생의학이라 한다. 소생의학은 1953년경부터 인공호흡기를 사용하여 척수성 소아마비로 호흡기 근육마비 환자의 생명을 구하는 데서 시작하였다. 오늘날 소생의학은 응급환자에 국한되지 않고, 그냥 두면 죽을 수밖에 없는 환자의 생명을 인위적으로 연장하기 위한 경우까지 범위를 넓히고 있다.

소생의학은 '죽지 못하는 기술'이 핵심이다. 이러한 의학기술은 노쇠한 노인의 삶을 병원에 묶어 두고 있다. 노인은 자신도 모르는 무방비적 상황에서 제반 의료 서비스의 대상이 되었다. 의료의 실행 뒤에는 아픈 사람을 고쳐 놓아야 한다는 의학의 사명과 그 한편에는 상업적 의료 자본이 있다.

죽을병에 걸린 말기환자의 생명을 억지로 붙잡아 두는 것은 의료적으로 의미가 없다(Daniel Callahan, 2000; 프랑크 쉬르마허, 장혜경 역, 2011에서 재인용). 더 나아지시 않고 치유 될 가능성이 없는 생명체에 대한 최고의 배려는 그들이 인간 사회를 떠나 자연의 품으로 돌아가게 하는 것이다.

소생의학으로 목숨을 구한 대가는 불필요한 고통을 감당하는 것이다. 소생 차원에서 이루어지는 연명의료는 반의료적이며 비인격적이다. 환자가 다시 건강해질 수 없다는 결과를 알고도 행한 처치일 경우, 결국 더 많은 고통을 경험한 것밖에 없다. 결과적으로 병원이 더 많은 이익을 얻도록 하는 행위에 불과하다. 특히, 노쇠한 말기환자나 치명적 질병을 앓고 있는 환자에게는 고통만 주는 경제적, 시간적, 의료적 낭비이다.

연명의료결정제도를 효과적으로 활용하기 위하여 소생의학의 금지가 규정화되어야 한다. 오로지 생명만 유지하는 진료나 죽어가는 사람을 죽지 못하게 하는 진료는 엄격하게 규제되어야 한다.

■ 완화의료 확대

연명의료의 대안으로 완화 의학이 가장 좋은 방법이다. '무의미한 치료'futile treatment는 있어도 '무의미한 돌봄'futile care은 결코 존재하지 않는다(Schneiderman, 1990). 존엄한 죽음을 만들기 위한 기본 욕구는 통증으로부터 자유, 고독으로부터 자유, 에너지의 보존, 자기 존중감의 유지 등이다(Ebersole P & Hess, P, 2010). 환자의 남은 시간을 인간으로서 품위를 잃지 않고 존엄성을 유지하며, 고귀하게 생을 마감할 수 있도록 도와주는 것이 완화의료이다.

연명의료의 중단과 연계 보완 조치로 완화적 진정이 있다. 견디기 어려운 증상을 조절하기 위하여 회복 가능성이 없는 환자의 의식 감소를 감수하고 통증을 진정시키는 것을 말한다. 완화적 진정은 인공영양과 수분의 공급을 중지하고 연명의료를 거부하는 것이다. 완화적 진정의 상태에서 인공영양과 수분을 공급받는다는 것은 분비물의 증가와 진정 상태의 지속만을 의미하기 때문이다. 죽음을 앞당길 가능성이 있다 하더라도 고통의 경감이 우선하는 것이므로 윤리적으로 문제는 없다고 인정해야 한다.

2015년 프랑스에서 통과된 '깊은 잠 법'이 이에 관한 법률이다. 깊은 잠 법은 의사가 진정제를 투여하면서 음식과 수분 공급을 중단하는데, 조건은 생명이 얼마 남지 않은 환자여야 하고 본인이 요구해야 한다. 병·사고로 의사 표현이 어려울 때 사전에 연명치료를 받지 않겠다는 뜻을 밝혔다면 유효하다. 우리나라에서도 적극적으로 검토해야 할 사안이다.

환자에게 특정한 치료가 무의미하더라도 가장 적절한 완화적, 지지적 돌봄은 계속되어야 한다. 호스피스 완화의료를 선택하는 환자에 대해서는 연명치료거부를 자동으로 보장하고 동시에 통증관리에 사용하는 약물의 정당성을 부여해 주어야 한다.

두려움과 고통이 없는 평화로운 작별을 위한 방법으로 완화의료에 대한 건강보험 지원과 더불어 저소득층에 대해서는 진통제를 무료로 공급해야 한다.

극심한 통증에 섬망증세까지 보이던 57세 아버지를 목 졸라 살해한 아들과 딸에 대한 고등법원의 판결이 있었다. 서울고법 형사7부는 존속살해 혐의로 기소된 남동생 이 모 씨(28)와 큰누나(32)에게 각각 징

역 7년과 징역 5년을 선고한 1심과 달리 둘 다 징역 3년 6개월을 선고했다고 1일 밝혔다.(중략)

    그 이유는 진통제값 30만 원 때문이었다. 숨진 아버지는 지난해 1월 뇌종양으로 '길어야 8개월'이라는 시한부 선고를 받은 뒤 큰딸의 집에서 약물치료를 받았다. 큰딸이 벌어온 150만 원으로 다섯 식구를 부양해야 하는 처지에서 매달 들어가는 진통제 값 30만 원은 큰 부담이 됐다.

—《동아일보》, 2014. 06. 02.

    우리나라에서 진통제를 구입하지 못해 아버지를 숨지게 하는 일이 다시 일어나서는 안 된다.

4-12 법률의 실효성을 높이자
– 현실성 검토

■ 보험 등의 불이익 금지

이 법 제37조에 '보험 등의 불이익 금지' 조항이 있다. 연명의료결정 이행으로 사망한 사람과 보험금 수령인 및 연금 수급자가 보험금 또는 연금을 받을 때 불리하게 대우받지 않도록 하는 규정이다. 이 규정의 실효성에 의문이 간다.

연금은 피보험자가 살아있을 때 지급되는 생존보험이다. 연금보험은 피보험자 본인이 사망하면 연금 지급이 중단된다. 사망보장 특약이 붙은 경우 사망보험금이 지급되지만, 보통의 경우 피보험자 사망 시 보증기간까지 연금을 지급하는 것으로 그친다. 공적연금에서도 수령권자가 죽으면 연금 지급이 중단되거나 감액된다. 이처럼 연명의료중단으로 인한 사망 시 공·사적 연금에서 불이익이 당연히 발생한다. 연명의료를 받더라도 살아있는 상태일 때는 연금 수입이 발생하는 데 비하면, 죽음이 당겨져 연금의 중단 혹은 감소하는 것은 경제적으로 불리한 대우에 속한다. 이런 경우 불리하지 않게 하는 방법은 무엇일까?

또 보험에서 임 입원비는 환자기 암 치료를 목젃으로 입원한 경우

보험급여를 받을 수 있다. 질병 입원비를 받을 수 있는 보장에 가입한 경우도 환자가 질환을 치료할 목적으로 입원할 때만 입원급여금을 받을 수 있다. 호스피스를 위해 입원을 할 경우 치료가 목적이 아니므로 입원 급여금을 받을 수 없는 불이익이 있다. 호스피스를 선택하면 이런 불리한 대우를 받지 않도록 하겠다는 규정이다. 이것을 가능하게 하려면 보험업법과 공무원연금법을 고쳐야 할지도 모른다. 만약 그렇지 않고도 이 조항을 실행하려면, 제도를 세분화하고 사례와 분야를 명시하여 실천 가능성을 높여야 한다. 보험이나 연금에 이미 가입한 사람에 대한 별도의 조치가 필요할 것이다. 그렇지 않으면 이 조항은 의미가 없다.

■ 벌칙과 과태료

법의 실효성은 벌칙으로 확보된다. 벌칙은 법률이 규정하는 의무의 위반이 있는 경우 벌이 부과됨을 예고한다(박영도, 2009). 벌칙은 규정을 위반하지 않도록 예방하는 효과와 강제적 실행을 규정하는 효과가 있다. 같은 원리로 중요한 실천 조항에 대한 벌칙 규정이 없는 경우 법의 실효성은 떨어진다.

① 연명의료중단 시행 벌칙

이 법에서 연명의료와 관련한 벌칙으로 이행 대상이 아닌 사람에 대한 연명의료중단 이행 시 3년 이하의 징역 또는 3천만 원 이하 벌금에 처하도록 하고 있다. 다만 연명의료 이행을 즉시 하지 않는 경우나 연명의료중단 이행 시 임종환자에 대해서 물 공급이나 영양분 공급을 하지 않아도 처벌은 없다. 권장 사항으로 보라는 이야기일까? 적용상 논란의 여지가 있다.

② 사전연명의료의향서 관련 벌칙

사전연명의료의향서 작성을 국가 주도적으로 하려는 의도가 벌칙에서 드러난다. 보건복지부 장관의 지정을 받지 않고 사전연명의료의향서 등록에 관한 업무를 할 경우 1년 이하의 징역 또는 1,000만 원 이하의 벌금에 처하는 벌칙 조항이 그것이다. 실제로 사전연명의료의향서보다 연명의료계획서나 사전돌봄계획제도의 도입이 더 시급하고 중요하다. 사전연명의료의향서의 적극적 활용을 위해서 모든 의료기관과 보건소 그리고 국민건강보험공단과 같은 기관에 대하여 연명의료결정제도에 대해 교육하고 등록 업무를 취급할 수 있도록 해 주어야 한다. 국가가 개입하고 관리하려는 법의 방향과 의도를 다 바꿔야 한다. 이러한 벌칙은 제도를 후퇴시키는 필요 없는 조항이다. 다양한 작성과 활용을 인정하는 대신 훼손이나 임의 정정 등의 행위에 대한 벌칙을 강화해야 할 것이다.

③ 병원윤리위원회 관련 벌칙

병원윤리위원회를 설치하지 않은 경우와 연명의료중단 등 이행 결과를 보고하지 않으면 500만 원 이하의 과태료를 물린다. 어떤 병원에서든 단 한 건의 연명의료중단이라도 결정하려면 윤리위원회를 설치하도록 하고 있다(법 제14조). 병원윤리위원회는 실제 보호자가 없는 환자에 대한 연명의료결정 업무 등 임무와 역할은 축소되었다. 그에 비해 무조건 설치하여야 한다는 강제성이 강화되었다. 병원윤리위원회의 설치와 운영 조건은 까다롭다. 중소병원은 사실상 설치가 어렵다. 그래서 지역윤리위원회에 관한 조항까지 있다. 그 또한 쉽지 않다. 이 병원윤리위원회에 대한 벌칙 조항은 중소병원은 연명의료결정에 관여하지 말라는 의미이다. 연명의료나 호스피스는 상시 병원윤리위원회를 설치할 수 있는 대형병원의 사업으로 지정해 두는 것과 같기 때문이다.

연명의료중단이행 결과 보고는 불필요한 서류 업무이다. 병원에서 사망하는 거의 모든 사망자에 대해 보고서를 올려야 할지 모를 일이다. 이렇게 서류 업무에 과태료를 매기면 연명의료에 대한 업무를 기피하는 현상이 생기게 될 것이다.

사전연명의료의향서 등록이나 변경 사항을 보고하지 않으면 300만 원의 과태료를 부과하게 되어 있다. 이에 비해 연명의료계획서는 동일하게 보고 의무가 있어도 불이행 시 과태료 처분은 없다. 의사에게 연명의료계획서를 쓰라고 권장하는 효과가 있다. 자연히 사전연명의료의향서는 쓰지 않을 것이다. 그러면서 사전연명의료의향서 작성과 활용을 위해 기관을 설립하고, 절차를 제도화해야 할 이유는 없다. 법이 연명의료 전체를 보지 못하고, 사전의료의향서에 매달린 결과로 나타나는 모습이다.

■ 국가의 지원 강화

죽음 준비를 위한 사회적 차원의 준비가 있어야 한다. 국가는 품위 있는 죽음을 맞이할 수 있도록 복지정책을 펼쳐야 한다. 말기환자나 노인을 위한 죽음 준비 프로그램, 종말간호, 호스피스, 임종에 이르는 과정에 대한 복지 서비스가 따라야 한다. 사회 구성원이 늙고 죽어가는 시간을 잘 보낼 수 있도록 복지 서비스 기반을 구축하는 일이 먼저다. 경제적 이유로 '연명의료결정법'이 악용되는 것을 막기 위해서도 국가의 복지 지원이 필요하다.

4-13 사전연명의료의향서를 다시 보자
- 활용 예측

　사전의료지시서는 연명의료결정을 위한 의사표시 서류에 불과하다. 존엄한 죽음의 실천을 위해 개인의 소신에 따라 원하지 않는 의료에서 자유로울 수 있음을 전제하여 작성한 서류일 뿐이다. 연명의료에 대한 의견 확인이 필요한 경우, 본인이 직접 의사를 표할 수 없을 때를 가정하여 원하는 치료의 유형과 정도에 관하여 사전 진술형식으로 작성한 서식이다. 그런데도 연명의료결정법에서는 제도의 성패가 사전의료지시서의 활용에 달린 것처럼, 그 관리와 활용에 관한 법이라 할 만큼, 그에 관한 규정이 많다. 나아가 사전의료지시서의 작성과 보관 사업을 국가가 독점하고 전문사업화하려는 의도를 보인다. 과연 사전의료지시서(이 법이 말하는 사전연명의료의향서)가 연명의료결정제도를 정착시키고 존엄한 죽음을 이끌 수 있을까?

■ 사전연명의료의향서라는 새로운 명칭

　사전의료의향서란 사전의료지시서라고도 한다. 주로 연명의료와 관련된 의사결정 사항을 묶어서 양식화한 것이다. 2010년 보건복지부의 '연명치료중단 조사연구보고서'에서 "존엄한 죽음 준비를 위하여 자기 삶과 죽음을 자신의 의사에 의해 결정할 수 있도록 자신의 의료행위에 대한 의사를 표시하는 사전의료의향서를 작성한다."라고 하여 사전의료의향서라는 용어를 공식화하였다. 그 외에도 사전의사결정, 사전의료결정, 사전진료동의 등의 용어가 사용되고 있었다.

이 법에서는 '사전연명의료의향서'라는 용어를 새롭게 사용한다. 연명의료에 관련된 의향을 사전에 기록한 서류라는 의미를 강조하는 의도로 보인다. 자신의 죽음 순간에 대비하는 오늘의 결정은 모두 '사전'의 '연명의료'에 관한 것이다. 굳이 '연명의료'라는 단어는 사용할 필요가 없다. 또한 '연명'이라는 말을 사용하여 '연명의료계획서'와 명칭에서 혼란을 일으키고 있다.

연명의료라는 용어를 사용하여 법 해석상 또 다른 혼란을 가져온다. 왜냐하면 이 법 제2조 4항에서는 '연명의료'를 임종과정에 있는 환자에게 하는 심폐소생술, 혈액투석, 항암제투여, 인공호흡기 착용의 의학적 시술로 규정하고 있기 때문이다. 사전연명의료의향서라는 명칭을 법대로 적용하면, 앞의 네 가지 연명의료에 대해서만 의향을 밝힐 수 있다는 의미가 된다. 실제로는 그렇게 사용하지 않는다.

'의향서'라는 표현은 환자의 명시적 의사 선택을 단지 의향으로만 본다는 뜻이다. 의사意思의 구속력이 없이 의사醫師에게 환자의 의향만 제시한다는 의미로 의료 중심 패러다임의 반영이다(오세혁·정화성, 2010). 연명의료에 관하여 환자 입장과 소신에 따라 의료적 지시를 하고, 의사는 당연히 따라야 한다. 이러한 상황을 고려하여 환자를 중심으로 표현한 것이 '사전의료지시서'이다. 불필요하게 범위를 제한하고 개념의 혼돈을 야기하는 '사전연명의료의향서'라는 용어의 사용에 찬성할 수 없다.

■ 사전연명의료의향서 활용 예측

법은 사전연명의료의향서의 작성과 활용을 국가적 사업으로 관리하려고 한다. 임종기와 최종 죽음의 판단은 의사가 한다. 그에 대한 조치는 가족과의 소통과 협의를 통해 결정하게 되는 사안이다. 여기에 국가가 개입할 이유가 없다. 굳이 하겠다면, 가족의 동의나 확인을 받을 수 없는 무연고자에 대한 조치가 우선 필요하다. 법에서 이 부분은 빼버렸다. 대신 사전연명의료의향서의 활용과 관리에 국가가 나서려 한다. 많은 경비가 들어갈 것에 비해 활용성이 그리 높지 않을 것으로 예측된다. 그 이유는 많다.

① 가족 중심 의사결정

연명의료결정은 환자 자신보다 가족의 의사결정에 따른다. 우리나라의 경우 죽음을 개인의 일보다 가족 전체의 일로 받아들이고 있다. 연명의료결정의 한 부분인 심폐소생술 금지Do Not Resuscitate, DNR는 중환자나 말기환자의 생애말기 의료결정의 하나이다. 우리나라에서의 심폐소생술 금지 결정 상황을 보면, 금지에 영향을 미치는 요인은 의학적 무용성, 연령, 품위 있는 죽음, 경제적 어려움 순서다. 심폐소생술 금지 결정은 환자 본인보다 가족이나 의사에 의해 결정되는 것으로 나타났다(김상희·이원희, 2011). DNR의 결정 시 환자 자신이 직접 선택하는 경우는 거의 없다. 실제로 심폐소생술을 실시해야 할 상황에서 직접 의견을 낸다는 것은 불가능하다. 자신이 말기환자가 될 경우 가족이 생명연장술 여부를 결정해 줄 것이라는 응답이 88.2%로 나타났다(김순이 외, 2001).

환자의 치료 뒤에는 병원비를 정산해야 하는 절차가 있다. 경제적인 부담은 가족의 몫이다. 의사가 판단하는 기준도 죽어가는 환자가 남긴 서류를 우선할지 최종 마무리를 해야 하는 가족의 의사를 우선 고려할지 문제로 남는다. 이런 경우에 대비한 명확한 규정은 없다. 의사의 판단과 보호자와 의견이 다르면 소송을 해야 한다. 소송절차를 없애기 위해 만든 것이 연명의료결정법이다. 사전의료지시서 때문에 소송을 더 많이 해야 할 일이 생길 수 있다. 사전의료지시서가 연명의료결정제도의 정착에 오히려 걸림돌이 될 수 있다는 말이다. 사전의료지시서를 버리고, 최소한 국가의 개입을 줄이면 이 문제가 해결된다.

② 복잡한 사전연명의료의향서 작성 활용 절차

이 법률에서 정한 사전연명의료의향서의 작성과 활용 절차는 매우 복잡하다. 먼저 본인은 등록기관을 방문하여 담당자의 설명을 듣고 이해 여부 확인 절차를 거친 후 사전연명의료의향서를 작성한다. 등록기관은 사전연명의료의향서를 등록한 후 보관하고, 등록 결과를 관리기관에 통보한다. 실제 연명의료결정 과정에서 사전의료의향서의 내용을 확인해야 할 필요가 생길 경우, 관리기관은 담당의사의 요청을 받아 내용을 확인해 준다. 그러나 이 서류의 법적 지위는 보장되지 않고 추가 확인을 요구하는 참고 서류일 뿐이다.

작성자 본인의 의사를 표현할 수 없을 때를 대비하여 이같이 준비하였지만, 실제로 그때가 되면 결국 해당 분야 전문의의 확인을 받아야 한다. 죽음을 앞두고 의사표현이 불가능할 경우를 가정하여 작성한 서류에 대해서 다시 검증 절차까지 거쳐야 한다면 서류의 근본 취지에도 맞지 않는다. 사전의료지시서를 쓰는 것이나 메모지 한 장 남기는 것이나 차이가 없다. 까다로운 검증 절차도 활용에 걸림돌이 될 것이다.

③ 연명의료계획서로 대체

사전의료지시서는 환자의 의향을 반영하기 위한 도구로서 미래의 상황을 가정하여 건강할 때 작성한다. 이처럼 미래 상황을 가정하여 작성한 사전의료의향서는 의학적 측면에서 현실성을 결여하게 된다. 이런 문서는 환자의 의향을 확인한다는 의미뿐이다. 특히, 연명의료중단을 결정해야 할 때는 의학적, 심리적으로 작성할 때와 매우 다른 상황일 수도 있다.

대부분의 죽음에 가까운 사람은 병원의 진료를 받는다. 의사는 사전의료지시서를 가지고 있다고 해도 의학적 소견을 반영한 연명의료계획서를 작성할 것이다. 이렇게 연명의료계획서가 있으면 사전의료지시서는 필요 없다.

의사의 업무상 편리를 보아도 연명의료계획서를 쓰게 되어 있다. 의사가 연명의료계획서와 사전연명의료의향서 작성을 안내할 때, 호스피스에 관한 사항과 연명의료에 관한 사항 등 설명해야 하는 것은 동일하다. 다만, 연명의료계획서의 작성에는 환자의 질병 상태와 치료 방법에 대한 사항을 설명해야 하고(법 제10조 3항), 사전연명의료의향서 작성 시에는 그 대신 사전연명의료의향서의 효력에 대해서 설명해야 하는 차이가 있다(법 제12조 2항). 작성과 등록, 변경 사항을 보고해야 하는 것도 같다. 사전연명의료의향서와 관련해서 이를 어기면 300만 원의 과대료를 내야 히는데(법 제43조 2항) 연명의료 계획서의 경우는 벌칙도 없다. 부담스럽고 절차가 복잡한 사전연명의료의 향서를 쓸 이유가 없다.

연명의료계획서를 사용하면 의사 확인 절차에서도 해당 분야 전문의 1명의 확인이 필요 없다. 의사의 입장에서는 연명의료계획서를 작성 활용하는 것이 편의성은 높고 규제의 부담이 없다. 자연스럽게 사전연명의료의향서보다 연명의료계획서를 선호하게 될 것이다. 이 경우를 대비해 법 제12조 8항의 4에서는 사전연명의료의향서가 작성 등록된 후에라도 연명의료계획서가 다시 작성될 경우 연명의료계획서가 우선하여 효력을 가지도록 명시해 주고 있다.

장차 연명의료계획서나 사전의료의향서의 작성을 위한 상담이나 의료진의 시간과 노력을 보상하기 위한 건강보험 수가를 신설해야 할 것이다. 이때가 되면 병원에서는 의료조치와 관련 있고 진료와 동시에 이루어지는 연명의료계획서에 더 많은 비중을 두게 될 것이다. 미국에서는 이미 사전의료지시서에서 임종기에 있는 모든 중환자를 위한 연명의료에 관한 의료지시서Medical Orders for Life-Sustaining Treatment, MOLST나 연명의료계획서를 활용하는 것으로 방향이 바뀌고 있다. 우리나라도 미국의 예와 같이 연명의료계획서나 연명의료에 관한 지시서를 도입하게 될 것이다. 당연히 사전연명의료의향서는 사용이 많지 않을 것으로 예측된다. 사전의료지시서는 연명의료제도의 초기의 시험적 시도일 뿐이다.

국민의 3/4이 병원에서 죽는다. 그들에 대해 연명의료계획서를 작성하도록 권장한다면 사전의료의향서에 의해 연명의료를 결정할 사람은 1/4이 남는다. 그 1/4을 위해 사전의료지시서를 등록하고 관리하는 기관과 법이 필요한지 다시 생각해 보아야 한다. 사전의료지시서는 쓰다 남은 몽땅 연필이다. 가장 원시적 형태의 연명의료에 대한 의사표현 방법이다. 연명의료제도를 정착시키기 위해서 반드시 사전의료지시서 단계를 거쳐야 하는 것도 아니다. 뒤늦게 사전연명의료의향서라는 지나간 제도를 국가적으로 시행할 이유도 없다.

사전연명의료의향서는 다시 검토해야 한다. 사전의료의향서가 존엄한 죽음이나, 웰다잉을 위해서 필요한 서류가 아니라는 사실을 인정해야 한다. 연명의료결정에 관한 서류라는 범주에 사전돌봄계획, 연명의료계획서, 생전유언, 공증서류, 가족 전체의 동의가 있는 사전의료지시서 등 다양한 방법으로 접근이 가능하도록 해야 한다. 그리고 국가에서 주도하는 등록기관이니, 보고니 하는 발상을 버려야 한다. 앞으로 결국은 버릴 일에 노력, 시간, 금전의 낭비를 막아야 한다. 국민은 존엄한 죽음을 위해서 연명의료계획서나 생명유언을 쓰면 된다.

4-14 국가 개입을 최소화하자
— 자기결정

 이 법은 사전연명의료의향서의 등록부터 관리까지 국가에서 주도하는 사업으로 전개하려고 한다. 그렇지만 사전연명의료의향서가 적극적으로 활용될 가능성이 크지 않은 상황이다. 등록이나 관리를 위해 많은 경비가 들어가는 국가 주도 정책은 낭비의 요인이 될 뿐이다. 사전연명의료의향서를 작성하고 보관하는 데 국가가 개입해야 할 이유가 없다.

 연명의료결정법에서는 국가가 정한 양식으로 국가가 정한 기관에서 작성하고 국가가 정하는 기관에 보관된 사전연명의료의향서만 인정하려 한다. 사전연명의료의향서의 대리 작성이나 부적절한 정보를 바탕으로 한 작성, 작성자의 자율성을 보호받지 못할 가능성 등을 방지하기 위한 것으로 보인다. 사전연명의료의향서는 자기의 사표시의 증거이며 추정적 의사를 확인하는 방법이므로 법적, 윤리적 갈등의 소지를 배제하거나 감소시키기 위해서도 국가 기관의 보관과 개입이 필요하다(김신미·홍영선·김현숙, 2010)는 의견도 있다. 싱가포르의 경우는 의사와 증인이 참석한 가운데 병원에서 사전의료의향서를 작성하고 통합관리국에서 관리한다. 작성한 사전의료의향서는 '사전의료의향서 등록소'에 등록하고 신고증을 받도록 하고 있다.

그러나 대다수 국가에서는 연명의료의 의사표현 문제는 민간이 자발적으로 한다. 법 제40조와 같이 미지정 기관이 등록 업무를 수행할 때 1년 이하 징역 또는 1천만 원 이하 벌금을, 유사명칭 사용 시 200만 원의 과태료 처분을 하는 등 벌칙을 주면서까지 원천봉쇄하는 경우는 없다. 자기 죽음에 관한 계획이 필요함을 알리는 일, 그것에 대비하는 방법에 대한 안내와 교육에는 국가의 힘이 필요하다. 국가가 연명의료중단에 직접 개입해야 할 경우는 환자가 의사표현을 할 수 없고, 의사표시를 대신해 줄 수도 없는 무연고자 문제를 해결하는 것부터 시작해야 한다. 정작 이 법에서는 병원윤리위원회의 임무에서 그러한 국가적 책무는 명시되지 않고 있다. 대신 국민 모두를 상대로 사전의료지시서 작성과 보관을 통제·관리하려고 한다.

정책은 국가의 관점에 따라 개입 정도와 방향이 설정된다. 국가의 입장에서 죽음의 문제를 본인과 가족의 문제로 보는지, 국가가 개입해야 할 문제인지에 대한 관점에 따라 사전연명의료의향서의 관리를 국가에서 할지, 개인의 책임에 맡길지 결정하는 것이다. 즉, 국가가 연명의료중단 또는 의사표시에 대해 개입하려면 국민의 노후와 죽음에 대해 책임질 수 있어야 한다. 유럽의 일부 국가와 같이 임종기환자에 대한 의료비를 정부가 전액 부담하는 것이 책임지는 모습이다. 우리나라처럼 의료비는 국민의 몫으로 남겨두고 죽음 과정에 국가가 개입하는 것은 바람직하지 않다. 국가가 연명의료결정을 위한 서류의 작성부터 보관과 활용에까지 개입하는 것은 더더욱 국력의 낭비다.

　한 사람의 늙고 죽음에 국가가 해주는 일이 별로 없다. 그러면서 국가는 사전의료의향서를 활용하고 보관하기 위해 세금을 쓰려고 한다. 개인의 죽음은 국가 이전에 가족과 개인의 일이다. 사전연명의료의향서를 작성하여 국가기관에 등록하기 전에 가족에게 알리고 동의를 얻는 것을 우대하는 제도를 펼쳐야 한다. 가족이 환자의 뜻을 수용하고 의사와 협의를 하는 일도 웰다잉의 한 요소이다.

　연명의료계획서의 작성을 활성화하면 사전연명의료의향서는 불필요하게 될 것이다. 국가는 언젠가 제대로 된 노후의 돌봄과 좋은 죽음을 위해서 사전돌봄계획제도를 도입해야 한다. 그때가 되면 사전연명의료의향서는 사전돌봄계획의 부속서류일 뿐이다. 이런 상황을 감안하면 사전의료지시서 작성과 활용에 국가가 나서야 할 필요까지는 없다. 마치 사전의료지시서만 있으면 연명의료결정제도가 완성되는 것처럼 생각하는 프레임에서도 벗어나야 한다. 죽음의 질에서 앞서가는 영국 등 외국의 예를 충분히 검토하여 반영하지 않은 채, 현 상황을 합리화시키려는 의도의 소산이다. 아니면 서류 중심적 탁상공론의 결과일 수도 있다.

　이 법은 존엄한 죽음을 위한 연명의료결정을 제도화하는 것이 아니라 사전의료지시서를 국가에 보관하기 위한 것으로 보인다. 가정에 보관 중이거나 공증했거나 본인의 결정을 바탕으로 가족이 동의한 것으로 확인되면 그것을 인정해 주어야 한다.

　연명의료결정제도를 활용할 주 대상은 노인층이다. 노인대학이나 시니어 클럽, 고등학교 동문회 등에서도 자발적인 교육을 통해 소속 노인의 생명에 관한 유언을 받아서 보관하고, 가족에 알리고, 병원에 제출할 수 있도록 해야 한다. 이러한 자생적 활용을 권해야 할 상황이다. 반드시 국가기관을 통해 작성하고 보관하라는 법의 규제는 무슨 의미인가? 연명의료결정이 그리 중요해서일까?

4-15 사전연명의료의향서를 넘자
— 생명유언 활용

사전의료지시서만 제출했다고 연명치료가 중단되지 않는다. 이 법에서는 사전의료지시서를 국가에서 보관하는 등 통제와 관리에 대한 관심이 많다. 사전의료지시서가 있어도 적용 절차는 여전히 복잡하다. 환자의 의사를 확인해야 하고 환자의 의사 표시가 불가능하면 해당 분야 전문의의 확인을 받아야 한다.

그 반면에 실제 활용에 대한 규제가 없다. 사전의료지시서에 의거 연명의료중단을 결정해도 담당의사가 연명치료를 계속할 수도 있다. 이 경우 의사는 책임이 없다. 병원에서도 담당의사를 바꾸는 것으로 끝난다. 이러한 행위를 한 의사에게 불이익을 주어서도 안 된다 (법 제19조 3항).

■ 연명의료중단 등 이행의 거부

환자의 동의 없는 치료는 의료법에서도 '전단적專斷的 의료행위'라고 해서 불법적 의료행위로 규정하고 있다(김성규, 2014). 그러나 이 법에서는 이 행위를 '전단적 의료행위'로 보지 않고, '연명의료중단 등

이행의 거부'로 본다(법 제19조 3항). 연명의료중단결정 이행을 거부하는 것은 환자의 의사에 반하는 의료행위를 계속한다는 의미이다. 의사가 사전의료지시서에 명시된 환자의 의사에 반하여 전단적이고 과잉진료를 했다 하더라도 제재를 주지 않는다는 조항이다. 의료법에서 규정한 전단적 의료행위에 대한 면죄부를 주는 것이다. 동시에 의료법과 반대되는 입장이다.

연명의료중단결정을 어긴 의사에 대한 조치가 없다. 연명의료중단결정과 이행은 사실상 의사에 의해 이루어진다. 의사의 이행 거부 조항을 확대해서 해석하면, 의사가 소생의학을 계속해도 담당의사만 바꿀 뿐 어떻게 할 수 없다는 것이다. 서류가 있든 환자의 의사를 확인했든 의사가 안 하면 못하는 것이 연명의료중단이라는 의미가 된다. 그러면 이 법은 연명의료를 결정하기 전까지의 절차 문제에 대한 논의에 불과하다. 연명의료중단을 시행하기 위한 법적 구속력이 없다. 그렇다면 법이 왜 필요한지 묻고 싶다.

환자에 대한 의사의 전단적 의료행위는 민형사상 책임이 있다. 이 법으로 인해서 '죽음을 앞둔 경우의 전단적 의료행위'는 처벌하지 못하고 불이익을 줘서도 안 된다. 의사가 환자의 권리보호 의무를 무시한 전단적 의료행위에 대해 책임을 묻지 않은 것은 매우 잘못된 일이다. 조치 거부로 인한 환자의 고통과 부담, 담당의사 교체 후의 조치 등의 문제에 대한 대안이 없다. 법의 목적에 환자의 최선의 이익을 보장하고 자기결정을 존중한다 했다. 그러나 담당의사가 모른 척하거나 묵살하면 그것으로 끝이다.

■ 등록기관

다음은 법에 언급한 사전의료의향서 등록기관에 대한 대안을 제안한다. 먼저 등록기관이 필요한가에 대한 대답은 '김세연의 삶의 마지막' 법안을 참고할 필요가 있다. 김세연의 법안에서는 연명의료관리기관을 '장기 등 이식에 관한 법'에 의해 설립된 '국립장기이식관리기관'으로 하고 등록기관에는 '대한적십자사'를 포함하고 있다. 사전의료지시서의 활용성을 높이려면 먼저 최소한 말기 상태나 의식불명 상태가 되기 전만이 아니라 언제든지 그러한 상태가 올 것이라는 전제하에 작성하고 가족과 공유한 서류로 활용할 수 있어야 한다. 이를 위하여 국민건강보험공단 주관 건강검진 시 필요 항목에 포함하여 전 국민이 동등한 형태의 질문에 응답하고 그것을 보관하고 전산 입력해 둘 필요가 있다. 이렇게 하면 등록기관이나 관리기관도 필요 없다. 변경 사항이 생기면 건강보험공단이나 병원에서 수정할 수 있도록 하고, 임종기 병원 진료 시 건강보험공단 전산망을 통해 의사가 바로 확인할 수 있도록 하면 된다.

등록기관에 의료기관을 포함하고 있다. 의료기관의 경우, 보고와 관리 등 부수적 업무가 복잡한 사전의료지시서 대신 의사가 주도하고 병원에서 처리가 가능한 연명의료계획서를 사용하게 될 것을 앞에서 보았다. 따라서 의료기관을 등록기관으로 정한 것은 의미가 없다.

기존의 비영리민간단체는 등록기관보다 연명의료결정제도에 대한 교육 및 홍보를 맡아서 해주는 교육지원기관으로 활용하는 것이 바람직하겠다. 우리나라의 경우 죽음에 대비하는 사회적 성숙도가 낮고 생전 유언 또는 사전의료지시서 등의 작성이 생소한 단계다. 연명의료중단에 대한 홍보와 교육이 절대적으로 필요하다. 나아가 웰다잉 전문교육단체에도 일정한 자격과 기준을 설정해 두고, 교육 및 홍보 업무를 수행하도록 하면 민간의 참여가 활발해지고 연명의료결정제도와 호스피스의 현실적 활용성이 높아질 것이다.

사전연명의료의향서의 작성, 관리, 활용에 대한 전면적인 재검토가 필요하다. 이에 대한 근본적 대안은 연명의료결정제도를 전면적으로 수정하여 영국형 사전돌봄계획제도를 도입하는 것이다. 재산에 관한 유언을 인정하듯 "생명유언"을 인정하는 것이다.

4-16 사각지대를 없애라
— 의료기관윤리위원회

■ 의료기관윤리위원회

연명의료결정법에서는 연명의료의 중단 결정이나 이행에 관한 업무를 수행하려는 의료기관은 의료기관윤리위원회를 설치하고 보건복지부 장관에게 등록하도록 하고 있다(법 제14조). 연명의료결정에 의한 치료 중지를 한 건이라도 결정하려면 이 조직을 구성해야 한다. 그렇지 않으면 500만 원의 과태료를 물어야 한다(법 제43조 1항의 1).

의료기관윤리위원회의 원래 취지는 치료 효과나 환자의 의사 확인에 대한 결정을 내리고, 이에 대한 이의를 제기하는 경우 등 사법적 심사 대상에 대한 법원의 기능을 보충하는 역할이다. 연명의료의 중단이나 보류에 있어서 적정성을 확인하고 의사를 결정하는 데 절차적 타당성을 가지기 위한 시스템이다. 환자의 치료에 대한 의사결정의 대리자 역할을 하는 것도 중요한 업무이다(김중호 외, 2004).

그러나 연명의료결정법에서 의료기관윤리위원회는 이러한 대리자 역할을 상실하고 있다. '김재원 안'에서는 대리자 역할을 필수 기능으로 명시하였다. 의사결정 능력이 없는 말기환자를 대신하여 이루어진 치료결정이나 윤리적 의미가 있는 의료결정에 대해 심의하고, 환자 및 그 가족과 의료진에 대한 상담 제공 등의 업무를 수행할 것을 규정하고 있었다. 의견 불일치가 있거나 법정대리인 자격의 가족이 없는 경우에는 의료기관윤리위원회의 심의로 연명의료조치를 결정할 수 있도록 하였다.

법에서 의사결정의 대리자 역할이 없어짐으로 공적 책임에 의한 무연고자에 대한 결정을 포기한 법이 되었다. 의료기관윤리위원회는 현실적으로 구성이나 운영, 심의 결과나 상담 효력이 없는 반면에 연명의료결정을 시행하려면 설치는 무조건 해야 하는 기관이 되었다. 권한도 없는 기관을 반드시 설치해야 한다는 조항은 제도 활용에 장애가 된다. 무연고자나 가족과 단절된 상태에서 연명의료를 받는 사람에 대한 조치가 소외계층을 죽음으로 몰고 간다는 우려가 있다. 그러므로 의료기관윤리위원회가 필요한 것이다. 국가적으로 무연고자의 생명에 대한 의료결정이 시급한 상황이다. 권고안과 '김재원 안'에서 언급된 바 있는 의료기관윤리위원회의 대리자 역할을 다시 도입해야 한다.

법에서는 공용윤리위원회를 설치하여 심의와 상담 교육업무를 하도록 규정했다(법 제14조 6항). 이것은 실현되기 어려운 비현실적 발상이다. 구성원 5명 이상 중 2명 이상을 종교계나 법조계, 시민단체에서 추천받은 사람으로 구성해야 한다. 외부에서 변호사와 목사를 모셔 와야 한다. 임종기의 상황이 급박하게 돌아가는데, 연명의료중단 여부를 결정하기 위해 의료기관윤리위원회를 매번, 즉각적으로 열 수 있느냐에 대한 실질적 효용성이 의문시된다. 그에 따른 인적, 경제적, 시간적 어려움도 예상된다.

이 법에는 그보다 더 치명적인 문제가 있다. 의료기관윤리위원회에서 결정된 사항의 효력에 대한 명시가 없다. 즉, 요청 사항을 심의하고 상담하여 어떤 결론에 도달하였을 때, "윤리위원회의 결정은 민사소송법의 조정과 동일한 효력을 가진다."라고 하는 등 그 효력이 명시되어야 한다. 의료기관윤리위원회에서 법에 따라 담당의사의 교체심의를 하였는데(법 제14조 2항의 2), 의사가 따르지 않을 경우도 있다. 이에 불복하는 의사에 대해서는 벌칙 조항이 없다.

병원의료윤리위원회의 효과적 운영을 위하여 연명치료중단뿐만 아니라 자문, 정책개발 및 심의, 교육 등 위원회의 기능을 확대해야 한다. 기능의 수행을 위한 조건을 규정화하고 정부는 위원회의 구성원에 대한 인적, 재정적 지원을 해주어야 한다(박인경·이일학, 2011). 이렇게 만든 의료기관윤리위원회는 무연고자에 대한 연명의료결정, 환자 대상별 연명의료 대상 질병의 신축적 적용 등 업무 영역을 넓혀야 한다. 동시에 그의 결정에 대한 법률적 효력을 명시하여 활용도를 높여야 하겠다.

4-17 관련 업무를 간소화하자
– 업무의 간소화

　법은 공통의 관심사에 대한 보편적 규율을 명시하는 것이다. 동시에 행위나 결과를 통제할 근거이기도 하다. 연명의료결정법은 연명의료와 관련한 논란이 생길 때마다 법원의 판결에 맡기는 대신 환자에 대한 일관성 있는 구체적 기준을 마련하기 위해 만들어졌다. 이 법에는 연명의료중단의 판단과 시행에 대한 규정은 많다. 그러나 임종 환자를 의학적, 인간적으로 어떻게 돌볼지에 대한 내용이 포함되어 있지 않다. 환자의 연명의료중단 이후 호스피스와 연계 등 임종환자에 대한 고려는 없다. 그보다 더 많은 조치 후 보고의무가 나열되어 있다.

　제도의 실효성을 높이기 위하여 업무를 단순화해야 한다. 제도의 효과적 활용을 위해서는 업무 부담을 줄여야 한다. 연명의료계획서 보고, 연명의료중단결정 및 이행보고를 폐지하거나 단순화해야 한다. 시급하고 근본적 대안은 연명의료를 위한 의사표현과 확인 방법을 바꾸는 것이다. 연명의료계획서나 사전의료의향서 등의 생전유

언제도를 규제 방식이 아닌 기회 제공 방식으로 도입해야 한다. 실제로 사전연명의료의향서만 포기해도 작성부터 신청, 보관, 보고 등 여러 업무가 간소해진다. 나아가 죽음의 문제에 국가의 개입을 최소화하도록 해야 할 것이다. 법에 제시된 보고와 보관 서류를 줄이는 것도 조기 정착에 도움이 된다. 그 대신 법에 누락된 연명의료결정 이후의 조치에 대해서 보완하는 작업이 필요하다.

연명의료결정은 치료의 중단만을 결정하는 것이 아니다. 생애말기 삶의 질과 존엄한 죽음을 위한 올바른 치료를 선택하는 것이다. 죽음에 이르는 상황을 전제로 의료행위를 시계열적 연속성에 비추어 보면 질병의 진단이나 사고의 발생 시점부터 의료처치와 생명유지 조치를 개시한 시점과 연명을 위한 시간, 그리고 종료하는 시점까지의 처치를 일체 의료행위로 파악하는 것은 어느 정도 가능하다(전수영, 2015). 그러므로 연명의료중단 이후의 조치에 대한 세부적 규정의 보완이 필요하다. 연명의료중단의 결정 이후 조치에 대해 상세하게 규정함으로써 연명의료결정의 활용성을 높일 수 있을 것이다.

법 전체를 통해서 볼 때, 이 법은 존엄한 죽음이나 환자의 권익을 위한 법은 아니다. 연명의료를 결정하는 의사에게 기준을 제시하고, 법적 책임을 면해 주는 법이다. 국가가 국민의 죽음에 개입을 핑계로 통제 관리하는 담당자 자리를 만들기 위한 법이다.

4-18 웰다잉과 연계하여 알리자
– 제도의 교육 및 홍보

연명의료와 호스피스는 존엄한 죽음을 준비하는 사회문화를 바탕으로 한다. 좋은 죽음의 실천 방법이 연명의료결정과 호스피스라는 사실에 대한 적극적 교육과 홍보가 필요하다. 연명의료결정은 의료현장에서 환자와 보호자, 의료진 간의 충분한 정보교환과 소통을 통한 자기결정으로 이루어져야 한다. 죽음 교육은 죽음에 관한 지식과 이해의 폭을 늘려 죽음에 대한 불안도를 낮추는 역할을 한다. 능동적이고 자발적인 선택에 의한 죽음 맞이는 죽음 교육을 통해서 가능하다. 국가생명윤리심의위원회의 권고안에도 연명의료결정제도의 정착을 위해서 의료인 교육을 통한 인식 개선뿐만 아니라 죽음에 대한 일반인의 인식 개선도 중요한 항목이라고 명시하였다.

죽음교육은 평안한 죽음을 겪을 수 있도록 도우며 바람직한 삶의 마무리에 대한 인식을 고양한다. 의료현장에서 연명의료에 대한 논의가 자연스럽게 이루어지려면 국가에서 국가보건산업정책의 일환으로 전 국민을 대상으로 체계화된 죽음 교육을 제공해야 한다. 사회교육기관에서도 죽음 강의를 활성화하고 노인에게도 죽음 관련

교육을 실시하여 자기 죽음을 대비하도록 하는 것이 중요하다.

연명의료에 대한 교육은 모두에게 필요하다. 그 교육은 결정해야 하는 환자뿐만 아니라, 그를 돌보는 보호자나 장차 연명의료 대상이 될 모든 사람에게도 제공되어야 한다. 일반인에게는 '용납 가능한 죽음'의 개념을 심어주는 것이 죽음 교육의 주목적이다. 연명의료결정에 당면한 사람에게는 객관적 상황 판단이 가능하도록 죽음과 그 이후의 상황에 대한 정보를 제공하고, 유언장과 연명의료 관련 서류 작성, 그 외 임종 케어 과정 등을 교육해야 한다.

의료인은 환자의 삶에 결정적 영향을 미친다. 의사가 먼저 죽음에 대한 감정을 조율할 수 있어야 하고, 의사의 기본 소양으로 죽음이 임박한 환자와 상담할 수 있는 능력을 갖추어야 한다. 죽음과 관련한 의사소통 방식이나 내용에 대한 이해도 있어야 한다. 나아가 연명의료 중단, 연명의료계획서 작성, 호스피스의 선택 등 법률에 대한 이해도 뒤따라야 할 것이다. 생명의 가치와 고통, 죽음의 의미에 대한 성찰, 윤리적으로 적절한 연명의료결정을 실현하도록 전문적 수준으로 가르쳐야 한다. 이를 위하여 연명의료와 관련한 구체적 상황에 대한 사례를 검토하고 상황에 대처하는 법을 익힐 필요가 있다.

의사 양성 과정에서부터 죽음을 의학적 관점으로만 보는 것에서 벗어나도록 교육해야 한다. 정서적, 사회적, 영적 의미로 죽음을 해석하고 수용하는 자세를 가지도록 교육해야 한다. 나아가 죽음 진단이 치료의 실패가 아니라, 생명의 자연성으로 수용하도록 인식시키고 삶의 완성이고 관계의 청산으로 인식토록 교육해야 한다.

법에서는 보건복지부장관이 호스피스에 관한 홍보를 해야 한다고 명기하고 있다(법 제21조). 호스피스 홍보 사업은 국립암센터 등 관련 전문기관이나 단체에 위탁할 수 있도록 하였다(제21조 제2항). 매년 10월 둘째 주 토요일을 '호스피스의 날'로 정하고 국가와 지방자치단체가 취지에 부합하는 행사와 교육을 실시하도록 하고 있다(법 제6조). 권역별 호스피스센터의 업무도 해당 권역별 호스피스에 관한 홍보 업무가 포함되어 있다(법 제24조).

세계 70여 개 나라에서 호스피스의 날 행사를 진행한다. 기부 문화가 발달한 나라에서는 이날을 호스피스 기금 마련을 위한 행사일로 활용하기도 한다(윤영호, 2012). 우리나라는 아직 호스피스에 생소하고 기금 모금도 익숙지 않다. '호스피스의 날' 대신 10월 둘째 주 전체를 '웰다잉 주간'으로 지정할 것을 제안한다. 웰다잉을 위한 금연 등 노후 건강 프로그램, 치매, 연명의료 등 노화와 죽음 전반에 관한 논의를 활발하게 할 수 있는 기간을 두는 것이다.

나아가 이 법률에 있는 '호스피스 홍보 사업'을 모두 '웰다잉 교육 홍보 사업'으로 전환해야 한다. 사전의료지시서나 연명의료결정, 호스피스 서비스의 궁극적 목적은 웰다잉이다. 각 사안에 대한 부분적 접근보다 웰다잉 전반에 대한 올바른 교육과 홍보가 더 효과적일 것이다.

4-19 원점에서 다시 보자
— 근본적 개선책

■ 사전돌봄계획

사람들의 돌봄에 대한 선호도는 차이가 있다. 환자의 연명의료와 임종기 돌봄에 대한 가치와 선호도는 환자에 대한 의료서비스 제공 방향을 결정하며 환자가 생을 어떻게 마무리할지에 대한 기준이 된다. 환자는 자기 자신이나 가까운 사람의 동참 아래 의료인과 함께 자기에 대한 의료와 관련된 가치를 이해하고 선호도를 밝혀 기록으로 남길 필요가 있는데, 이것을 사전돌봄계획이라 한다(김신미·김진실·고수진, 2015).

사전돌봄계획은 환자의 자율적 의사를 바탕으로 삶의 질을 높이기 위한 돌봄 서비스를 제공하는 기초 설계다. 향후 치료를 위해 환자가 바라는 것을 파악하고 환자를 돕는 것을 목적으로 한다. 이것에 준하여 미래의 의료 상황이 진행될 것이므로 환자의 선호도를 바탕으로 미래에 대한 계획과 목표를 구체적이고 명확하게 작성한다. 이 계획에 의거하여 일관된 서비스를 제공하며, 상황에 따라 돌봄계획을 수정해 나간다. 사전돌봄계획은 세계에서 죽음의 질이 가장 좋은 영국의 '생애말기돌봄전략'End of Life Care Strategy 중 실천적 요소에 해당하는 것이다.

우리나라에서도 암관리법에 의해 사전돌봄계획에 대한 준비와 관리체계가 마련되어 있다. 보건복지부의 '말기암환자 완화의료 전문기관 지정 및 지원사업'에서 서비스 영역 중 적절한 '통증관리 및 삶의 질 향상 계획'에 '사전돌봄계획상담'을 평가 항목에 포함하고 있다. 여기서 사전돌봄계획상담이란 미래의 의료적, 사회적 돌봄에 대한 전반적인 내용을 의미한다. 의사표현이 가능한 개인이 전문가와 가족의 도움을 받아 작성한다. 향후 의사표현 및 결정 능력을 상실했을 때 돌봄계획의 가이드로 활용하는 서류가 된다. 돌봄에 대한 개인의 선호, 요구 사항, 신념 등을 포함한 사전 유언, 사전의료지시서 등에 대한 상담과 계획에 관한 내용이다. 환자와 가족에 대한 돌봄계획 수립과 이에 대한 상담을 제공하는지도 의무기록을 통해 확인할 수 있다. 이 법에서는 이에 대한 검토도 없이 사전의료지시서에 의한 연명의료결정에만 집착하고 있다.

■ 연명의료계획서

연명의료계획서는 장래의 연명치료에 대해서 환자와 의사가 논의하여 상세히 기록하고 의료기관에 보관하는 서류이다(김명희, 2013). 현대에 오면서 노화와 죽음의 과정에 병원의 도움이 많아졌고 연명의료에 관한 의사표시에 효과적인 기록이 필요하게 되었다. 연명의료계획서는 담당 의료진이 환자 면전에서 현재 상황을 충분히 설명하고 의견을 나누면서 환자의 이해도 및 판단 능력을 갖추었는지 직접 확인할 수 있다는 장점을 가지고 있다. 의료기관 간 이전이 가능하도록 설계되어 응급실 의료진, 응급외과의, 간호 전문인력 등 모두가 사용 가능하다.

 1990년, 미국은 연방법으로 사전의료지시서 작성을 권장했다. 그러나 실제 작성 비율이 30%에 그쳤다. 대부분이 양식의 의미를 이해하지 못했다. 의학적 결정에 구체적 방향을 제시하지도 못했다. 환자의 의중이 자주 바뀌고, 의료인이 환자가 사전의료지시서를 작성해 두었는지 알지 못해 그것이 진료에 제대로 반영되지 않는 경우도 있었다. 이러한 문제점을 해결하기 위하여 최근 미국의 병원에서는 연명의료계획서 양식을 사용하고 있다. 말기환자가 되었을 때 환자와 가족, 의료진 간에 죽음 과정에 겪게 되는 의료행위에 대해 계획을 세우는 것이 핵심이다(허대석, 2013). 우리나라에서도 2013년 국가생명윤리위원회의 '무의미한 연명의료결정에 관한 권고안'에서는 환자의 의사 확인에서

> 환자의 명시적 의사를 존중한다. 환자가 현재 또는 곧 닥칠 상태에 대하여 충분히 정보를 가지고 이성적으로 판단하여 의사와 함께 작성한 연명의료계획서POLST; Physician Order for Life-Sustaining Treatment를 명시적 의사표시 방법으로 권유한다. 더불어 충분히 정보를 가지고 이성적으로 판단하여 작성한 사전의료의향서(AD; Advance Directtive, 생전유서를 포함한다)는 담당의사(또는 병원윤리위원회)가 그 의사의 진실성을 확인하면 환자의 의사로 인정한다.

라고 명시하고 있다. 또, 법에서도 의료기관에서 작성한 연명의료

계획서나 생명유언을 환자의 의사 확인 서류의 첫 번째로 두고 있다(법 제17조 1항).

반복되는 이야기이지만, 연명의료계획서를 적절하게 활용하면 사실상 사전연명의료의향서가 필요 없다. 의사표시를 할 수 없는 환자의 의사 확인에도 용이하고 전문의사의 동의가 필요 없는 장점도 있다. 가족이 그 사실을 모를 경우에 대비해 진료 시 보호자의 확인을 받아두면 가족 간의 갈등이나 의료진과의 갈등도 줄일 수 있다.

이 법에서는 연명의료계획서 작성 대상을 '말기환자 등'이라고 규정하고 있다(법 제2조 8항, 법 제10조 1항, 법 제10조 2항). 그런데 말기환자는 암, 후천성면역결핍증, 만성폐쇄성 호흡기질환, 만성간경화 및 그밖에 보건복지부령으로 정하는 질환의 환자다(법 제2조 3항). 법대로 '말기환자'를 적용하면, 연명의료계획서는 네 가지 질환 및 보건복지부 장관이 정하는 질환의 말기환자만 작성하는 서류가 된다.

중대한 질환의 고통은 인간의 이성을 잃게 한다. 환자가 극심한 고통의 상태에서 무엇을 선택한다면, 그것은 이성적 의사표현으로 볼 수 없다(미셸 오트쿠베르튀르, 김성희 역, 2014). 때문에 연명의료계획서는 통증이 시작되기 전에 작성되어야 한다. 나아가 연명의료계획서는 모든 중대한 질환을 앓는 모든 환자가 의사와 상의한 계획을 기록한 양식이다. 법에 나열된 병을 앓는 '말기환자'에만 해당하는 것이 아니다. 환자가 의사를 조기에 표현할 수 있으면 호스피스 완화의료와 연계 가능성도 높아진다.

연명의료계획서는 환자와 의사 간의 소통과 합의 내용을 적은 진료기록부와 같은 성격의 서류이다. 법에서는 의료기관이 작성된 연명의료계획서를 등록, 변경, 철회하는 경우에 그 결과를 관리기관의 장에게 통보하도록 하고 있다(법 제10조 6항). 통보하지 않는 데 대한 제재조치가 없다. 현실성도 필요성도 없는 규정이다. 진료기록부와 함께 병원에 보관하여 두고 분쟁이나 문제가 생기면 원본을 제시하면 될 것이다. 이 서류가 작성과 보관에 국가가 개입해야 할 만큼 중요한 자료라면 대신 병원에 보관 및 관리 지침을 강화해 주면 될 일이다. 이 문제의 근본적 해결 방법도 국가가 '사전돌봄계획'과 생명유언을 도입하는 것이다.

4-20 존엄한 죽음은 아직 멀다
― 소결

　죽음의 의료화와 더불어 연명의료결정과 호스피스가 죽음 준비와 임종 문화의 중요한 요소가 되었고, 존엄한 죽음을 위한 사회적 규범도 필요하게 되었다. 이에 2016년 2월, '호스피스 완화의료 및 임종과정에 있는 환자의 연명의료결정에 관한 법률'을 제정하였다. 긴 시간과 많은 시도 끝에 만들어진 법이지만 실제 사용하기에는 문제점이 너무 많다.

　먼저 법의 제명이 너무 길고 범주의 한계가 있다. 웰다잉법이니, 존엄사법이니 하는 약칭도 맞지 않은 표현이다. 연명의료결정법이 가장 적합하다. 일반적인 통념과 전문적 의미가 다른 법률 용어는 혼란을 더한다. 법률 목적은 공허하고, 사용한 용어도 객관성이 없다. 임종 결정에서 의사와 가족 간 공동의 의사결정 과정이 필요하지만, 법에서는 이러한 배려가 없다. 그 대상과 범위도 연명의료결정은 임종환자로, 호스피스의 대상을 말기환자로 지나치게 좁게 정하였다. 용어의 명확성과 이해 가능성을 높이기 위해서는 '연명의료결정'과 '연명의료중단'을 구분하여 사용해야 한다. 말기환자와 건강보험적용 대상 환자 또한 구별하여 사용해야 한다.

　법의 합리성, 실용성, 규범의 적절성에서도 문제가 있다. 우선 환자의 추정적 의사는 '명백하고 설득력 있는 증거'로 확인해야 한다. 환자를 대신할 보호자마저 없는 경우에는 국가가 합법적으로 개입하고, 의료기관윤리위원회의 임무에 그 사항을 포함해야 한다. '해당 분야 전문의 1명'은 바른 판정과 의료 현장에서 혼선을 방지하기 위하여 그 내용을 구체화해야 한다. 병명과 처치하는 병의 종류에 따른 융통성도 있어야 한다. 연명의료계획서도 말기환자로 작성 대상에 제한을 두어서는 안 된다. 제반 보고를 줄이고 서류는 자체적으로 보관하도록 해야 한다.

　사전연명의료의향서라는 용어는 혼란을 준다. 사전의료지시서면 된다. 사전연명의료의향서는 이미 별 쓸모없는 서류이므로 이 방식의 도입을 원천적으로 검토해야 한다. 국가는 이런 서류의 작성 및 보관을 위해 기관을 설립하는 등 낭비 행위를 중단해야 한다. 가족회의 결과로 연명의료계획을 밝히면 수용하도록 해야 한다. 등록기관은 연명의료에 대한 교육 및 홍보 기관으로 지정하여 운영해야 한다. 연명의료결정제도의 활용성을 높이기 위해서 생명유언 등 가족 중심적이며 자발적인 의사표현의 기회를 열어두어야 한다. 연명의료 관련 서류의 훼손이나 임의 정정에 관한 벌칙을 강화해야 한다.

　연명의료에 관한 모든 상황에서 의료진의 설명이 있어야 하며, 연명의료결정을 할 때는 반드시 호스피스 서비스를 연계해야 한다. 연명의료중단결정의 범위에는 이식용심혈관 전자장치, 기계적 순환보조장치, 수분 및 영양 공급을 포함해야 한다. 중단조치의 시간과 범위에 대한 최종 결정을 의사의 판단에 따라야 한다.

죽음 교육을 강화하여 연명의료결정을 위한 환경을 조성해야 한다. 좋은 죽음과 용납 가능한 죽음의 개념을 정립하여 죽음을 준비하는 문화를 정착시켜야 하겠다. '호스피스의 날'을 '웰다잉 주간'으로 변경하여 운영할 것을 제안한다. 의료현장에서 과잉진료를 엄격히 금지하고 소생의학을 제한하는 대신 완화의료를 확대하는 의료처치 기준을 마련해야 한다.

생애말기돌봄에서 기관 간, 돌봄의 주체 간에 연계되는 돌봄 전달체계를 구축하고, 재택돌봄 서비스의 확대와 재택임종을 지원해야 한다. 나아가 요양병원의 호스피스 역할을 강화하고 요양 서비스와 의료 서비스가 통합된 통합노인요양시설을 도입해야 한다. 정부 부서의 관리체계를 통합하여 정책의 수립과 시행이 일원화되어야 한다. 국가는 연명의료 환자에 대한 의료비 지원과 호스피스 완화의료의 국민건강보험 적용 대상을 지속해서 확대해야 한다.

2016년 2월 공포된 연명의료결정법은 매우 허술하다. 보라매 병원 사건을 계기로 논의가 계속되었으나 수차례 제안된 법률안에서 제시된 내용을 충분히 수용하지 못했다. 통합 조정된 안이면서도 통합

전 다른 법안이 가진 장점을 살리지 못했다. 그렇다고 죽음의 질에서 1위인 영국의 제도나, 관련 논의가 분분한 미국의 제도, 일본이나 대만의 사례 등 외국의 모범적 사례를 수용하지도 못하고 있다. 수많은 공청회와 연구개발 보고서의 내용도 충분하게 반영되지 않았다.

호스피스에 대해서는 현행 암관리법에 있는 규정을 차용하고 있다. 형식적으로 하나로 묶여 있을 뿐 연명의료와 호스피스와의 연계에 관한 언급이 없고, 연명의료결정 속의 호스피스라는 개념을 살리지 못하고 있다. 대신 연명의료 중단의 규범화와 사전의료지시서 활용에 국가 개입 방안을 만들려고 한다.

법 제정의 중심 철학이 좋은 죽음이나 존엄한 죽음의 실천에 있는 것이 아니라, 사전연명의료의향서 활용과 관련 기관 설립, 국가의 개입 부분에 치중하고 있다. 국민의 자발적 참여보다 규율에 의해 통제·관리하려는 의도가 더 커 보인다. 환자와 가족의 고통이나 죽음 문제 해결보다 연명의료중단에 따른 의사의 책임 면제를 목적으로 한 규정이 더 많다.

법 제정과 더불어 일부 언론에서는 법의 내용이나 시행 절차에 대한 깊이 있는 이해와 분석을 통한 효과도 검증하지 않고 '웰다잉법' 혹은 '존엄사법'이라며 법의 성격을 오해하도록 하거나 과도한 기대를 가지도록 보도하였다. 추가정보를 접할 수 없고 직접 연관이 없는 일반의 인식도 그 수준에 머무르고 있다. 존엄한 죽음의 문제는 당장 우리 부모의 문제이고, 장래 나의 문제이다. 법 제정 시 반짝했던 관심도 일 년이 지난 지금 시들해졌다. 정부에서도 그 후로 보완 대책을 언급한 적이 없다. 이 법이 다른 나라와 비교했을 때, 자연스러운 죽음에 가장 가깝다고, 이렇게 발전된 법은 세계 어느 나라에도 없을 것이라는 전망도 있다(건양대학교 웰다잉 융합연구회, 2016). 무슨 근거로 어떤 면을 보고 하는 이야기인지 수긍하기가 어렵다.

인간존중 정신에 입각한 연명의료결정제도가 성공적으로 안착하기 위하여 두 가지 근본적인 개념의 전환이 있어야 한다. 그 하나는 '용납 가능한 죽음'이라는 개념의 도입이다. 웰다잉 인식과 죽음 관련 정책 수립의 기준으로 '용납 가능한 죽음'의 개념을 활용하는 것이다. 다른 하나는 현재 이 법에서 나타나는 국가 주도의 '연명의료중단, 사전연명의료의향서 중심'의 제도를 국민의 자발적 참여를 바탕으로 한 '호스피스, 사전돌봄계획 중심, 생명유언 도입'으로 전면 수정·변경해야 한다.

갈등과 오해가 없는 상태에서 흐트러지지 않는 마음으로 빠르고 고통 없이 죽는 것이 훌륭한 죽음이다(피터 펜윅·엘리자베스 펜윅, 정명진 역, 2008). 그런 죽음은 준비된 상태에서 죽음에 이를 때 가능하다. 연명의료결정은 죽어가는 사람 옆에 의료기기보다 사람이 더 많기를 소망하는 결정이다.

웰다잉은 죽음의 언어를 통해 삶을 사랑하는 법을 배운다. 죽음을 용납하는 마음의 준비와 연명의료를 결정하는 몸의 준비로 마무리된다. 죽음은 피할 수 없다. 살아 있으면서 준비할 뿐이다.

셋째 문턱

웰에이징

제5장

노년기의 삶

신은 생명을 조금씩 빼앗아감으로써
인간에게 은총을 베푼다.
이것이 노화의 미덕이다.
노화를 겪으며 조금씩 죽어온 덕분에
죽음이 완전하지도 고통스럽지도 않다.

― 몽테뉴,《수상록》에서

5-1 모든 것은 늙는다
— 노화와 노인

　노화는 시간의 흐름에 따라 나타나는 자연현상이다. 이것은 죽음과 함께 우주의 섭리이며, 생물학적 균형이다. 노화 과정에서 생기는 쇠퇴의 진행은 막을 수 없다. 노화는 아프고 불편하긴 하지만, 질병은 아니다. 시간이 더 갈수록 더 심해지는 것이 노화의 특징이다. 노화의 끝에는 질병이나 죽음이 있다. 이 때문에 사람들은 노화를 싫어한다.

　삶의 과정은 역동적 변화의 연속이다. 이러한 변화를 발달이라고 한다. 발달은 상승적 발달과 퇴행적 발달로 나눈다. 상승적 발달은 양적 증대, 구조적 분화, 정밀화가 그 특징이다. 통합하고 기능적으로 유능해지는 성장이나 성숙을 의미한다. 퇴행적 발달은 양적으로 감소하고, 구조적으로 단순화되며, 기능적으로는 무능화되는 경향을 보인다(김동배·권중돈, 2004). 이러한 퇴행적 발달을 노화aging라 한다.

■ 생물학적 노화

나이를 먹어 가면 신체 모든 부분의 기능이 점진적으로 퇴화한다. 생물학적 퇴화가 재생산 과정을 능가하여 유기체 내에 퇴행적 변화가 일어나는 것을 생물학적 노화라 한다. 생물학적 노화는 신체 구조와 기능이 쇠퇴하여 활력이 떨어지고, 그에 따라 신체가 질병에 대한 저항력을 상실한다. 몸을 이루고 있는 유기체의 기관, 조직, 세포, 생체 통제기제 등의 쇠퇴와 기능 저하를 동반한다.

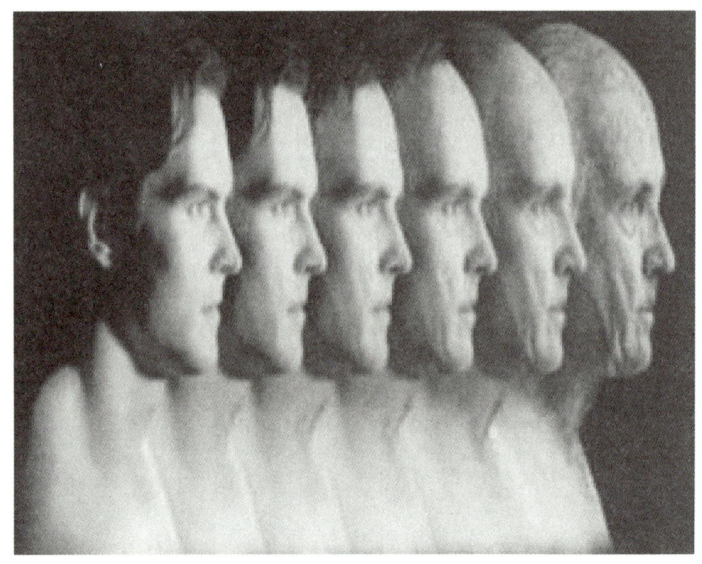

생물학적 노화의 양상은 신체 구조의 변화, 신체 기능의 변화, 감각 생리학적 변화로 구분할 수 있다. 노화에 따라 체중 감소, 머리카락 감소, 주름살 증가, 골밀도 감소, 근력 저하, 뇌의 기능 및 내분비계통 기능 저하가 나타나는 것을 신체 구조의 변화라고 한다. 신체 기능의 변화로는 동맥경화, 석회화, 폐조직의 탄력 저하, 타액과 위액 감소, 내장과 소장의 운동성 저하, 신장 경화 등을 들 수 있다. 감각 생리적으로는 오감의 반응속도 저하, 수면시간 감소, 성 기능 또는 생식 기능 저하 현상 등이 나타난다.

생물학적 변화는 생활에 있어서 예비력, 감각능력, 방어반응, 회복력, 적응력, 유지력의 저하를 가져온다. 잘 듣지 못하고, 질병에 약해지며, 회복이 더디다. 체력이 약화하면 쉽게 피로를 느낀다. 생물학적 노화는 생물학적 변화만을 초래하는데 국한되지 않고 심리적 노화와 사회적 노화의 직접적 원인이 되기도 한다.

■ 심리적 노화

심리적 노화는 심리적 기능 면에서 퇴행적 변화가 일어나는 것을 말한다. 노년기가 되면 일반적으로 지능, 기억력, 학습능력, 사고능력, 문제해결능력, 창의력 등이 점차 감퇴한다. 감각적으로도 시각의 변화, 청각의 변화, 미각·후각·촉각·통각의 퇴행적 변화가 진행된다. 경험과 관련된 기능은 유지되거나 더욱 발달하기도 한다. 심리적 노화는 자연스러운 현상이지만, 때로 병적인 질환과 구분하지 못하는 경우도 있다. 심리적 노화는 크게 심리적 영역, 정서·성격적 영역, 정신건강·장애의 3개 영역으로 나눈다(Atchley, R. C., 2000 ; 권중돈, 2008에서 재인용).

기억력이 나빠지면서 단어의 회상이나 재연에 있어서 감퇴가 일어난다. 과거의 기억상실보다 최근의 기억상실이 많은 것이 특징이다. 연령이 증가할수록 과업수행이나 작업성취도 같은 학습능력이 저하된다. 문제해결능력이나 사고능력도 저하된다고 본다. 수數에 대한 감각과 정확성 감퇴, 기억능력의 감퇴 등을 보인다. 사고능력과 문제해결능력은 교육 수준, 지능 및 직업 등에 영향을 받는다.

노년기는 성취의 사다리를 계속 올라가려는 의욕이 감소하는 시기이다. 대신 자기 자신의 사고나 감정에 의해서 사물을 판단하게 되는 경향이 많아진다. 자연스럽게 사회적 활동이 감소하고 에너지가 내면으로 쏠리면서 내향성이 증가하게 된다. 내향성 증가는 누군가에게 도움을 받아 문제를 해결하려는 수동적 태도로 이어진다. 적극적인 노력과 시도를 자제하고 막연히 기다리거나 우연에 맡기려는 모습을 보인다. 때에 따라서 신비한 힘에 기대거나 달관한 듯 비현실적 태도도 나타난다.

노년기에 이르면 시각과 청각을 비롯한 감각능력이 감퇴하게 된다. 노인은 이러한 신체적·심리적 기제의 기능 쇠퇴를 직접 느낀다. 이와 더불어 조심성이 증가하여 종래의 안전한 방법을 고집하고 옛 것을 과감히 버리지 못한다. 새로운 지식을 흡수하거나 새로운 일에 도전하는 경향이 감소한다.

연령 증가에 따른 우울증은 일반적 현상이다. 노년기의 우울증은 노령에 따른 건강 악화, 신체적 질병이 주는 스트레스가 주요 원인이다. 배우자의 죽음을 겪거나 경제 사정이 악화하면 지나온 세월을 돌아보고 회한에 빠진다. 노화로 인한 고독, 소외감, 상실감 등도 우울증의 주요 원인이다. 우울증은 불면증과 식욕 감퇴 등으로 이어진다.

체중감소와 무신경과 무감각이 나타난다. 심할 경우 강박관념이나 증오심을 보이기도 한다.

노화에 따라 현재와 미래에 대해 생각하는 것보다 과거를 회상하는 비율이 상대적으로 증가한다. 생에 남은 시간에 대한 전망이 변하면서 회상에 집중한다. 과거를 돌아보며 의미 있는 한평생을 살았다는 느낌이 들기도 하고 후회에 젖기도 한다. 과거에 대한 긍정적 회상은 현재의 자존감을 높여준다. 긍정적 회상이란 과거에 일어났던 사건의 의미를 재구성하고 재해석할 때 긍정적 결론을 내리고자 하는 심리적 습관을 말한다. 긍정적 생애 회고로 지금까지 살면서 누적된 부정적 감정의 응어리를 풀고, 지나온 삶을 수용하고, 그 의미를 인정하는 것은 노인의 삶에 매우 중요한 활력이 된다.

노인은 새로운 것에 감정을 개입하는 경향이 적어지고, 상대적으로 과거에 친숙하고, 익숙한 것에 대한 애착심을 갖는다. 그 때문에 노인은 냉정하고 사려 깊게 보이는 동시에 한편으로 무감동한 것으로 비치기도 한다. 나이가 들면 오랫동안 사용해 온 물건이나 친숙한 사람에 대한 애착심이 증가한다. 지금까지 살아왔던 집이나 추억이 깃든 가재도구, 사진 등 친숙한 물건에 대해서 많은 감정적 가치를 두며, 이러한 물건을 통해서 삶의 줄거리를 파악한다. 과거의 물건에 집착하는 것은 자신과 자신의 주변만은 변화하지 않은 것으로 보려는 현상이며 일정한 방향성과 항상성을 유지하려는 노력이다.

노인이 되면 남녀 성차가 줄어든다. 나이가 들수록 남자는 친밀성, 의존성, 관계지향성 등이 증가한다. 젊을 때 자기 고집과 주관대로 살던 사람도 집에 머물고, 질문이 많아진다. 반면에 여자에게는 공격성, 자기중심성, 권위주의 등의 성향이 나타나 자기주장이 강해지고 바깥 활동이 많아진다.

■ 사회적 노화

사회적 지위와 역할은 일생을 통하여 변화한다. 성인기까지는 역할을 획득하는 경우가 많지만, 노년기에는 중요한 사회적 지위와 역할을 상실하는 경우가 더 많다. 퇴직 등으로 인하여 그동안 오랫동안 머물러왔던 사회에서 멀어지고, 사회적 지위가 저하되거나 인간관계의 그룹이 변화한다. 퇴직과 은퇴, 친구의 상실, 배우자의 상실 등으로 사회적 관계망은 축소되고, 사회적 지위와 역할이 변화하여 그에 따라 고독이나 박탈을 경험하기도 한다(강상경, 2011). 이로 인해 자기 자신의 가치를 평가절하하고 자아 존중감이나 삶의 만족도가 낮아진다. 직장과 같은 이차적 집단과의 유대관계는 줄어들고 가족, 친구, 이웃 등과 같은 일차적 집단과의 관계에 치중한다. 그중 가족과의 관계가 핵심이 된다. 부부 관계의 의존도가 커지고 조부모로서의 역할 또한 중요하게 된다.

노년기 사회적 의존이 높은 가족 관계마저 급속히 무너지고 있다. 자녀의 부모 부양 인식이 희박해지고 황혼 이혼이 증가하는 등 일차 집단의 붕괴가 두드러긴다. 사회적 관계망의 축소는 우울, 불면증,

체중감소, 불안, 분노, 죄의식을 초래하기 쉽다. 이러한 것은 자신을 포기하는 행위로 발전할 가능성이 크다.

■ 노인

세상의 모든 것은 어제보다 늙은 오늘의 존재다. 삼라만상은 시간에 따라 늙어간다. 시간이 흘러감에 따라 사람의 생체 조직과 세포 등이 쇠퇴하거나 무기력해지는데, 이같이 늙어가는 현상을 노화 현상이라고 한다(김태현, 2007). 인간 또한 노화 과정을 경험하고 노인이 된다. 이것은 피할 수 없는 자연적 현상이며 인생의 한 과정이다.

노인이라는 용어는 그 개념을 일률적으로 정의하는 것은 단순하지 않다. 노인으로 규정하는 연령이나 주어지는 사회적 역할과 지위, 의미나 가치 등 노인의 구체적 개념은 개인의 신체적, 정신적, 사회적 역할에 따라 다르다. 노인은 처해 있는 역사적·사회적·문화적 영향도 받기 때문이다.

노인이란 용어를 정의하는 방법에는 기능연령법과 역연령법이 있다. 기능연령법機能年齡法은 늙어가는 현상, 즉 심신의 기능이 일정 노화 단계에 도달한 사람을 노인으로 보는 것이다. 개인이 특수한 업무나 일을 수행할 수 없을 정도로 기능이 저하된 경우의 기능적 연령에 의한 노인이라 한다. 이 경우 어느 정도의 노화 현상에 이르렀을 때 노인으로 규정할지 기준의 문제가 있다. 역연령법曆年齡法은 시간의 흐름에 따라 측정되는 달력상의 나이로 노인을 규정하는 것이다. 노화는 개인차가 크기 때문에 나이에 따라 노인을 규정하는 것 또한 문제가 있다. 노인에 대한 조작적 정의로는 스스로 자기가 노인이라고 생각할 때 노인이 된다는 '개인 자각에 의한 노인', 정해진 연령 이후에 '사회적 역할을 상실할 경우'의 노인 등이 있다.

노인은 생리적·생물학적 면에서 쇠퇴기에 있는 사람, 심리적인 면에서 정신 기능과 성격이 변화하는 사람, 사회적인 면에서 지위와 역할이 상실되어 가는 사람이다. 나이가 듦에 따라 신체적·심리적·사회적 기능이 감퇴해 정상적 사회생활을 수행하는 데 어려움을 경험하는 사람이 노인이다. 또한, 노인은 노화 과정이나 그 결과로 생리, 심리, 사회적 기능이 약화되어 자립적 생활 능력이 약화했을 뿐만 아니라, 환경에 대한 적응 능력이 떨어지고 있는 사람(권중돈, 2008)으로 요약할 수 있다.

역연령에 의한 노인의 정의에서 노동부의 고령자 고용촉진법에서는 55세이고, 국민연금법이나 노인복지관에서는 60세~65세를, 노인복지법이나 국민기초생활보장법에서는 65세를 노인이라 한다. 대한노인회에서는 70세를 노인의 연령 기준으로 제안한 바 있다. 2017년 국가경제계획에서 이를 긍정적으로 검토한다는 보도가 있었다.

노인을 지칭하는 용어는 노인, 노년, 고령자, 늙은 사람 older person, 나이든 사람 ageing, 연장자 elderly 등 다양하다. 프랑스에서는 제3세대라 하고, 중국에서는 60대를 장년長年 70대를 존년尊年이라 부르며, 일본에서는 실버라고 부른다. 드물게는 선배 시민 senior citizen, 황금 연령 golden age으로 부르기도 한다

5-2 새로운 노년을 말한다
– 성공적 노화

1980년대 중반까지는 노화의 부정적 측면만을 봐왔다. 생물학적 노쇠, 심리적 무기력, 질병과 장애, 사회적 의존성 등을 노화로 보았다. 그 후 경제적으로 여유 있고, 건강하며, 지식을 갖춘 노인이 나타난다. 그들은 나이를 먹었어도 직접 활발하게 사회활동에 참여한다. 사회활동에 참여하는 노령인구가 증가하면서 노화의 성공적 측면, 즉 성공적 노화에 대한 논의가 등장한다. 성공적 노화에 대한 개념은 1986년 미국의 노년사회학회에서 처음 제시되었다.

성공적 노화란 나이를 먹어도 사회적으로 보람 있는 일을 하면서, 삶을 즐기며, 의욕적으로 활동하는 노인을 말한다. 생물학적, 심리적, 환경적으로 기능 수준이 높고 삶의 만족과 환경에 대한 적응 수준이 높은 상태에 있다. 대체로 건강을 유지하면서 과거와 현재를 수용하고 죽음을 받아들이며, 삶의 의미와 목적을 잃지 않고 정신적으로 성숙해지고 사회적 관계를 유지하면서 늙어가는 모습을 보인다. 성공적 노화는 노화로 인해 나타나는 부정적 변화를 수용하고 적극적으로 대처하여, 더 긍정적으로 노년의 삶을 누리는 것이다.

어휘적으로 성공적 노화는 보통의 노화나 병리적 노화와 구별하기 위한 개념이기도 하다. 연령의 증가와 더불어 특정한 노환이나 기능 장애가 없더라도 질환에 걸릴 확률이 높아진다. 사회적 관계도 축소되어 활기를 잃고 고독하게 노년을 보내는 경우가 많아지는데, 이를 '보통의 노화'라 한다. 보통의 노화에 미치지 못하는 상태를 '병리적 노화'라고 한다. 개인의 노력과 환경 통제를 통해 보통의 노화를 극복하거나 지연시키는 노화를 '성공적 노화'라고 한다(한림대학교 고령사회연구소, 2010). 세계보건기구에서 제시한 활기찬 노화active aging나 훌륭한 노화good aging, 건강한 노화healthy aging, 생산적 노화productive aging 등의 개념도 성공적 노화와 유사한 개념으로 볼 수 있다. '정상적 노화' 또는 '적정한 노화'라는 용어도 쓰이고 있다.

성공적 노화는 신체적physical, 정신적mental, 사회적social, 영적spiritual인 네 가지 요소로 나누어 볼 수 있다. 성공적 노화를 실천하는 핵심은 운동, 식단, 사회생활이다(핀차스 코언, 2013; 조선일보 인터뷰). 성공적 노화의 삶은 첫째로 건강 관리를 위한 생활습관과 예방에 중점을 둔 신체적 건강을 유지하는 것, 둘째는 심리적 만족과 안정된 삶을 살도록 습관을 들이는 것, 셋째로 경제적 안정을 확보하는 것, 넷째로 사회활동에 참여할 기회를 획득하고 유지하는 것, 다섯째로 사회적 관계를 유지하고 적극적으로 여가에 참여하는 삶을 말한다(권중돈, 2008).

조지 베일런트George E. Vaillant는 성공적 노화란 어떤 것이며 어떻게 이룰 수 있는지에 대해 40여 년간의 종단적 연구를 했다. 황혼기(노년기)의 행복을 위한 조건으로 다음 7가지를 들고 있다.

① 고통에 대응하는 성숙한 방어기제
② 교육
③ 안정된 결혼생활
④ 금연
⑤ 절주
⑥ 운동
⑦ 알맞은 체중 유지

─조지 베일런트, 이덕남 역(2012), 《행복의 조건》에서 요약

그는 노화는 쇠퇴라기보다 오히려 사회적 지평을 확장하고 인내심을 강화하며 무의식적 방어기제를 성숙시키는 과정이라고 정의한다. 성공적 노화는 곧 성공적 생존이며 끊임없이 성장하는 법을 배우는 과정이다. 건강한 노화를 포함하여 품위 있게 나이 드는 방법을 설명하면서 성공적 노화를 이룬 사람의 특징 6가지를 들고 있다.

첫째, 다른 사람을 소중하게 보살피고, 새로운 사고에 개방적이며, 신체건강의 한계 속에서도 사회에 보탬이 되고자 노력하며, 사랑은 내리사랑이라는 점을 늘 염두에 두고 산다.
둘째, 노년의 초라함을 감내하고, 다른 사람의 도움이 필요하다는 사실을 인정하며, 품위 있게 받아들이고 감사하는 마음을 잊지 않는다.

또 삶의 자잘한 고통을 항상 적극적으로 극복해 나간다.

셋째, 언제나 희망을 잃지 않으며 스스로 할 수 있는 일은 자발적으로 해결하는 등 매사에 주체적이다. 삶 전체가 하나의 여정임을 알고 살아가는 동안 꾸준히 성장하고 있다는 사실을 늘 마음에 새기고 산다.

넷째, 유머 감각을 지녔으며, 놀이를 통해 삶을 즐길 줄 알며, 삶의 근본적인 즐거움을 위해 겉으로 드러나는 행복을 포기할 줄 안다.

다섯째, 과거를 돌아볼 줄 알고, 과거에 이루었던 성과를 소중한 재산으로 삼지만 미래에 대한 호기심도 많고 다음 세대로부터 끊임없이 배우려고 노력한다.

여섯째, 오래된 친구들과 친밀한 관계를 유지하며, 사랑의 씨앗은 영원히 거듭해 뿌려져야 한다는 금언을 새기고 산다.

―조지 베일런트, 이덕남 역(2012), 《행복의 조건》에서

성공적 노화의 요건과 수준을 평가하는 지표는 다양하다. 대체로 건강상태(질병 유무, 흡연, 음주, 주관적 건강상태), 사회관계망(사회관계망의 크기, 정서적 지지, 도구적 지지), 심리적 특징(자기효능감, 생활만족도, 우울), 신체적·인지적 기능, 생산적 활동 등을 든다(성혜영·조희선, 2005). 활동이나 자기통제, 자기효능감

에 대한 문제보다 주로 건강상태, 가족관계, 경제적 측면의 비중이 더 크다(한림대학교 고령사회연구소, 2010). 성공적 노화를 평가할 때 자기효능감을 느끼는 삶, 자녀 성공을 통해 만족하는 삶, 부부간의 동반자적 삶, 자기통제를 잘 하는 삶의 네 가지 척도로 보기도 한다(김미혜·신경림, 2005). 그 외 일상의 순조로움, 자기관리, 사회적 지원의 확보, 과시성의 척도 등을 성공적 노화의 조건에 있다(백지은·최혜경, 2005). 일반적으로 성공적 노화의 중요 요건으로 일, 여가, 경제적 준비를 든다.

성공적 노화 개념에 반대하는 사람은 "노화에 일정한 기준을 만들면서 노인 집단을 차별적으로 구분하면 성공적 노화에 미치지 못한 노인에 대해서 실패한 노인의 이미지를 줄 수 있다."고 지적한다(정경희 외, 2006). 성공적 노화에 대한 담론이 노인 자신의 의도에 의한 것이 아니라 정책기관이나 사회적 요구, 언론의 바람몰이에 의해서 나타난 것을 경계해야 한다. 성공적이지 못한 이유를 모두 개인에게 전가하는 경향도 보인다. 비판적으로 보면, 지나치게 자기책임을 강조하는 것은 일종의 자기감시이며 사회통제다.

최근에 와서 대중매체에서는 성공적 노화를 '신노년'이라는 개념으로 구체화하였다. 신노년의 주요 테마는 '젊은 감각을 유지하며 늙음을 부정하는 노인'이다. 배움에 열정을 가지고 건강관리는 스스로 알아서 한다. 이들은 여전히 바쁘다. 그렇지만 자기계발과 자원봉사에도 열정을 보인다. 젊었을 때의 삶을 기반으로 자유롭고 계획적인 삶을 살거나 젊어서의 취미를 노후의 소득원으로 삼기도 한다.

성공적 노화에 영향을 주는 요인으로는 경제상태, 건강, 사회활동,

가족, 종교 및 죽음관 등이 있다. 그중 성공적 노화에 이르기 위해 최우선으로 준비되어야 하는 것이 경제적 안정이다. 그렇기 위해서 노후 소득(혹은 수입)의 안정화와 재산관리 및 현금화, 유산분배 등에 대한 경제준비 교육을 강화해야 한다. 다음으로 중요한 요인은 건강이다. 노인과 질병은 떨어질 수 없는 관계이므로 노인의 건강증진을 위한 생활습관의 관리와 예방에 중점을 둔 건강관리 시스템을 정착시켜야 한다. 건강관리 대책과 동시에 의료비 확보 대책도 있어야 한다. 끝으로 정신적 건강이 필요하다. 이를 위해서 평생교육 프로그램이나 인생 회고 프로그램, 자서전 쓰기, 죽음준비 교육 프로그램, 스트레스 관리 프로그램 등에 적극적으로 참여하여 심리적으로 만족하고 정신적으로 건강한 삶을 살도록 해야 한다.

  성공적 노화는 노쇠와 죽음에 대한 부정적 시각에서 벗어나 현명하고 편안한 노년을 보내는 것을 말한다. 늙어가는 과정에서 본인의 희망과 노력에 맞는 삶을 사는 것이 성공적 노화다. 이를 위해서 가족, 친구 등과의 관계 유지를 바탕으로 여가활동, 경제활동, 봉사활동 등을 적극적으로 계속하여 사회와 분리, 고립되는 일이 없도록 해야 한다. 평생현역이라는 마음과 행동이 있어야 하는데, 이를 위해서는 평생교육을 적극적으로 수용하는 자세가 필요하다.

5-3 잘 늙어야 잘 죽는다
— 웰에이징

 우리의 생애 후반기는 대체로 주된 일자리에서 물러나는 퇴직을 거친다. 퇴직 후 노동시장에서 은퇴retirement하여 더는 돈을 벌지 않으면서 노년기를 보낸다. 노쇠와 질병을 겪는 이 시기는 인생의 질을 좌우할 만큼 비중이 크다. 장수와 더불어 퇴직 이후 남은 20~40년 동안 무엇을 하며 어떻게 살다가 죽을 것인지가 중요해진 것이다. 퇴직 이후 은퇴와 노후 그리고 죽음에 이르기까지 바람직한 수준의 삶을 유지하고 좋은 죽음을 맞이하는 방법과 실천이 웰에이징이다.

 아름다운 노년기의 삶을 지칭하여 '웰에이징'이라 한다. 이는 보람 있고 편안한 노후와 좋은 죽음을 맞이하는 것까지 포함하는 삶의 질에 관한 용어이다. 웰에이징은 단순히 나이를 먹어 가는 것이나 오래 사는 것만을 의미하지 않는다. 신체적·정신적·사회적 건강과 경제적 풍요·자유·여가 활용 등의 개념을 포함한다.
 삶의 질을 고려하면서 잘 사는 것이 웰빙이다. 무조건 오래 사는 것에서 벗어나 건강하고 행복하게 장수하는 것이 웰에이징이다. 웰빙의 연장선에 아름다운 노년기의 삶을 지칭하는 웰에이징이 있고,

'잘 살아야 잘 죽는다'는 차원과 '잘 죽어야 잘 산 것'이라는 관점의 '웰다잉'이 있다.

웰에이징은 '사람답게 늙는다', '현명하게 나이 먹는다'는 의미를 담고 있다. 노인으로 살아갈 시간이 늘어나면서 점차 혹은 결국 삶의 마지막 시기를 지혜롭고 행복하게 사는 것과 아름다운 죽음을 만드는 것이 더 중요하다고 인식한다. 그에 대한 준비와 실천이 웰에이징이다. 웰에이징은 지혜로운 노년의 삶을 누리고 아름다운 죽음을 맞이하는 것이다. 노화와 죽음을 자연스러운 현상으로 받아들이고 그에 맞는 삶의 태도로 살아가고 죽는 것을 말한다. 행복한 노년 이후 바람직한 죽음으로 이어지는 일련의 과정, 생애말기의 질 좋은 삶과 존엄한 죽음을 실천하는 모든 요소를 포함한다.

웰에이징은 건강을 유지하고 심리적으로 안정되며, 소득을 확보하고 사회적 유대를 계속하며, 여가를 누리는 생활을 기본으로 한다. 죽음의 시간까지도 웰빙을 지속할 수 있는 방법과 수준의 총괄적 의미이다. 웰에이징이든 웰다잉이든 결국 죽은 후에 어떻게 될 것이냐는 문제보다 육체와 시간의 유한함을 인지하고 삶을 가치 있고 보람되게, 노년을 지혜롭게 살아갈 것을 강조하는 공통성이 있다.

잘 죽는 것은 잘 사는 것과 긴밀하게 연관되어 있다. 생애 주기상 노년기가 되면 죽음의 불가피성을 인지하고 지나온 삶을 회고하면서 자아에 대한 새로운 사고, 과거의 경험과 의미에 대한 재평가를 시도한다. 나아가 어떻게 살고, 어떻게 늙고, 어떻게 죽느냐가 별개의 문제가 아님을 인식하게 된다. 삶과 늙음, 죽음 과정의 재조직화, 재통합화가 이루어진다. 살아갈 수 있는 날이 짧아지고 있다는 사실의 자각과 남은 생을 좀 더 유용하게 보내려는 노력으로 반영되는데 (한림대학교 고령사회연구소, 2010), 이것이 웰다잉을 위한 웰에이징이다.

인간은 미래에 대한 희망만큼의 근본적 불안을 안고 산다. 이 불안의 핵심은 노화와 종국에 맞을 죽음을 누구나 겪어야 하며, 그 앞에서 우리 자신이 무기력하다는 데 있다. 인간의 노쇠나 죽음과 애써 마주치지 않으려는 심리작용의 영향으로 한때 안티에이징Anti-Aging이 시대적 트렌드로 떠오른 적이 있다. 그러나 안티에이징은 자연적 노화를 거스르려는 부자연스러운 움직임으로 상업화, 세속화되었다. 이제는 건강식품이나 화장품의 광고 문안에서나 볼 수 있을 뿐이다. 그와 달리 웰에이징은 노화를 자연스러운 현상으로 받아들이며, 그에 걸맞은 건강과 삶의 태도를 유지하는 것을 강조한다.

웰에이징은 바람직하게 늙는 방법에 대한 관심과 노력이다. 건강하게 오래 사는 것을 넘어서 삶의 마지막까지 지혜롭고 아름다운 일상, 질적으로 수준 높은 삶을 사는 것이다.

5-4 장수의 그늘은 짙다
- 노인문제

급속한 사회 변화로 일어난 노인 관련 문제를 '노인문제'라 한다. 이 용어에는 노인은 문제의 대상이라는 사회적 인식이 깔려 있다. 노인이 되는 것은 퇴직, 고용차별, 질병, 빈곤, 가족과 친구의 상실, 주거조건의 악화, 성문제, 영양상태의 악화, 정서적 문제, 사망, 학대와 같은 노인문제의 당사자가 된다는 뜻이다(원석조, 2013). 노인이라는 용어 안에 이미 적응 능력의 약화와 사회생활 능력 문제를 내포하고 있다. 이러한 능력 약화는 노인의 생활을 어렵게 한다. 그 결과 빈곤·질병·고독·역할 상실이라는 문제를 낳는다.

농경사회에서 노인은 그 지위와 역할은 확고하였다. 경험을 통한 지식의 보유자였고 전통과 관습의 전달자였기 때문이었다. 탈농업화와 더불어 노인의 지위와 역할은 추락하였다. 왕성한 노동력 제공자나 새로운 문화와 지식에 적합한 사람이 사회에서 우선시되었다. 도시화로 부모와 자식에게 공간상 거리가 생기고, 핵가족화가 가속화되면서 부양 의식은 변했다. 자녀의 수를 제한하고 조절하면서 가족의 분화도 가속화하였고, 자녀는 소중해지고 노인은 소외되었다.

가정 내에서도 친밀성이 약화되며 노인은 더욱 빠르게 지위를 상실하였다. 동거 의식의 변화로 노인 단독 가구형 핵가족화로 발전하고 있다. 전통적 장남 위주의 부양 인식도 변화하여 노후 부양책임이 자녀 모두에게 혹은 국가나 사회에게 있다는 인식이 확산되고 있다(김태현, 2007). 노인 자신도 자녀에게 부양받기를 기대하지 않는데, 이것이 고독사나 빈곤 등 노인문제의 또 다른 원인이 된다.

우리나라의 고령화 속도는 초압축적으로 빠르다. 이에 비하여 노인에 대한 대책을 마련하는 시간적 여유가 없어서 노인문제의 발생과 그에 노출될 가능성을 가중시키고 있다. 사회적으로 노인인구의 증가, 산업화와 도시화, 핵가족화, 가치관과 의식의 변화와 노화 자체가 가지는 심리적 불안, 사회적 위상 변화, 생활양식의 변화 등 노인과 관련한 부정적인 변화를 만들고, 그 결과 소외, 고독, 빈곤 등과 같은 다양한 문제가 발생한다(김태현, 2007).

여성의 사회 진출이 활발해지면서 가정 내 여성의 역할이 변화했다. 가족 중 노인 수발이나 가족 간의 소통 중재자로서 역할을 담당하던 여성이 사라졌다. 노인의 생활, 부양, 돌봄 등 일상생활에서 의존하고 소통할 존재가 없어진 것이다. 가정에서 여성의 역할 소멸은 돌봄기능의 소멸을 의미하고, 이것은 노인 부양 문제와 직결된다. 남의 손에 맡겨진 노인의 삶은 의료화될 수밖에 없다.

노인문제 중 가장 심각한 것은 경제적 빈곤이다. 한국인의 퇴직 연령은 젊어지고 실제 은퇴 연령은 점점 높아지고 있다. 조기 은퇴와 장수는 나이가 들수록 노후를 어렵게 만든다. 그렇다고 자녀에게 의지할 상황도 아니다. 수입은 일찍 메마르고, 장수로 지출은 계속되거나 늘어난다. 이에 비해 국가의 소득 보장 제도는 충분하지 못한 실정이다. 2014년부터 기초연금이 실시되었다. 65세 이상 노인에게 최고 20만 원까지 지원하고 있지만, 실질 생활비에는 훨씬 못 미친다. 개인적 준비는 없고, 국가의 복지제도도 전적으로 기댈 정도가 못되어 암담한 노년을 보내야 하는 노인이 많다. 노후 대비의 부실은 노인 자신과 주변의 삶에 어려운 영향을 끼치고 노인문제로 발전한다.

 노년기의 연령 규범의 부재와 이로 인한 사회화 과정의 혼란으로 노인에 대한 사회적 차별이 심화된다(권중돈, 2008). 사회가 안정을 유지하고 발전을 지속하려고 구성원에게 맞는 기술, 지식, 가치, 역할 등을 학습시킨다. 이러한 개인 수준 또는 사회 수준에서 이루어지는 노력을 '사회화'라고 한다. 우리 사회는 어린이나 청소년의 사회화에만 주력하는 편향성을 보인다. 이에 반해서 노인은 새로운 지식이나 기술을 배울 기회가 없다. 노화의 진행으로 기회가 주어졌다 하더라도 학습에 어려움을 겪기 때문에 노인은 사회적으로 고립되어 간다. 노인문제를 해결하기 위한 대안 세 가지를 제안한다.

① 활동적 여가

 여가는 노동의 반대 개념이고 강제성과 의무성이 희박한 선택행위이다. 일반적으로 정서적으로 자유, 휴식, 즐거움 등을 주는 행위를 말한다. 노년기의 여가생활은 사회참여 기회에서 소외되고 가정에서의 역할이 상실된 노인에게 중요한 의미가 있다. 여가는 자신에게 부과된 일정한 역할 없이 막연하게 시간을 보내는 것을 뜻하기도 하고, 어떤 역할을 충실하게 수행하는 도중에 갖는 여유 있는 시간을 의미하기도 한다.

노인은 시간 대부분을 여가로 산다. 노인에게 여가생활은 즐거움뿐만 아니라 무료함을 해결하는 과정이다. 무위무용無爲無用 상태의 경우 여가는 노인에게 정신적·정서적 고통이다. 고독, 고립감, 무료함을 느끼게 되고 종국에는 자신이 불행하다는 감정을 가지게 된다. 노인의 여가활동은 직장동료관계나 가족관계에서 위축된 사회적 관계망을 보완, 유지, 확대할 기회다. 활동적 여가는 고독과 소외감을 경감할 수 있고 무위감에서 벗어나 자기 유용감과 자아 개념을 긍정적으로 변화시킨다. 또한, 자아실현과 신체 및 정신 건강을 유지·향상시키고 삶에 대한 만족도와 통제력을 높여 준다. 후세대와의 소통을 통하여 사회발전에 기여하고, 삶의 활력을 높일 수 있는 것도 이러한 활동적 여가를 가지기 때문에 가능하다. 노인의 여가는 취미, 오락, 놀이만을 의미하는 것이 아니므로 봉사, 교육, 문화적 활동 등 전반에 걸쳐 다양하게 개발되어야 한다(김태현, 2007).

② 복지 권리의 주체

노인복지는 노인의 생활 안정과 복리를 증진시키기 위한 사회적 노력이다. 지금까지의 노인복지는 경제적 어려움을 극복하기 위한 노후 생활보장이 중심이었다. 대상이 되는 노인은 사회 경제적으로 빈곤한 약자라든가, 서비스를 받는 객체로 보는 시각이 일반적이었다. 노인은 복지 대상, 돌봄 대상, 교육 대상, 구호 대상으로 인식하고 대상화해 온 것이다. 여기에는 노인이 '권리의 주체'라는 인식이 없다. 앞으로의 노인복지는 노인이 주체가 되어 삶의 즐거움과 활력을 누리는 방향으로 제공되어야 한다. 노인도 사회의 한 구성원으로서 역할을 다하는 존재이기 때문이다.

③ 연령 통합적 사회

사람은 일생을 통해 끊임없이 새로운 존재로 거듭나면서 성장한다. 산업사회에서의 인생주기는 교육을 받아야 하는 청소년기, 일에 매진해야 하는 성인기, 여가를 즐기는 노년기로 생애를 연령 분절적 과정으로 인식하였다(Riley, M. W. & Riley, J. W., 2000) 사회의 모든 정책과 제도가 연령 분절적 사회에 맞추어져 있다.

1950년대부터 등장하기 시작한 전생애 발달의 관점은 인간이 생애 전 기간에 걸쳐 변화해 간다는 시각이다. 이 관점에서 볼 때 노인은 지적으로 쇠퇴하여 더는 새로운 것을 학습할 수 없는 존재가 아니다. 경험과 지혜의 측면을 고려하면 노인은 젊은이보다 생산적이지 못할 이유가 없다. 연령이 장벽이 되지 않고, 상이한 연령층 간 상호작용이 이루어지는 연령 통합적 사회로 가야 한다.

노인은 신체적, 심리적, 사회적으로 불리한 장애를 지닌 집단이 아니다. 전 생애에 걸친 긴 인간 발달 경로 중 한 과정에 있는, 아직 계발되지 않은 잠재력과 가능성, 풍부한 경험까지 갖춘 존재로 보아야 한다. 노인은 인간의 삶에서 완성에 가까운 형태의 품위 있는 일상을 영위하는 존재다. 이런 관점으로 보아야 노인문제를 해결할 수 있다.

5-5 노인은 짐이 아니다
- 노인학대

노인학대의 개념은 국가나 학자에 따라서 견해 차이를 보인다. 일반적으로 학대란 의도적으로 상해를 행사하거나 부조리한 구속이나 협박, 잔혹한 체벌 등으로 신체적·정신적 고통을 초래하는 행위를 말한다. 협의로는 신체적 학대에서부터 방임, 부적절한 처우, 심리적 학대를 의미하는데, 광의적 의미로는 자기학대, 자기방임, 사회적 학대 및 차별까지도 포함한다(김태현, 2007).

노인학대란 노인에 대한 신체적 학대, 심리적 학대(위협, 폭언, 비난 등), 경제적 학대(식사나 난방, 의류의 공급 결여, 경제적 착취), 강제적 격리(유기), 성적 학대, 보호 태만 및 방치, 약물 남용 등의 행위를 말한다. 2004년 1월 제정된 노인복지법에는 신체적·정신적·성적 폭력, 경제적 착취, 유기 또는 방임 등을 노인학대로 규정하고 있다.

노인학대는 보통 다음의 공통된 특징을 지닌다(김태현, 2007).

① 전통적 가족관계에서 부양 의무와 책임을 느끼는 장남이 부양에 관한 능력이 부족하거나 고부간의 갈등 등 스트레스가 발생할 경

우 노인에게 영향을 미친다.

② 노인학대에 대한 인식이 낮아 실제로 노인학대가 있더라도 그것을 인정하려 하지 않는다.

③ 노인이나 가족은 가정 내의 사정을 표면화하는 것을 꺼리고 세상의 이목과 체면을 고려하여 학대를 잠재화하는 경향이 있다.

④ 노인 자신의 권리 의식도 낮고 포기하는 심정이 강하다.

⑤ 노인이 학대를 알려서 해결하는 공적 서비스가 불충분하고, 서비스 이용에 대한 저항감이 있다.

⑥ 학대 사실에 대한 상담, 보호, 지원을 위한 방법이 부족하다.

전통적으로 우리 사회는 자녀가 노부모를 부양해 왔다. 그러나 가족 구조와 가치관이 변하고 여성 취업이 증가하면서 노부모 부양을 두고 자녀 간의 불화가 발생할 확률이 높아지고, 이것이 노인학대로 이어질 위험성도 증가하고 있다. 자녀 학대나 부부간의 폭력 등에 대한 대응 방안이 속속 시행되는 것과는 달리 노인학대는 부양 문제와 더불어 가족 간의 문제로 보면서 그에 대한 대책이 매우 미흡한 실정이다. 부모와 자식 간에 일어나는 일이라 낱낱이 밝혀지지도 않는다.

노인학대 현황을 보면, 가해자로는 아들이 가장 많고, 학대 장소는 주로 가정이다. 노인학대 발생 원인에 대한 이론은 대체로 다음의 다섯 가지이다(김태현, 2007).

① 상황모델 이론

노인의 의존성이 갈수록 증가하여 보호자에게 스트레스 또는 부담이 누적되어 학대를 야기시킨다는 이론이다. 특히, 노인의 신체적·감정적 의존성에 대한 보호자의 부담, 건강상태 악화 및 약화로 인한 보호자 부담, 정신상태의 손상이나 다루기 어려워진 성격변화가 주는 부담감, 삶의 위기나 부양으로 인한 피로감 등으로 인해 학대가 발생한다.

② 교환이론

보상과 비용의 적정한 균형이 이루어지는 교환관계에 대한 기대, 즉 상호성의 규범이 깨어진 경우 부정적 반응이 적극적으로 나타나면 신체적 학대가 되고 그 관계를 회피하려는 경우에는 방임의 형태로 노인학대가 나타난다. 주로 부양 책임자인 장남이나 맏며느리가 도리에 대한 과중한 부담이 있는 경우, 그에 상응하는 보상을 기대하게 되고 그만큼 교환되지 않으면 학대가 나타난다.

③ 상호작용이론

노화로 인해 가족 내의 상호관계가 무너지면서 노인에 대한 정체성에 혼란이 생기고 특정 행위에 대한 인식의 불일치로 오해와 긴장을 가져오면서 기대를 포기하고 어린아이 취급과 같은 심리적 학대를 비롯한 여러 유형의 학대가 발생한다.

④ 사회구조이론

강제적인 퇴직, 은퇴, 빈곤, 가정과 사회에서 역할 제한 등으로 인하여 사회적인 의존성이 발생한 노인들이 사회에서 무시되는 현상을 노인학대로 보는 것이 사회구조이론이다.

⑤ 생태학적 관점

생태학적 관점은 인간의 행동을 개인, 가족 및 사회 환경 체계와의 상호작용 속에서 이해하려는 체계론적 이론이다. 이 이론에 따르면 노인학대와 피해자는 여성 노인, 고령 노인, 교육 수준이 낮은 노인, 부양 기대가 높은 노인일수록 학대받을 확률이 높다. 가해자는 부양책임을 가진 자녀, 접촉 빈도가 높은 자녀에 의한 경우가 많다.

노인에 대한 부정적 이미지가 많은 사회, 노인을 존중하지 않는 사회문화에서 학대가 일어날 가능성이 높다. 노인학대에 대응하려면 의존성을 줄여야 하며 자신의 자립 능력을 높이려는 노력이 필요하다. 사회적으로는 학교교육이나 사회교육을 통해 노인과 동거하는 가족이 노화와 노년기 특성, 그리고 노인의 심리적 특성에 대해 이해할 수 있도록 지도해야 한다. 노인학대상담센터에서 만든 노인학대 예방 10대 수칙을 참고하고 홍보할 필요가 있다(국민일보, 2004.06.16).

① 어떠한 경우든 노인을 학대할 권리는 아무도 없다.
② 건강을 유지하도록 끊임없이 노력해야 한다.
③ 경제적 능력을 유지할 수 있는 한 유지하자.
④ 노인 부양을 조건으로 자녀에게 모든 재산을 상속하지 말자.
⑤ 자녀와의 관계보다는 다른 사회적 관계에 더 관심을 두자.
⑥ 노인이 되었다고 도움을 받기보다 도움을 주는 일을 많이 하자.

⑦ 지금 하고 있는 활동을 중단하지 말고 지속하자.
⑧ 과거에 집착하기보다 세상의 변화를 이해하려고 노력하자.
⑨ 자녀와 갈등을 갖지 않도록 가정의 화목에 최선을 다하자.
⑩ 학대받는 것이 자신의 잘못이라 자책하기보다 도움을 청하자.

—노인학대상담센터(2004)에서 발췌

노인학대를 예방할 수 있는 프로그램을 개발하고 대중매체를 통하여 노인에 대한 국민의 의식을 전환해야 한다. 노인의 생활상담을 위한 전문기관과 전문인력을 양성하고 배치하며 학대 사실의 은폐를 방지할 수 있는 법령 개정이 요구된다.

5-6 혼자 스스로 죽다
— 자살, 고독사

■ 노인 우울

우울은 슬픔이나 절망 등의 증상으로 나타난다. 우울한 상태가 2주 이상 계속되어 일상생활에 지장이 있을 정도면 치료가 필요한 질병이다. 우울이란 지속해서 슬픈 감정과 외로움, 공허함을 느끼며 흥미와 기쁨을 상실한 상태를 말한다. 인지적으로 자기비난과 자기비하를 하며 죄의식과 무가치감, 무력감, 미래에 대한 절망감을 느끼고 사고력 및 주의력 저하가 일어난다. 자기 자신, 자기의 세계, 자신의 미래에 대해 인지적 왜곡을 보인다. 우울은 생리적으로 불면증, 식욕 감퇴, 체중 감소, 피로감 등의 증상을 나타내기도 한다(한림대학교 고령사회연구소, 2010). 노인 우울은 직·간접적으로 자살에 영향을 준다.

노인 우울의 원인으로는 성별, 연령 등 인구 사회학적 특성에 따라 다르다. 노인은 만성적 질병, 친구나 배우자의 사별, 자녀와의 관계 단절, 경제적 궁핍 등의 이유로 우울에 빠지기 쉽다. 일반적으로 남성보다는 여성이, 나이가 많을수록 우울의 정도가 심하다. 신경쇠약이 우울을 악화시킬 수도 있다. 삶의 만족도와 자아 존중감이 낮을수록, 스트레스와 고독감이 높을수록, 상실의 경험이 많을수록 우울의 수준이 높다. 사별 경험이나 독거노인인 경우에 경제적 어려움이 우울의 결정적 원인이 된다(배지연, 2004).

 노인의 우울은 스트레스가 발전되어 생길 수 있으므로 노인의 스트레스를 완화하는 것이 최우선 예방 대책이다. 노인 스트레스의 주 원인인 경제적 어려움을 해소하기 위해 긴급지원, 소득보장, 취업알선 등의 복지지원체계를 마련해야 한다. 소외나 역할 상실로 인한 스트레스 해소를 위해서 다양한 여가활동 프로그램을 시행하고 웰다잉 교육 등을 통해 인생의 의미와 목적을 정립하는 계기를 마련해 주어야 한다. 노인 건강진단 시에는 반드시 우울선별검사를 실시하고 노인복지관이나 노인대학에서 요가, 체조, 노래교실 등 기분조절 프로그램과 더불어 분노조절 훈련이나 스트레스 관리 프로그램도 시행해야 한다.

■ 노인 자살

 자살은 스스로 죽음의 시간을 당기는 행위이다. 자살에 대해서는 낙태나 연명의료와 같이 자기결정권과 생명의 존엄 사이의 윤리적 딜레마가 있다. 자살에 대한 인식도 시대와 문화에 따라 다르다. 고대에는 자살도 자연사의 한 부분으로 인식하고 의도적으로 구분하지 않았다. 중세에 들면서, 생명의 권리가 신에게 있다고 믿었다. 자살은 신이 하는 일을 인간이 해버린, 신에 대한 도전이었다. 따라서 엄격히 금지되었다. 자살한 시신은 장례도 치르지 않았다. 르네상스 시대에 들면서 인간의 선택인지, 신에 대한 도전인지 논쟁거리가 되었다.

프로이트는 정신분석적 측면에서 우울이 자살의 원인이라 했다. 이에 아론 베크Aron Beck는 인지적으로 절망이 자살의 원인이라 하였고, 뒤르켐Durkhem은 사회학적 관점에서 사회 통합이 미흡하여 발생한다고 했다. 로이 바우마이스터Roy Baumeister는 자기와 관련된 고통스러운 감정과 생각으로부터의 도피하기 위한 수단이라는 도피이론으로 설명했다.

인간은 자기 해석적 존재이다. 챨스 테일러Charles Taylor의 이 정의는 인간이 언어를 사용하는 존재이며, 자신이 누구인지를 결정하는 것은 우리 자신의 이해와 서술이라는 철학적 표현이다. 결국, 인간은 행동주의나 기능주의로 대변되는 자연주의적 산물이라기보다 자기 서사 안에서 구현되는 행위자이고 행위 본질이다. '자기 해석적 존재'를 문자 그대로 보면, 인간은 자기의 주관으로 사물과 상황을 보고 판단한다는 의미다. 내일 먹을 양식이 없어도 아직 살 만하다는 해석으로 버티는 사람이 있는 반면에, 통장에 몇억이 남아 있어도 궁핍을 참지 못하고 자살을 시도하는 사람도 있다. 우울이든 절망이든 도피든 개인의 해석에 따라 수준 차이가 있다.

자살은 자기 해석의 결과다. 가난하고 힘들다고 모두가 목숨을 끊는 건 아니다. 바닥까지 떨어져도 도로 튀어 오르는 능력을 '심리적 회복 탄력성'이라고 한다. 가난하지만 꿋꿋하게 살아가는 사람은 '회복 탄력성 지수'가 높은 사람이다. 이겨내기 힘든 빈곤이나 질병에 만성적으로 노출되고 사회적으로도 고립되다 보면 심리적 회복 탄력성이 낮아질 가능성이 크다. 시간이 가도 삶이 나아질 게 없다는 누적된 절망감 때문이다. 우리 사회는 부의 양극화, 고령화, 개인주의화 등을 겪으면서 절망 계층이 많아졌다. 회복 탄력성이 낮은 사회가 된 것이다.

젊어서는 여유가 없고 늙어서는 대책이 없는 사회의 그늘에는 불행한 죽음이 있다. 2012년 한 해 자살자가 1만4160명(10만 명당 29.1명)으로 교통사고 사망자의 거의 세 배나 된다. 2위 일본(20.9명)을 멀리 제쳐놓은 압도적 1위다. 인구 10명당 자살자 수는 70대가 84.4명. 80대에는 116.9명으로 OECD에서 9년 연속 '노인 자살률 1위국'에 올랐다. 자살 증가율도 너무 가파르다. 1992년 10만 명당 8.3명이었던 것이 20년 사이 세 배 이상 늘었다.

—《조선일보》, 2014.03.12.

노인이 목숨을 끊는 이유는 질병(39.8%), 빈곤(35.1%), 가정문제(4.8%), 이성문제(4.3%) 순이었다(통계청, 2011 ; 조선일보 2013.11.13). 우리나라가 세계 최고의 노인 자살률을 기록한 것은 고령층의 경제적 상황과 무관치 않다(경향신문, 2014.02.15.). 자살 위험 노인을 상담하고 평가하는 요인에서도 정신적, 신체적 요인만큼이나 경제적인 스트레스 요인을 깊이 있게 살펴볼 것을 강조한다(육성필 외, 2011). 경제적 어려움을 겪고 있거나 비고용 상태의 노인이 자살률이 높다. 경쟁사회에서 부의 축적 과정이 뒤처지는 노인이 위험하다. 특히, 외환위기 이후 자살률이 급격히 상승한 것을 보면 경제적 어려움은 자살과 직접 관련이 있다는 것이 증명된다. 고령화로 건강을 잃은 채 말년을 보내는 노인이 많아졌다. 경제적 지원이 가능한 가족·이웃 등 사회 관계망이 망가졌다. 재정 불평등과 격차가 삶을 지탱하는 데 버겁게 만든다. 준비가 안 된 노인은 비참한 선택을 하기가 쉽다.

경제가 발전하기 전에는 병도 더 많았고, 더 궁핍했다. 잘 먹고 잘 사는 세상이 왔는데도 경제적 원인에 의한 노인 자살은 더 늘어났다. 자녀 교육, 내 집 마련 등에 투자하느라 노후대책은 막막하다. 빈곤, 우울, 사회적 배제, 질병 등 노인이 되면 반갑지 않은 손님이 많다. 국가의 복지제도는 미흡하고 가족의 지원도 기대할 수 없는 상황이다. 늙어 자신감도 낮아지는데 신분과 생활의 추락은 충격을 줄 수밖에 없다. 고립과 절망 속에서 충격을 극복하지 못하고 스스로 삶을 포기할 준비를 한다.

혼자 사는 세상이 되어 간다. 가족은 너무 멀리 있다. 설사 가족이 있어도 대화를 기피하고 의견을 무시한다. 이웃이 없어 기댈 사람도 없다. 찾아오지 않는 자녀에 대한 배신감은 좌절감으로 변한다. 앞으로 고통만 지속될 삶, 지나간 세월을 생각하면 회한이 밀려온다. 누구에게도 보여주고 싶지 않은 오늘의 신세이다. 무기력하고 무가치한 삶이 한심스럽다. 절망이 한계에 다다르면 편안함을 갈망하며 삶의 무게를 내려놓는다. 마지막 할 수 있는 선택은 자기 스스로 소멸하는 자살이다.

태풍 같은 절망이 날마다 몰려온다. 실낱같은 희망도 없다. 삶은 결핍과 곤궁으로 이어지고, 상실은 날마다 커진다. 이제 더 의지할 곳도 쓸 돈도 없다 삶의 지표나 친구는 사치다. 누가 죽었다는 소리가 들린다. 어떻게 죽었는지 관심을 가진다. 이런저런 죽는 방법을 생각한다. 이제 죽을 몸이다. 먹는 것, 씻는 것, 치우는 것 등 만사가 귀찮다. 자기방임이다. 슬쩍 손끝을 찔러 본다. 노끈으로 고리도 만들어 본다. 그런 어느 날 세상이 자신을 버린 것 같은 생각이 든다. 나도 세상을 버리면 된다. 마지막 남은 돈으로 술을 사고, 다음으로….

금전만능에 경쟁 과잉 사회는 수시로 패자를 만든다. 다른 나라와 달리 매스컴은 자살 소식을 선정적이며 자세하게 보도한다. 베르테르 효과로 흉내 내기 자살도 무시하지 못한다. 물질 중심 사회에서 인간은 중요하지 않다. 인간 무시는 죽음 경시로 이어진다. 자살은 죽으면 끝이 아닌 사회의 산물이다. 관련 있는 모두에게 아픔이 된다. 죽음은 혼자만의 것이 아니다. 죽음으로 말하려 하지만, 문제해결에 도움이 되지 않는다.

자살 문제 해결을 위해서 2011년 '자살예방 및 생명존중문화 조성을 위한 법률'을 제정했다. 자살 위험자, 시도 경력자에 대한 모니터

링과 상담을 하는 것으로 자살 예방 사업에 가름하고 있다. 개인적 문제를 해결해 주거나 물질적, 재정적 지원은 없다. 선별검사나 실태조사통계업무 수준에 머무르고 있다. 자살을 방지하는 최우선은 일상을 회복하는 일이다. 자기방임과 좌절, 우울에 빠져있는 사람에게 누군가 옆에 있음을 알려주며, 무엇이든 함께해 보는 것이 중요하다. 그렇게 하기 위해서는 사회적 지지망을 돈독하게 해 주고, 질병을 치료하듯 치료와 돌봄을 제공해야 한다.

■ 고독사

고령화와 핵가족화로 홀로 사는 노인의 고독사가 사회문제로 떠오르고 있다. 주변과 단절한 채 살아가는 장애인 가족, 무연고자 등도 예외는 아니다(연합뉴스, 2015.05.07). 가족형태와 주거형태의 변화 등은 노인 10명 중 3명을 홀로살이로 내몬다. 고독사는 비단 홀로살이만의 문제는 아니다. 배우자나 자식도 있어도 죽음의 순간에 혼자인 사람이 20%에 육박하고 있다. 독거노인 상당수는 가족과 거의 왕래 없는 고립 상태에 있다. 더구나 대다수 독거노인은 질병 때문에 일상생활에 어려움을 겪고 있다. 연고가 없거나 연고가 있어도 시신 인수를 포기한 것을 무연고 사망이라고 한다. 이들까지 포함하면 고독사, 즉 혼자 살다 숨지는 경우는 알려진 것보다 훨씬 많을 것이다.

노인 자살과 고독사를 예방하는 데는 가족 간의 소통이 가장 중요하다. 다음으로 노인의 삶의 질을 개선해야 한다. 노인이 겪는 부정적 생활 사건에 대한 대처 방법을 교육과 상담을 통해 해결해 주는 등 노인이 자아존중감을 가질 수 있는 사회적 지지 체제를 구축해야 한다. 빈곤 문제는 국가 차원에서 해결되어야 한다. 또한 여가생활을 즐기는 등 지역사회 구성원으로 어울릴 수 있는 환경을 조성해야 한다. 생명은 함부로 할 수 없는 소중한 것이라는 생명존중 사상을 고취하는 교육적 계몽이 절실하다. 죽음 인식에 대한 교육, 즉 웰다잉 교육을 지속적으로 실시하는 것도 자살과 고독사 예방에 더 큰 효과가 있을 것이다.

셋째 문턱

웰에이징

제6장

노후설계

우리를 괴롭히는 노년의 결함에 대비하려면,
적어도 그 진행속도를 줄이려면,
엄청난 주의와 지속적인
노력을 기울여야 한다.
아무리 방어진지를 튼튼하게 구축해도
노화가 조금씩 나를 이겨가는 것을
나는 분명히 느낀다.

― 몽테뉴, 《수상록》에서

6-1 준비 없는 장수는 재앙이다
– 가난한 노인

100세 시대와 더불어 노후생활에 대한 우려도 크다. 우리나라 베이비붐 세대는 대부분 90세 이상 살 것으로 보이며, 그들 자녀의 수명은 100세에 접근할 것으로 예측된다(송양민, 2014). 2015년 기준 기대수명이 남자 82.65세, 여자 87.62세인 우리나라는 초압축적인 속도로 고령화가 진행 중이다. 사회 안전망은 취약한데 고령화 속도는 너무 빠르다. 아무것도 아닌 시간이 노인에게는 너무 길고, 내 모든 것을 다 준 자식은 너무 멀고, 경제적으로 안정될 희망은 더 멀다.

인구의 고령화는 국가 사회적으로 노인 부양에 대한 국민 부담을 증가시킨다. 노동 가능 인구의 감소로 국가 경제성장률은 둔화한다. 와병 노인을 수용하기 위한 노인 요양시설 부족, 노인 일자리 부족, 사회로부터 노인 소외 문제 등을 일으킨다. 나이에 따른 차별주의 ageism 현상이 심해질 수도 있다.

급속하게 진행되는 고령화 현상은 개인의 삶과 국가 제도와 재정에 부정적 영향을 미친다. 이에 대비하여 가정과 사회 전반, 특히 연금과 사회복지정책에 대한 혁신적 대안이 필요하다.

우리나라의 노인은 건강하지만 가난하다. 2014년 유엔은 전 세계 91개 국가를 대상으로 노인 '삶의 질'quality of life을 평가한 글로벌 노화지수global ageing index를 발표했다. 이 지수는 노인의 생활상태를 소득, 건강, 고용과 교육, 자립적 생활환경이라는 네 가지 척도로 살펴본 것이다. 평가 결과 우리나라는 39.9점으로 조사 대상 91개국 가운데 67위에 그쳤다. 평가 항목별로 보면, 기대수명을 포함한 건강 분야에서는 8위로 상위권이었다. 연금과 빈곤율 등을 반영한 소득 분야는 최하위 아프가니스탄 바로 앞인 90위였다. 고용과 교육은 19위, 사회적 자립은 35위로 나타났다(뉴시스, 2014.01.01). 노후 소득 분야가 세계 최저권이면서 건강 분야는 세계적으로 높은 순위이다. 가난에 시달리는 건강한 노인이 많다는 의미이다.

한국인은 노후준비를 거의 하지 않고 있다. 미국 노동부가 조사 발표하는 미국인의 노후준비확신지수retirement confidence index라는 것이 있다. 노후자금의 마련 정도에 관한 지표다. 이 조사에 따르면 2011년의 경우 미국인 가운데 노후자금준비가 어느 정도 되었거나 잘 된 사람은 54%에 달한다(송양민, 2014). 미국인은 노후준비를 해둔 사람이 그렇지 않은 사람보다 상대적으로 많다는 뜻이다. 보험연구원의 2014년 통계조사를 보면, 우리나라의 경우 노후자금이 비교적 충분하다고 응답한 사람은 9%에 불과했다. 은퇴 후 행복한 삶을 살기 위해서는 노후생활비 말고도 주거 계획, 건강관리, 가족과 친구, 취미·여가 활동, 사회봉사 등에 대한 준비도 필요하다. 이것은 거의 낙제점 수준이다.

우리나라 국민의 은퇴 준비 정도를 점수로 나타낸 노후준비지수는 2012년에는 100점 만점에 58.8점, 2016년에는 62.8점으로 매우 낮게 나왔다. 이 조사는 은퇴 이후의 삶을 결정짓는 생활 영역을 대인관계, 건강, 여가, 재무 등 네 영역으로 나눠 종합적인 은퇴 준비 상황을 측정한 것이다. 대인관계 영역 61.1점, 건강 영역 75.0점, 여가 영역 46.1점, 재무 영역 47.1점이었다(송양민, 2014). 우리나라 국민의 노후 준비의 전체 수준은 '보통'에 머물고 있으며, 가장 준비가 취약한 분야는 여가 영역이다. 재정 영역도 그와 비슷한 낙제 수준이다. 삶의 대부분을 재산 축적과 같은 물질적인 것을 추구하며 살아온 것치고는 그 결과가 초라하다. 다양한 사람과 어울리는 시간이나 자신을 위한 취미와 여가가 변변치 못하다. 평생을 벌었지만, 노후가 되면 자신을 위해 쓸 돈도 없다.

미국 국제전략문제연구소(이하, CSIS, Center for Strategic & International Studies)는 세계 20개 주요 국가의 고령화위험준비 상태를 고령화준비지수(이하 GAP, Global Aging Preparedness Index)로 평가하여 발표하고 있다. 이것은 개인의 고령화를 대비하는 경제 수준을 의미하는 '소득적절성지수'(소득적합성지수 또는 이하, 소득충분지수 IAI, Income Adequacy Index)와 고령인구 증가에 따른 정부나 사회단체의 재정적 준비 상태를 의미하는 '재정지속가능성지수'(FSI, Fiscal Sustainability Index)로 구성되어 있다. 소득충분지수는 개인이 고령화에 대비해 삶의 질을 유지할 만큼 연금과 노동, 소득 등의 경제적 준비가 됐는지를 평가한다. 재정 지속가능성지수는 정부 등이 노인에게 공공 혜택을 제공할 만큼 국가 재정이 탄탄한지 능력을 평가한다.

2011년 CSIS가 발표한 한국의 고령화준비지수 상태는 주요 20개국 중 19위였다. 2010년 현재 우리나라의 고령화 대비 소득충분지수는 19위에 그친 것으로 나타났다. 중국(18위)보다도 낮으며, 한국보다 순위가 낮은 나라는 멕시코가 유일했다. 또한, 우리나라의 고령화 대비 재정지속가능성지수는 20개국 중 12위로 중간 이하를 기록했다. 개인의 고령화에 대비한 노인 소득은 매우 충분하지 않고, 국가 재정을 투입해 소득을 보전해 줄 여력도 없다. CSIS는 우리나라의 경우 2040년이 되면 노인 소득의 45.9%를 공적 부조로 지원하게 되지만, 그런데도 노인 소득은 중년층 소득의 79% 정도밖에 되지 않을 것이라고 예상했다. 특히, 노인 소득 중 사적 연금의 비중은 3.2%밖에 되지 않는 점을 강조했다. CSIS가 고령화 준비의 모범 국가로 꼽은 호주는 노인 소득의 41.2%를 공적 부조, 23.7%를 사적 연금에서 조달한다. 2040년 호주의 노인 소득은 중년층의 120%가 돼 여유 있는 노후를 즐길 수 있을 것으로 예측한다. 우리나라 노인은 청년기의 소득 대비 70%의 소득으로 살아야 한다. CSIS는 한국이 고령화를 준비하기 위해 연금 적립을 늘리고, 빈곤 노인층의 사회 안전망을 강화하며, 출산율을 높이면서, 이민 유입을 증가시키라고 권고했다.

—《매일경제》, 2011.08.11.

　이렇게 대안까지 제시했지만, 2014년 CSIS가 발표한 2013년 기준 고령화준비지수GAP를 보면, 재정지속가능지수는 10위로 나아졌으나, 소득충분지수는 2010년과 같이 하위에서 두 번째인 19위로 개선되지 않았다(미국 국제전략연구소 CSIS, KDB 대우증권미래설계연구소, 2014). 재정지속가능성지수FSI는 국민연금의 소득대체율 저하와 개인연금지원정책 축소라는 후퇴에도 불구하고 12위에서 10위로 등위가 상승하였다. 그러나 소득충분지수IAI 측면에서는 노인 소득 부분이 20위, 가족 지원은 11위, 그에 따라 총소득 부분은 16위를 나타내면서 전체 19위에 머물렀다. 대부분의 가계 자산을 부동산에 편중한 상태에서 교육비 부담은 더욱 가중되는 등 개인 재정에 문제가 있을 것으로 예상하였다. 효 의식의 후퇴로 가족 부양 네트워크의 약화 현상도 중요한 변수로 들었다. 소득은 줄고 사회안전망은 미흡한데 노후생활에 대한 대비는 없는 현실을 맞고 있다.

초고령 기간이 늘어나는 가운데 치료비, 그중에서도 수명연장을 위한 치료비 증가는 경제적 부담을 가중시키는 큰 요인이다. 한국보건사회연구원(2013)에 따르면 생애 의료비에서 65세 이후 비용의 비중은 남성 48.6%, 여성 52.5%이다. 특히, 사망 전 의료비가 급격히 증가하는 것으로 나타났다. 2013년 기준 한국인 사망자 3명 중 1명이 암으로 죽는다. 말기암환자의 경우, 사망 1개월 전 의료비가 256억 원으로 6개월 전 의료비보다 116억 원이나 더 많다. 해당 비용에는 컴퓨터 단층촬영CT 같은 검사비와 항암치료비 등 질병 치료의 비중이 통증완화 비용보다 높다(주간동아, 2013.12.02). 살릴 수도 없는 환자에게 너무 많은 경비를 지출한다. 그것은 남은 가족이나 국가의 재정적 문제로 남는다.

장수와 더불어 죽음 직전에 암이나 뇌출혈 등 중대 질환을 앓거나 성인병에 걸리는 경우가 많다. 건강하다고 해도 쇠약으로 의미 없는 삶의 기간이 길다. 자녀의 봉양을 기대하기 힘든 시대에 자신의 마지막 삶은 요양병원에서 보낸다. 전체 사망자 중 요양병원에서 마지막을 맞는 사람의 비율이 2004년 1%에서 2011년 14%로 급증했다. 그만큼 노인 본인과 가족에게 부담이 크고 성공적 노화와는 거리가 멀다.

　노년의 행복은 준비가 있어야 얻는다. 현실을 살기에 급급한 개인은 준비할 시간을 놓쳤다. 정부나 사회의 정책은 고령화의 속도를 따라가지 못한다. 그로 말미암아 노인과 관련된 문제는 점점 심각해지고 있다. 유일한 취미는 TV 시청이고, 가정에 머무는 시간이 많아지면서 황혼이혼도 급증하고 있다. 이러한 현실은 고독사와 자살로 이어진다. 준비 없는 노후생활은 고문이고 재앙이다.

6-2 재무설계는 인생설계다
― 재무설계

　재정 문제는 생활의 큰 축이다. 돈이 인생의 전부는 아니지만, 삶에서 빠질 수 없는 것이 재정 문제다. 불확실한 미래에 무엇으로든 교환할 수 있는 돈을 보유하는 것이 미래 불안을 해결하는 방법 중 먼저이다. 돈을 축적하려는 욕망은 미래 불안에 대한 본능적 대비다. 재무설계는 인간에게 숙명과도 같은 미래 불안을 어떻게든 해결해 보려는 노력의 일환이다. 여행을 떠날 때 필요 목록을 확인해 가며 준비하듯 행복한 삶을 위해 인생설계에 필요한 경제적 자원을 준비하는 것이 재무설계이다.

　재무설계는 돈을 계획하는 작업이다. 돈이 필요한 시기에 필요한 만큼 쓸 수 있도록 재정 계획을 세우는 일이다. 이는 인생을 설계하는 문제와 직결된다. 올바른 재무설계는 돈과 삶을 통합하는 인생 중심의 설계여야 한다. 꿈을 찾는 일에서 시작해서, 꿈을 달성하기 위한 재무 대책을 계획하는 설계여야 한다. 삶의 목표가 무엇인지, 어떤 삶을 살고 싶은지를 재무설계에 반영시키고 이 설계를 완성해 가는 과정이다. 인생 목표에 따른 재무 목표 달성을 위한 소득 확보

방안, 생활습관, 저축 방법 등 제반 분야를 연관성 있게 계획하는 것을 의미한다.

재무설계는 인생의 중요한 단계와 맞물려 있다. 일생 동안 마주치는 큰 재무목표는 자신의 결혼, 내 집 마련, 자녀교육, 생활자금, 은퇴 후 노후자금 등이 있다. 이러한 재무목표를 이행하기 위해서 자금을 준비하는 것이 재무설계이다. 일정한 투자 기간에 수익률을 목표로 하는 재테크와는 다르다. 재테크는 자산을 확보하고 증식하기 위한 금융적 접근과 기술적 방법을 의미한다. 자산 증식을 위해 현재 자산을 기준으로 투자 기간, 수익률, 위험 등을 고려한다. 어떤 방법으로 투자하는 것이 좋을지 판단하고 계획을 실행에 옮기는 테크닉이다.

우리나라에서 재무설계의 필요성에 대한 인식도나 실행률은 아직 낮은 수준이다. 보험사를 비롯한 증권사와 은행에서 재무설계의 필요성을 강조하지만, 아직 만족이나 공감을 끌어내지 못하고 재테크 수준에 머물고 있다. 이것은 재무설계를 저축의 필요성을 강조하기 위한 공포 조성 수단으로 사용한 것이 큰 이유이다. 미래 자금 마련을 강조하면서 금융상품 판매를 위한 마케팅 도구로 활용한 결과이기도 하다. 미래에 대한 공포감을 조성한 후 몇몇 금융상품에 가입만 하면 문제가 해결될 것처럼 재무설계가 악용되면서 진지함을 잃은 것이다. 개인 여건을 고려하지 않은 채 평준화된 재무 목표를 제시하는 데 그쳐 대비가 불가능한 상태의 개인은 재무설계 자체를 부인하기도 한다. 경제력이 충분한 사람은 세금설계나 투자설계 등에 더 큰 관심을 가진다. 재무설계를 재테크 정도로 받아들이기 때문이다.

금융시장은 하루가 다르게 변하고 있다. 고성장 시절에는 금리가 높아 적금과 예금 등 은행상품으로 자금을 준비하고 운용해도 모자람이 없었다. 저금리 시대가 오고 많은 종류의 금융상품이 쏟아져 나온다. 똑같이 돈을 벌더라도 재무설계의 목표나 저축 방법에 따라 목표한 금액을 모으는 사람이 있지만, 그렇지 못한 경우도 있다. 수명 증가에 비해 고정적인 소득 기간은 줄어들었다. 예측 불가능한 경제 상황에 세무정책이나 금융정책과 제도도 하루가 빠르게 바뀐다. 이러한 금융 환경의 변화도 재무설계가 필요한 이유이다.

궁극적으로는 불확실성 시대에 적절한 재무 목표와 올바른 방향을 찾는 일이 재무설계다. 미래에 생길 필연적 사건에 대비하는 것을 기본으로 하고, 우연한 사건까지도 적절히 대비할 수 있는 방어막을 구축하는 것이다.

재무설계에서 가장 먼저 해야 하는 것은 가족을 위한 보호장치이다. 자신에게 예상치 않았던 불행한 상황이 닥칠 때, 자신이 세상에 없거나 일할 수 없을 때, 가족의 생계를 해결할 수 있도록 준비해야 한다. 그래서 보험이라는 금융상품이 거론된다. 보험은 자신의 부재나 소득 격감 시기에 가족을 보호하는 데 필요한 재정적 뒷받침을 확보하는 것이다. 가족을 지키기 위한 가장 기본적 보호장치는 보험으로 해결할 수 있다. 가장이나 주 수입원의 소득이 단절될 경우 최소한의 생활자금을 확보하고, 자녀가 아직 어리다면 자신이 교육비를 지원할 수 없는 상황이 올 때도 대비해야 한다.

다음으로 중요한 것이 내 집 마련이다. 내 집 마련은 안전한 주거와 자녀교육을 위한 필요성이 크다. 주택 가격의 상승으로 내 집 마련 자금 준비는 일하면서 꾸준히 모기지를 갚아 나가는 장기적 성격을 띨 수도 있다. 인생의 전 단계에는 대체로 가정의 위험에 대비하고, 자녀교육과 내 집 마련을 위한 재무설계가 중심에 놓인다.

다음으로 생애 후반기를 대비해야 한다. 은퇴 후 활력적인 생활을 위한 은퇴설계 부분과 의료비와 요양비 등 노후 의료비 부분, 그리고 상속 등 생애 마무리를 위한 대비도 해야 한다. 은퇴와 노후를 위해서는 시간이 가장 효과적 재테크다. 은퇴설계는 가능한 일찍부터 준비하는 것이 중요하다. 은퇴설계는 모으는 과정과 그동안 저축하고 투자해온 자금을 효율적으로 관리하는 방법에 관한 이야기다. 이럴 때 등장하는 것이 연금이다. 연금의 장점은 미리부터 준비할 때, 오래 묶어둘 수 있을 때 극대화된다. 이자와 세제 혜택에서 상대적으로 유리하기 때문이다.

노후 의료비나 요양비에 대비해서도 보험을 통한 재무 준비 수단이 있다. 굳이 꼽자면, 실손의료비보험, 민영간병보험과 실버보험을 들 수 있다. 고령이나 노인성 질병 등으로 일상생활을 혼자 수행하기 어려운 사람에게 신체활동 또는 가사활동 등의 비용을 지원하는 사회보험제도가 노인장기요양보험이다. 민영간병보험은 노인장기요양보험의 요양 등급이 1~4급으로 인정되면 보험금을 지급한다. 노인장기요양보험의 혜택을 보려면 자기 부담금을 납입해야 한다. 병원에 있을 때 간병비 부담도 만만치 않다. 이에 대비하는 보험이 민영 간병보험이다. 실버보험은 암, 뇌출혈, 치매 등의 노인성질환이 발병할 경우 치료비, 간병비, 입원비를 지급한다. 민영간병보험이나 실버보험은 상품성은 좋으나 가입은 저조한 실정이다.

우리나라의 보험은 노후 생활비는 물론 완화치료, 간병 등 인적 서비스에 대한 보장은 극히 제한적이다. 예컨대 미국의 경우, 민영 건강보험에서 호스피스, 간병에 대해서도 특약 등을 통해 보험금을 지급한다. 또한 자신의 추억이 담긴 집에서 가족과 함께 임종을 맞고 싶어 하는 고령자의 니즈를 반영해 방문서비스 등 홈케어에 대한 보장도 확대하고 있다. 일본에서는 개인 니즈에 따라 간병비, 요양비를 지원하는 다양한 신탁상품을 판매하고, 사망 전 유언신탁이나 기부신탁 등을 통해 사후까지 원활하게 관리하는 서비스도 제공한다. 그에 비하면 우리나라의 노후 대비 금융정책은 아직 초보적인 단계에 머무르고 있다.

—《주간동아》, 2013.12.02.

마지막 설계는 상속 문제다. 생을 마감할 때 무엇을 어떻게 남기고 갈 것인가에 대한 고민이 상속설계에 반영된다. 여기에는 재산 분배와 상속세를 줄이는 문제가 포함된다. 자신의 사망 후 배우자나 자녀에게 부담을 주지 않는 방법을 고려해야 한다. 보험을 비롯한 연금, 부동산, 펀드 등이 다양한 테크닉을 활용할 수 있다. 나아가 죽음 관련 유언, 리빙윌Living Will 등 아름다운 마무리를 위한 내용을 미리 써두면 불필요한 의료비의 부담을 줄이고 삶에 충실한 노후를 보낼 수 있다.

　재무설계는 재무 목표 달성만을 위한 것이 아니다. 삶의 목표가 무엇인지, 어떤 삶을 살고 싶은지를 재무설계에 반영시켜야 한다. 돈을 벌고 모으는 일만 중요한 것이 아니라, 현명하게 지출하는 것도 재무설계이다.

6-3 노후의 돈은 생존이다
- 노후재무설계

고령화로 인한 노인 부양 비용 상승과 핵가족화의 진전으로 인한 부양 의식 약화는 노인의 경제적 상황을 어렵게 한다. 따라서 예상보다 오래 장수할 수 있다는 가정하에 여러 가지 상황에 대처하는 준비가 필요하다. 장수 리스크risk에 대비하지 않으면 노후는 축복이 아니라 재앙이다. 지금처럼 퇴직 후 40년 정도의 긴 시간을 준비되지 않은 상태에서 맞이한다면, 빈곤의 고통에 시달리는 실버푸어Silver Poor로 지낼 가능성이 높다.

우리 삶에서 경제적 상황은 매우 중요하다. 특히, 노년기의 재정 문제는 노년기 삶의 질과 직결된다. 노년기에 재정 문제 해결 능력이 있으면 그 삶을 주인공으로 살 수 있지만, 없으면 삶 자체가 짐이 될 것이다.

정신 건강에서 인간의 성장과 행복에 필수 불가결한 요소 중 하나는 자아 존중감이다. 퇴직으로 인한 경제적 어려움은 신체적, 정신적 건강을 악화시키고 사회적으로 소외감을 가지며 자아 존중감 상실로 이어진다. 노후에도 자아 존중감을 유지하며 살아가기 위해서는 미지의 시간을 누릴 수 있을 만큼의 준비된 경제력이 필요하다.

재정 문제 해결만으로 노후 행복을 보장받을 수는 없다. 그러나 최소한 재정 문제가 해결되어야 노후생활이 보장된다. 노후에도 안정적인 삶을 누리려면 자금이 절대적으로 필요하다. 노년기에 경제 수준이 높을수록 사회적 안정감과 행복감이 커진다(김현석, 2004). 건강유지, 질병치료, 주거생활, 대인관계 등 모든 노후생활에서 경제적 뒷받침이 절대적으로 필요하다. 더구나 노년기에는 의료, 간병 등 스스로 움직이기 어려운 상태가 되어 타인이 제공하는 서비스에 더 많이 의존한다. 이러한 서비스를 받으려면 당연히 경제적 비용을 지급해야 한다.

평균수명은 늘어나고 가족 부양 의식은 약화하고 있다. 반면에 노화에 따라 높은 비용을 수반하는 질병치료와 호스피스, 간병 등에 대한 비용은 더 증가할 것이다. 평안한 노후와 존엄한 죽음을 실질적으로 실현할 수 있는 재무적 솔루션, 즉 노후재무설계에 대한 필요성이 커지는 이유이다.

노후의 삶에 대해 체계적으로 계획을 수립하는 것을 노후생활설계라 한다. 여기에는 노화에 따른 수입과 지출의 변화에 대비하는 노후재무설계, 운동·의료·정기검진 계획인 건강의료설계, 취미나 역할과 관련된 여가생활설계, 생애말기 생활과 죽음에 대한 웰다잉설계 등을 포함한다.

노후재무설계는 노후생활에 대한 경제적 대비를 말한다. 성공적인 노후 삶을 위해 어떻게 돈은 마련하고 운용할 것인가를 계획하는 것이다. 오늘날 자기 책임주의 사회, 장수시대에는 삶을 위해 돈을 계획하는 노후재무설계가 필요하다. 그러나 우리나라의 노후재무설계의 현황은 매우 어둡다. 베이비붐 세대 가구 중 현재의 총자산으로 최소한의 노후 자금을 충당할 수 있는 가구는 24%에 불과하다(KB 골든라이프연구센터, 2011).

노후 재정 불안과 노후 빈곤의 원인은 생각이 틀렸다는 데 있다. 첫째로 죽는 시간, 즉 수명에 대한 생각이 틀렸다. 건강관리와 식생활 개선, 의료의 발전으로 생각보다 긴 노후생활을 한다. 둘째로 자식에 대한 생각이 틀렸다. 노인에 대한 경제적 부양 주체가 없어졌다. 삶 전부를 투자한, 믿었던 자식의 효 사상이 변색하였다. 자신을 부양할 줄 알았던 자식은 그의 자녀를 돌보기에도 빠듯한 삶을 산다. 마지막으로 돈에 대한 생각이 틀렸다. 돈이란 계속 벌리는 것이 아니다. 늙어서도 수입이 발생할 정도로 투자가 잘 되어 있거나 자산이 충분하지 않으면 빈곤해질 수밖에 없다. 젊었을 때부터 노후재무설계에 관심을 두어야 하는 이유이다.

■ 노인 의료비

의학의 발달과 식생활 개선을 바탕으로 평균수명이 늘어났다. 반면, 아프지 않고 사는 건강 수명은 71세로 평균적으로 약 10년간은 병마와 싸우며 살게 된다(2013년 기준). 단순히 오래 사는 것만이 문제가 아니라 건강을 유지하고, 행복을 추구하며, 삶의 마지막 목표를 이루고 살기 위해서는 재정적 바탕이 가장 중요하다. 이러한 중요성은 이미 몇 년 전부터 강조되어 왔다.

2002~2010년간의 전 국민의 건강보험 진료 기록과 최근 25년치 통계청 출생·사망 기록을 분석해보면 그동안 수명만 빠르게 늘어난 게 아니라 죽기 전에 앓는 기간도 덩달아 길어진 것으로 확인됐다. 문제는 오래 사는 게 아니라 오래 앓는 것이다. 개인도 힘들지만, 국가 입장에서 보면 엄청난 부담이다. 이제 개인도, 국가도 100세 시대 대비를 위해서 완전히 새로운 틀을 찾아야 할 시점이다. 고용·의료·복지 등 모든 분야에서 100세를 대전제로 놓고 기존 제도를 점검하고 보강해야 한다

─《조선일보》, 2013. 11.

2014년 한국보건산업진흥원이 발표한 생애 의료비 추정 및 특성 분석 보고서에 의하면, 65세 이후 지출하는 의료비는 남성 5,137만 원, 여성 6,841만 원이었다. 각각 생애 전체 의료비의 50.5%와 55.5%를 차지했다. 평생 지출하는 의료비의 절반 이상을 노년에 사용하는 것이다. 평균수명 증가로 인해 나이가 들어 지출하는 의료비는 더욱 늘어날 것으로 예상한다.

■ 노인 빈곤

나이가 들어감에 따라 건강은 나빠지고 수입은 줄어든다. 조기퇴직으로 퇴직 후 연금을 받으려면 15년 정도는 기다려야 한다. 자녀의 결혼 시기가 맞물리면서 경제 상황이 급속도로 나빠진다. 재취업에 성공한다 해도 대부분 저임금 비정규직이라 빈곤 위험에 노출된다. 퇴직 이후에도 돈을 벌어야 하는 고령층 인구가 늘어나고 있다. 더는 일을 할 수 없는 나이가 될 때는 돈이 없을 것이라는 불안은 현실이

되고 있다. 퇴직 이후 소득 수준이 급격하게 줄어드는 시기, 이른바 소득절벽 위에서 노년을 보내야 한다.

우리나라의 노인 빈곤율은 OECD 국가 중 최고치를 기록했다. 2007년만 하더라도 50대의 가구소득은 40대 가구소득 대비 104%로 전체 세대 중에서 가장 높은 소득 수준을 보였다. 점차 줄어들어 2013년 1분기에는 40대 가구소득의 94% 수준으로 급락한다. 퇴직 시기가 앞당겨지면서 가구소득 수준이 정점을 찍고, 떨어지기 시작하는 연령대도 앞당겨지고 있다. 50대를 지나 60대에 이르면 소득 수준의 감소폭은 더욱 급격하게 커진다. 2013년 1분기 60대 이상의 가구소득은 40대 가구소득의 53%에 불과했다.

소득 수준이 급격하게 낮아지는 것과 달리 소비 수준은 쉽게 낮추기 어렵다. 연령대가 높아질수록 가구별 지출 규모도 낮아지긴 하지만 그 폭은 소득 규모와 비교하면 완만하다. 식음료비와 광열비 같은 필수 지출 항목을 줄이기가 어렵기 때문이다. 자구책이라고 해 봐야 싼 집으로 이사하거나 덜 먹고 덜 쓰는 등 삶의 조건을 악화시키는 게 고작이다. 고령세대의 특성상 주거 조건을 악화시키는 것 외에는 소득절벽에 대처할 방도가 없다. 대안은 더 벌기보다는 더 적게 쓰는 데 익숙해져야 한다.

■ 노후보장제도

국민연금에 대한 신뢰도는 낮은 편이다. 그러나 실제로 은퇴자가 기댈 곳은 국민연금밖에 없다. 2014년 현재 우리나라의 평균 퇴직연령은 52.6세이다(통계청, 2015). 빠른 퇴직과 늦어지는 국민연금 수령 시기 때문에 길게는 15년까지 공백이 생긴다. 1988년 국민연금 도입 초기에는 55세 정년이 일반적이었고, 연금 수령 연령도 60세였다. 점차 연금 수급 연령이 늦춰져 현재 청년층은 65세부터 연금을 받게 된다. 그 공백을 메우기 위해 50대와 60대가 비정규직이나 창업으로 내몰리고 있다(경향신문, 2014.02.15.). 퇴직 후 재취업을 해도 고용이 불안하고 임금이 낮은 비정규직이 대부분이라 실제 생활에 크게 보탬이 되지 않는다.

정부는 '1차 노후준비 5개년 계획'이라는 거창한 설계를 내놓았는데, 2017년부터 시작한다. 퇴직에서 연급 수령 시간까지 '소득 크레바스'를 줄인다는 계획도 포함되어 있다. 정년을 65세로 연장하는 것이 골자이다. 한국노동연구원에 따르면 사무직 근로자의 실제 퇴직연령은 55.7세, 생산직은 58.7세다. 지금도 50대 중반에 퇴직하는 마당에 정년 연장이 무슨 의미가 있겠는가? 40대에 명예퇴직 대상이 되는 나라, '정년연장법'보다 '정년보장법'이 더 필요한 나라에서 퇴직 연령을 늦춰서 소득 단절을 줄이겠다는 발상은 탁상공론이다.

노후 소득 크레바스를 줄이기 위해서 연금지급시기를 당기는 방안을 내놓을 수도 있다. 소득단절 문제는 연금 지급 시기를 60세에서 65세로 연장할 때부터 예견할 수 있는 상황이었다. 이제 와서 지급 시기를 당긴다면, 당연히 '조기노령연금'처럼 기준 급여액보다 적게 받고 당겨 받도록 하자는 이야기일 수밖에 없다. 이것은 연금지급액을 낮추려는 '꼼수'다. 법으로 70세부터 지급한다고 정하고 55세부터 15년을 당기되 삭감해서 받으라는 규정이 등장할 것이고, 그것은 연금지급액 축소와 같은 말이 된다.

한편으로는 노인의 연령기준을 70세로 상향 조정하겠다는 이야기도 있다(중앙일보, 2016.12.30). 20만 원을 지급하는 기초연금 지급 연령, 지하철 공짜 이용 대상을 70세부터 적용하겠다는 이야기다. 법을 개정해서 퇴직연령을 연장하려는 마당에 복지 혜택 수령 연령을 높인다는 이야기다. 노인의 소득을 늘려주자, 소득 크레바스를 없애자 하는 판에 65세부터 받던 혜택을 5년 더 뒤로 미룬다는 발상이다. 그렇지 않아도 사회적 안전망이 부족해서 노인 빈곤율이 높고, 자살률 1위로까지 이어지는 상황이다. 공적 연금에만 의존하는 65~69세의 빈곤층 노인은 한 푼 없는 상태가 될 수 있다. 같은 정부의 같은 보건복지부에서 같은 날 나온 대책이 이렇게 앞뒤가 안 맞는다.

연금이 충분하지 못하면 나이를 먹어서도 일을 해야 한다. 소득이 있는 직업을 얻게 되면 연금액은 삭감 지급된다. 못 받거나 줄여 받을 수밖에 없는 것이 우리의 국민연금이다. 게다가 고령화와 저금리로 재원 마련에 영향이 있다며 연금 자금 고갈, 다음 세대의 부담 운운하면서 연금 지급율을 다시 하향조정하려는 움직임마저 보인다.

정년 연장은 현실적으로 공허한 메아리와 같다. 국가 지원도 불가능할 것 같다. 이에 대한 근본적 대비는 호주식 개인연금제도 도입이다. 연금에 가입하는 사람에게 세법상 여러 가지 혜택을 부여하고, 국가가 납입액의 일부를 지원하는 것이다. 현시대의 문제는 현시대의 사람이 책임지는 방법이다. 정말 연금 가입을 권장한다면 연금소득에 대한 비과세부터 시작해야 한다. 그리고 정액형으로 되어 있는 연금 수령 방법을 소득단절기에는 가산해서 수령할 수 있도록 유연성을 주면 된다.

우리는 학교에서 주로 활동기의 일을 배운다. 어떻게 살 것인가 보다 무엇을 할 것인가에 집중한다. 어떻게 늙어가고 어떻게 죽어 갈 것인가에 대한 내용은 없다. 은퇴나 소득이 없는 노후의 긴 시간을 어떻게 보내야 하는지에 대한 사전 학습은 거의 없다. 오늘을 살기에 급급한 사람에게 그 준비도 없다. 은퇴 때 할 일도 미리 생각해야 한다. 은퇴 이전부터 자기 자신을 계발하고 경제 활동기에 숨겨뒀던 다른 재능을 찾아내며 꾸준히 학습하는 것도 일종의 은퇴 투자다.

자주 그리고 많이 웃는 것

현명한 이에게 존경을 받고

아이들에게 사랑을 받는 것

정직한 비평가의 찬사를 듣고

친구의 배반을 참아내는 것

아름다움을 식별할 줄 알며

다른 사람에게 최선의 것을 발견하는 것

건강한 아이를 낳든

한 뙈기의 정원을 가꾸든

사회환경을 개선하든

자기가 태어나기 전보다

세상을 조금이라도 살기 좋은 곳으로

만들어 놓고 떠나는 것

자신이 한때 이곳에 살았으므로 해서

단 한 사람의 인생이라도 행복해지는 것

이것이 진정한 성공이다.

―랄프 왈도 애머슨, 〈성공이란〉 전문

6-4 줄이고 아낀다
− 노후재무설계의 실제

평균수명의 증가로 소득 없이 사는 시간이 길어졌다. 그에 대비해야 할 필요가 증가하고 있다. 그뿐만 아니라 예측하기 어려운 경제상황, 저금리 시대, 복잡하고 다양한 투자수단 및 금융상품, 법률과 세무 금융제도나 정책의 변화 등 미래에 대한 불확실성은 과거 어느 때보다 크다. 더욱 체계적이고 전문적인 노후재무설계가 필요해진다. 노후재무설계는 생활과 서비스라는 실물 부분을 유지하기 위한 수단이다. 노인의료, 노인주택, 노인여가산업, 간병요양서비스 등을 수혜하기 위하여 노후재무설계의 영향력과 필요성이 커진다. 노후재무설계는 다음 5가지를 해결하는 수단이다.

① 재정적 안정 수입 유지: 생활경제 여건 확보
② 건강관리: 일상생활 능력 유지, 노인성질병 대비
③ 여가생활: 취미, 사회활동
④ 관계망 유지: 사회적 관계망, 가족 및 부부 관계
⑤ 삶의 이면에 대한 수용: 노화와 영원한 이별 준비

오늘날 노인은 신체적으로는 건강한 노후, 생산적 노인, 활동적 고령자active aging를 추구한다. 자녀의 사회 경제적인 성공을 위해 어떤 역할을 해야 한다는 생각을 무의식적으로 가지고 있다. 자산을 상속하여 최대한의 도움을 주어야 한다고 생각한다. 그렇게 할 경우 자녀도 노인을 도와야 하며 도울 것이라고 믿고 있다. 자신의 가치를 높이기 위해서 역량을 사회에 환원하고 능력 개발을 지속하며, 휴식과 오락을 포함하는 생산적 행위로서 여가를 즐기려고 한다. 그 모든 바탕에는 경제력이 있어야 하며, 경제적으로 초라하면 실패한 인생이라고 생각한다. 그리고 만일 경제적으로 어려워질 가능성이 보이면 언제든지 일을 통해서 해결하겠다는 의지도 가지고 있다.

노후의 삶은 경제적 바탕이 있어야 한다는 인식은 매우 강하지만, 현실적으로 경제적 준비가 된 경우는 흔하지 않다. 퇴직으로 직장에서 탈출하는 동시에 생활비는 줄지 않고 수입만 없어진다. 앞으로 살아가야 할 날에 대한 불안과 이에 필요한 돈의 절실함은 더 커진다.

우리나라의 경우, 노후를 위한 자산 준비는 부동산에 집중되고 있다. 실제로 대부분은 국민연금을 받을 수 있는지, 언제부터 받는지, 얼마를 받는지를 자세히 알지 못한다. 보험사의 연금은 과연 안전한지, 노후자금으로 얼마를 더 준비해야 하는지 미래는 항상 불안하기만 하다.

현재 청·장년층의 경제활동 가능 기간도 줄어들고 있다. 당연히 저축할 수 있는 기간도 줄어든다. 반대로 퇴직 후 생활기간은 늘어나 더 많은 노후자금이 요구된다. 저금리 기조와 경기침체로 말미암아

인플레이션을 상쇄하는 수익을 거두기도 어려운 실정이다. 주식이나 펀드 등을 이용해 물가상승률 이상의 투자수익을 추구하는 적극적 자산운용을 권하는 경우가 많다. 노후자금의 기본은 안정성과 환금성이다. 모험적 투자나 필요할 때 현금으로 쓸 수 없는 투자는 의미가 없다.

사람들이 처한 각각의 재무적 상황은 다르다. 재무설계는 충분한 자기 진단과 다양한 방법의 검토가 선행되어야 한다. 모두의 노후와 미래가 불안하다. 고령화, 저성장, 저금리, 높아진 생활 수준으로 재정적 자원의 필요성은 강조되는데 대비는 미흡하다. 바람직한 재정설계 Process는 현상을 파악하고 주요 지출을 정리한 후 재무목표를 설정하고 계획, 수립, 실행하고 기간별 상태를 평가한 후 수정을 반복해 가는 것이다. 자신이 활용할 수 있는 제반 수단을 점검하고 활용할 수 있도록 한다. 사전에 파악해야 할 요소는 다음과 같다.

① 건강보험, 국민연금 등 기존의 사회보험
② 노인요양보험, 노인생계비지원 등 새로운 노후재정지원제도
③ 노인일자리대책 등 인력재활용 프로그램을 통한 재정지원
④ 국가의 세제지원혜택을 받는 연금형금융상품
⑤ 퇴직금 등 사전 대비 자산 확보
⑥ 노인 전용 금융상품, 암건강보험, 실손보험, 실버보험, 간병보험

노후재무설계를 위해서는 자기 스스로 노후 상황에 대해 깊이 인식해야 한다. 나이를 먹는다는 것은 건강이 하루하루 줄어든다는 것,

돈을 벌 수 있는 시간이 그만큼 준다는 것, 산다는 것은 더 많은 생활비를 필요로 한다는 것, 질병 상태의 기간이 늘어난다는 것, 결국 준비 없는 사람에게 고통의 시간이 늘어난다는 것을 뜻한다.

노후재무설계의 주요 부분은 노후생활설계, 위험설계, 세금설계, 은퇴설계, 상속·증여설계를 장기적 관점에서 고려하는 것이다.

① 노년기 기본생활비(은퇴설계)
② 여가활동 및 문화생활 유지를 위한 현금(노후생활설계)
③ 의료비 등 갑작스런 목돈 수요에 대비하는 긴급자금(위험설계)
④ 자산관리운용에 관한 사항(투자·세금설계)
⑤ 죽음과 이에 따른 상속 및 증여에 관한 사항(상속·증여설계)

노후재무설계의 기본은 환상과 기대를 버리고, 기한을 정해서 설계·분석하며, 최악의 상황을 고려하여 먹고 살 수 있는 시스템을 구축하는 것이다. 젊어서부터 종잣돈을 만들고, 그것을 불려 자산을 증식시킨다. 근로, 임대, 사업, 이자, 배당, 투자, 기타(인세, 저작료)소득 등 소득 파이프라인을 다양하게 확보한다. 항시 활용 가능한 현금 흐름을 확립해 두어야 한다.

소득만큼 중요한 것이 소비의 억제이다. 노년기 소비절약을 위해서 전기, 난방, 관리비, 수도요금 등 일반 관리비, 외식비를 줄여야 한다. 통신비, 자동차 유지비와 교통비도 절약하여야 한다. 건강관리를 통하여 의료비 지출이 없도록 한다. 의류, 미용 등 사치비를 줄여야 한다. 내구재는 될 수 있는 대로 구입하지 않도록 하되 꼭 필요한 경우 중고시장을 이용하는 등 모든 지출을 철저하게 통제해야 한다. 퇴직 등으로 생긴 자금으로 무리한 주택구입, 빈번한 차량교환, 무분별한 해외여행, 사치생활, 충동구매, 과도한 자녀교육, 일확천금을 노린 근거 없는 투자 등을 하지 말아야 한다. 반면 부채상환, 소비억제, 절제절약, 저축, 그 외 미래의 소득 확보를 위한 투자 등은 반드시 실천되어야 한다.

노인의 의료와 건강 문제는 안티에이징과도 관련이 있다. 최근 의료산업 시장에서는 노화를 자연현상으로 보기보다 치료 가능한 질병으로 규정하고 있다. 그 결과 노화 지연 산업, 즉 안티에이징 anti-aging이 병원의 수입원으로 자리 잡고 있다. 안티에이징에 열중하느라 노후 질병 해결에 쓰일 경비마저 부족한 현실을 만든다. 무계획하고 무분별한 '안티에이징' 때문에 성공적 노후를 위한, 즉 웰에이징 well aging을 위한 노후자금을 소비하는 경향을 경계해야 한다.

행복한 노년의 삶과 아름다운 마무리를 위해서는 살아온 경험과 성격과 조화를 이룰 수 있도록 환경을 갖추는 것도 필요하다. 자본주의 사회에서 그 밑바탕은 경제력이다. 이 경제력을 보전하고 확장하고, 자아 존중감을 유지하며, 활력 있는 노년을 보내기 위한 다른 방법은 '평생 현역'을 실천하는 것이다. 나이가 들어서도 일을 하면 불필요한 불안이 없어지고 자신감도 유지할 수 있다.

6-5 목표가 사람을 이끈다
― 드림리스트

  웰다잉은 후회 없이 살다가 가는 것이다. 후회는 하지 못한 것, 자기 인생을 뜻하는 대로 살아보지 못한 것에 대한 회한이나 반성이다. 사람에 따라 후회하는 이유는 많지만, 죽음에 이르러 가장 많이 하는 후회는 걱정을 많이 하고 산 것, 몰두하지 않은 것, 도전하지 않은 것, 표현하지 않은 것이라 한다.

  많은 사람이 계획과 준비 없이 살아온 것을 후회한다. 후회를 줄이는 법은 걱정 대신 준비하는 것이다. 목표를 세우고 지금 여기에 최선을 다해 사는 것이다. 죽을 때 후회를 줄이기 위해서 드림리스트를 작성한다. 드림리스트는 삶이 한정되어 있다는 것을 전제로 한다. 언젠가 죽는다면 오늘을 어떻게 살 것인가, 혹은 만약 내일 죽는다면 일 년밖에 살지 못한다면 오늘 무엇을 할 것인가를 생각한다. 그 시간에 해야 할 일을 적고 실천해 나간다.

  죽음에 임박하여 해야 할 일, 하고 싶은 일을 적은 것을 버킷리스트라고 한다. 목이 매달려 죽음을 맞아야 하는 사람에게 bucket을 걷어차기 전에 하고 싶은 말이나 일 따위를 물었다는 영어 kick the bucket에서 유래했다고 한다. 2007년, 잭 니컬슨과 모건 프리먼이 주연한 영화 '버킷리스트'가 나오면서 '죽어가는 사람이 죽기 전에 하고 싶은 일이나 해야 할 일'이라는 의미로 사용되고 있다. 급기야 여행사에서는 꼭 가야 할 곳 리스트를 '여행 버킷리스트'라 하더니, 사업에 성공하기 위한 목표 목록을 버킷리스트라 하기도 한다. 초등생, 중고생에게 버킷리스트를 쓰라고 하기도 한다. 아이들에게는 '꿈의 목록'이라 가르치는 것이 맞다. 사업가에게는 '성공계획서'라고 하는 것이 더 바람직하다. 후회 없는 죽음을 위해 하고 싶은 일을 목록으로 만든 버킷리스트는 남아있는 시간을 생각하는 작업이다.

2014년, 영국의 19세 청년 스티븐 서튼은 말기 직장암 판정을 받고 버킷리스트를 만든다. 런던의 경기장에서 마칭밴드 연주, 스카이다이빙, 코끼리 안아보기 등 46가지의 항목을 정한다. 그중 33가지를 자기 노력으로 실천한다. 그는 인터뷰에서 버킷리스트를 적고 실천하면서 인생이 달라졌다고 말한다. 마지막으로 하고 싶었던 청소년 암치료기금 17억 모으기에 도전한다. 목표액을 채우지 못하고 죽더라도 모금을 계속해 달라는 호소문을 인터넷에 올린다. 그러자 전 세계에서 10만 명 이상이 모금에 동참한다. 죽기 전까지 50여억 원의 돈을 모은다. 삶의 마지막 순간을 앞두고도 남을 생각하는 마음이 감동을 불러일으킨 것이다. 그는 모든 순간을 마지막까지 즐겼다. 죽기 전 "암이 방해해도 인생은 충분히 멋지다."는 말을 남긴다.

같은 해, 우리나라에서도 버킷리스트에 관한 드라마가 방영되었다. 〈가족끼리 왜 이래〉라는 드라마다. 시작할 때는 불효자 소송을 중심으로 하는 세대 차에 관한 내용으로 보였다. 횟수를 거듭하면서 한 건씩의 문제를 해결해나갔다. 그것은 두부공장 사장인 차순봉의 버킷리스트였다. 자신의 병이 깊어가는 것을 알고 죽기 전에 꼭 하고 싶은 일을 적어 두었다. "빨리 잘 된다고 그 인생이 끝까지 좋으리라는 법은 없다."라는 말로 자녀들을 달래가며 자신이 하고 싶은 일을 하나씩 실천해 나간다. 많은 사람에게 그냥 숱한 날 중 하루이지만, 죽어가는 아버지에게는 그토록 소중한 하루라는 것을 자식도 알게 된다. 책상 옆에 비켜 세워 놓은 차순봉 씨의 버킷리스트를 본다.

① 애들이랑 밥같이 먹기(매일 아침, 토요일 저녁)

② 애들이랑 하루에 한 번씩 전화통화로 안부 묻기

③ 강심이 짝 찾아주기(맞선 열 번)

④ 강재 내외랑 삼 개월 함께 살아보기
⑤ 달봉이한테서 한 달에 백만 원씩 용돈 받기
⑥ 고고장 가기
⑦ 가족노래자랑

간단하고 의미 있는 목표이다. 드라마이긴 하지만, 목표가 있을 때는 질병의 고통도 덜 느낀다. 버킷리스트를 작성하라고 하면 대부분이 해외여행이나 모험 같은 것을 떠올린다. 나이 들어서 멀리 여행은 할 수 없어도 한 주일에 한 번씩 통화하기나 한 달에 한 번 밥 먹기 등은 참 괜찮은 목표다..

죽음을 전제로 하지 않지만, 언젠가 꼭 해보고 싶었던 일을 적는 것이 드림리스트이다. 드림리스트를 작성할 때는 하찮은 것이라도 진정으로 하고 싶었던 일을 먼저 적는다. 자기 삶에 도움이 되는 일, 자신의 재능을 잘 발휘할 수 있는 일이면 더욱 좋다. 남을 의식해서 눈치볼 필요 없다. 현실에 너무 매이지 말고 리스트를 적어 나간다. 목표란 달성해야 한다. 그러나 목표를 세우고 계획을 잡는 일, 그 순간도 행복이다.

드림리스트는 지난 삶을 돌아보는 것에서 출발한다. 죽기 전에 꼭 해보고 싶은 일이면서도 나이 들어서 새삼스러운 욕망으로 비치지 않는 목표를 적는다. 그 목표는 철없이 살아온 나에 대한, 나를 위한 배려이다. 자신이 꿈을 세우지만, 꿈이 자신을 지탱한다. 부모가 아이를 키운 것이 아니라 아이가 부모를 성장시킨 것처럼 꿈은 또 다른 꿈으로 자신을 지켜 준다. 사람들은 걱정하며 살고 그것을 후회하며 죽는다. 목표가 있는 꿈은 이루어진다. 그러나 그냥 이루어지지는 않는다. 그렇기에 지금도 꿈은 소중하다.

아프지 않고

마음 졸이지도 않고

슬프지 않고

살아갈 수 있는 날이

얼마나 남았을까.

―(중략)―

미워하지 않고

성내지 않고

외롭지 않고

지치지 않고

웃을 수 있는 날이

얼마나 남았을까.

―김재진, 〈남아있는 시간은 얼마일까?〉에서

| 참고문헌 |

가톨릭대학교 호스피스 교육연구소, 《호스피스 완화간호》, 파주: 군자출판사, 2006.
강경자·주세진, 〈일반인의 사전의료의향 및 심폐소생술 금지에 대한 윤리적 인식과 태도 조사연구〉, 《정신간호학회지》 23(2), 한국정신간호학회, 2014.
강상경, 《인간행동과 사회환경》, 파주: 나남, 2011.
건강보험심사평가원, 〈완화의료 수가 제도화에 따른 완화의료 활성화 방안 및 바람직한 완화의료기관 모형개발〉, 보건복지부, 2011.
건양대학교 웰다잉 융합연구회, 《지혜로운 삶을 위한 웰다잉》, 서울: 구름서재, 2016.
고양곤, 〈노인의 바람직한 죽음과 사별가족애도 상담〉, 한국죽음학회 2회 학술대회 원고, 한국사회복지간호사회, 2005.
고윤석, 《삶의 마무리 존엄사 논의를 넘어서》, 서울: 정문출판, 2010.
———, 〈의료현장에서의 임종환자 연명치료의 결정〉, 《생명윤리포럼》 5(1), 국가생명정책연구원, 2016.
고준기·조현·이강호, 〈연명의료결정법 안에 관한 문제점 및 개선방안〉, 《강원법학》 43, 강원대학교 비교법학연구소, 2014.
구미래, 《존엄한 죽음의 문화사》, 서울: 모시는 사람들, 2015.
구영모, 《생명의료윤리》, 파주: 동녘, 2010.
국립암센터, 《호스피스 완화의료에 대한 정의》, 고양: 국립암센터, 2011.
권복규·김현철, 《생명윤리와 법》, 서울: 이화여자대학교 출판부, 2005.
권복규 외, 〈우리나라 일부병원의 환자, 보호자, 의료진의 연명치료 중지관련 의사결정에 관한 태도 연구〉, 《한국의료윤리학회지》 13, 한국의료윤리학회, 2010.
권중돈, 《노인복지론》, 서울: 학지사, 2008.
김건열, 《존엄사》, 서울: 최신의학사, 2005.
김도경, 〈말기 노쇠 환자의 삶의 질을 고려한 적정진료에 대한 연구〉, 이화여자대학교 대학원 박사학위논문, 2013.
김동배·권중돈, 《인간행동이론과 사회복지실천》, 서울: 학지사, 2004.

김명희, 〈연명의료 결정에 관한 법률안의 배경과 향후 과제: 연명의료결정 제도화 마련을 위한 특별위원회 활동경과를 중심으로〉, 《의료정책 포럼》 11(3), 대한의사협회 의료정책연구소, 2013.
김미혜·신경림, 〈한국 노인의 '성공적 노후 척도' 개발에 관한 연구〉, 《한국노년학》 25-2, 2005.
김미혜·권금주·임연옥, 〈노인이 인지하는 좋은 죽음 의미 연구〉, 《한국사회복지학》 56, 한국사회복지학회, 2004.
김상득·손명세, 〈안락사: 정의·분류 그리고 윤리적 정당화〉, 《생명윤리》 1, 한국생명윤리학회, 2001.
김상희·이원희, 〈한국의 심폐소생술 금지(Do-Not-Resuscitate, DNR) 결정에 대한 통합적 고찰〉, 《한국의료윤리학회지》 14(2), 한국의료윤리학회, 2011.
김선희 외, 《노인학대 전문상담》, 서울: 시그마프레스, 2005.
김성규, 〈연명치료 중단의 허용성과 법제화에 대한 고찰〉, 《형사정책》 26(1), 한국형사정책학회, 2014.
김성룡, 《법적논증의 기초》, 대구: 경북대학교 출판부, 2006.
─────, 〈연명치료중단의 기준에 관한 법적 논의의 쟁점과 과제〉, 《형사법연구》 22(1), 한국형사법학회, 2010.
김수현, 〈사전의료지시[서]에 대한 성인의 인식과 태도〉, 《기본간호학회지》 17(4), 기본간호학회, 2010.
김순이·이미애·김신미, 〈성인의 Advance Directive(AD-생명연장술) 사전선택에 대한 태도 연구〉, 《한국의료윤리학회지》 4(2), 한국의료윤리학회, 2001.
김신미·김진실·고수진, 《임종기 연명의료 결정을 위한 지침》, 서울: 정담미디어, 2015.
김신미·이윤정·김순이, 〈노인과 성인이 인식하는 '좋은 죽음'에 대한 연구〉, 《한국노년학》 23, 한국노년학회, 2003.
김신미·홍영선·김현숙, 〈사전의료결정제도의 국내외 현황〉, 《한국의료윤리학회지》 13(3), 한국의료윤리학회, 2010.
김아진, 〈응급의료에서 심폐소생술에 관한 결정〉, 이화여자대학교 대학원 박사학위논문, 2013.
김장한, 〈연명치료 중지에 관한 법원판결과 제도화에 관련된 문제들〉, 《대한의사협회지》 55(12), 대한의사협회, 2012.

김종현,《언어의 이해》, 파주: 태학사, 2010.
김중곤,〈연명의료 결정에 대한 법 제정과 현실〉,《인격주의 생명윤리》4(2), 가톨릭생명윤리연구소, 2014.
김중호 외,〈병원윤리위원회 조직과 기능 및 활성화 방안 연구〉,《한국의료윤리학회지》7(1), 한국의료윤리학회, 2004.
김진경,〈연명치료중단 결정에서 의학적 무의미함〉,《한국의료윤리학회지》13(2), 한국의료윤리학회, 2010.
김태현,《노년학》, 파주: 교문사, 2007.
김학태,《현대의학에 있어서 생명의 시간과 인간의 존엄》, 서울: 집문당, 2015.
노베르트 엘리아스, 김수정 역,《죽어 가는 자의 고독》, 서울: 문학동네, 2012.
노연홍,〈사전연명의료의향서와 국립기관에서의 관리〉,《생명윤리포럼》5(1), 국가생명윤리정책연구원, 2016.
달라이 라마·제프리 홉킨스, 이종복 역,《달라이라마, 죽음을 이야기하다》, 서울: 북로드, 2007.
대한의사협회·대한의학회·대한병원협회·연명치료중지에 관한 지침 제정특별위원회,〈연명치료중지에 관한 지침〉, 대한의사협회·대한의학회·대한병원협회, 2009.
대한의사회,〈의사윤리강령〉, 1997.
로빈 길, 김승호 역,《교회 안락사를 말하다: 존엄한 죽음인가 살인인가》, 서울: 한국장로교출판사, 2011.
매기 컬러넌, 이기동 역,《마지막 여행》, 서울: 도서출판 프리뷰, 2013.
매경이코노미 1686호, 매일경제신문사, 2012.
모리츠 준코, 최경순 역,《품위 있게 평화롭게 세상과 이별하는 방법》, 서울: 창해, 2014.
몽테뉴, 고봉만 역,《나이 듦과 죽음에 대하여》, 서울: 책세상, 2016.
문국진,《생명윤리와 안락사》, 서울: 여문각, 1982
미국 국제전략연구소(CSIS), KDB 대우증권 미래설계연구소, 2014.
미셀 오트쿠베르튀르, 김성희 역,《안락사를 합법화해야 할까?》, 서울: 민음인, 2014.
미하일 데 리더, 이수영 역,《우리는 어떻게 죽고 싶은가?》, 서울: 학고재, 2011.
박영도,《입법학 입문》, 세종: 한국법제연구원, 2009.
박은정,《법철학의 문제들》, 서울: 박영사, 2007.

박인경·이일학, 〈병원윤리위원회 관련 입법안의 검토: 한국 도입을 위한 외국제도의 연구〉, 《한국의료법학회지》19(2), 한국의료법학회, 2011.
박재영, 〈말기환자의 재택 임종에 관한 탐색〉, 연세대학교 대학원 박사학위논문, 2010.
방기연, 《불교상담》, 서울: 조계종출판사, 2003.
배지연, 〈노인 자살에 관한 사례분석; 신문기사 내용을 중심으로〉, 《노인복지연구》 23, 한국인복지학회, 2004
백승균, 《호스피스 철학》, 대구: 계명대학교 출판부, 2008.
백지은·최혜경, 〈한국 노인들이 기대하는 성공적인 노화의 개념, 유형 및 예측 요인〉, 《한국가정관리학회지》23(3), 2005.
보건복지부, 〈호스피스 완화의료 기관이용 현황〉, 2014.
생명윤리정책연구센터, 〈연명치료 중단 조사연구보고서〉, 2010.
─────, 〈호스피스 완화의료 이용실태〉, 2014.
서광, 《불교상담심리학》, 서울: 불광출판사, 2004.
성혜영·조희선, 〈Rowe 와 Kahn의 구성요소를 활용한 성공적 노화 모델〉, 《한국노년학》26(1), 한국노년학회, 2005.
셜던 솔로몬 외, 이은경 역, 《슬픈 불멸주의자》, 서울: 흐름, 2016.
셸리 케이건, 박세연 역, 《DEATH 죽음이란 무엇인가?》, 서울: 엘도라도, 2014.
손덕승 외, 〈호스피스 병동 말기 암 환자 및 내과의사의 사전의료지시(서)에 대한 인식, 《한국호스피스완화의료학회지》12(1), 한국호스피스완화의료학회, 2009.
손의성·홍세희, 〈배우자 사별 노인의 대처 자원, 배우자 죽음의 질이 사별 적응에 미치는 영향〉, 《인간발달연구》14(3), 한국인간발달학회, 2007.
송양민, 〈100세시대 은퇴사전〉, 《프리미엄 조선》, 2014.04.07
신현호, 〈호스피스 완화의료에 대한 형법적 연구〉, 고려대학교 대학원 박사학위논문, 2005.
─────, 《삶과 죽음: 권리인가 의무인가》, 서울: 육법사, 2006.
알폰스 데켄, 오진탁 역, 《죽음을 어떻게 맞이할 것인가》, 파주: 궁리, 2009.
야마가타 켄지, 김수호 역, 《인간답게 죽는다는 것》, 파주: 군자출판사, 2006.
어니스트 베커, 김재영 역, 《죽음의 부정》, 고양: 인간사랑, 2008
엄주희, 〈환자의 생명종결 결정에 관한 연구: 입법적 실천 방안을 위한 미국과의 비교법적 모색〉, 연세대학교 대학원 박사학위논문, 2013.

오세혁·정화성, 〈사전의료지시서의 한계〉, 《의료법학》11(2), 대한의료법학회, 2010.
오진탁, 《마지막 선물》, 서울: 세종서적, 2007.
원석조, 《사회복지개론》, 서울: 양서원, 2013.
유상호, 〈좋은 죽음에 대한 의사의 개념과 교육〉, 서울대학교 대학원 박사학위논문, 2013.
유재중, 〈바람직한 연명의료 결정의 방향과 과제(전자자료)〉, 유재중의원실·천주교 서울대교구 생명위원회, 2014.
유희옥, 〈중노년기의 죽음불안 태도-내세관, 죽음준비도를 중심으로〉, 성신여자대학교 대학원 박사학위논문, 2004.
육성필 외, 《노인자살 위기개입》, 서울: 학지사, 2011.
윤영호, 〈호스피스 완화의료 현황과 발전방향〉, 《의료정책포럼》10(4), 대한의사협회 의료정책연구소, 2012.
─────, 《나는 한국에서 죽기 싫다》, 서울: 엘도라도, 2014.
이명숙, 〈노인이 인식하는 좋은 죽음〉, 한서대학교 대학원 박사학위논문, 2012.
이민홍, 〈웰빙과 웰다잉에 대한 사회복지적 접근의 탐색적 연구〉, 《법정리뷰》30(1), 동의대학교 지방자치연구소, 2013.
이병혁, 《언어사회학 서설》, 서울: 까치, 1986.
이상돈, 《의료형법》, 파주: 법문사, 1998.
이상용, 《치료중단과 안락사》, 서울: 한국형사정책연구원, 2001.
이석배, 〈연명치료중단의 기준과 절차, 대법원 2009.05.21., 선고 2009다 17147 판결이 가지는 문제점을 중심으로〉, 《형사법연구》21(2), 한국형사법학회, 2009.
이순민, 《사회복지 윤리와 철학》, 서울: 학지사, 2012.
이영순, 〈노인의 죽음준비와 죽음불안에 관한 연구〉, 원광대학교 대학원 박사학위논문, 2010.
이인영, 〈인공호흡기제거 청구사건 판결의 형사법적 시사점〉, 《비교형사법연구》11(1), 한국비교형사법학회, 2009.
─────, 〈연명의료결정에 관한 법률의 특징에 관한 비교법적 검토〉, 《생명윤리포럼》5(1), 국가생명윤리정책연구원, 2016.
이종원, 〈안락사의 윤리적 문제: 의사조력자살을 중심으로〉, 《철학탐구》21, 중앙대학교 중앙철학연구소, pp.155-187, 2007.

이진기, 〈법률행위능력과 의사능력제도에 관한 비판적 검토〉, 《민사법학》 45, 한국민사법학회, 2009.

장욱, 〈연명치료중단에 대한 법제화 방향 및 기준에 대한 소고〉, 《한양법학》 24(3), 한양법학회, 2013.

장윤정, 〈말기 암환자 완화의료정책 현황〉, 《한국호스피스완화의료학회지》 15(4), 2012.

전수영, 〈거버넌스관점에서 무의미한 연명치료중단의 문제점과 합리화 방안에 관한 고찰〉, 《강원법학》 5, 강원대학교 비교법학연구소, 2015.

정경희 외, 《노인문화의 현황과 정책적 함의-성공적 노화 담론에 대한 비판적 검토를 중심으로》, 보건사회연구원, 2006.

정유석 외, 〈좋은 죽음에 대한 노인들의 인식〉, 《가정의학회지》 23(6), 한국가정의학회, 2002.

정은선, 〈영국의 생애말기 돌봄 전략(전자자료)〉, 건강보험심사평가원, 2014.

정재우, 〈권고안에 대한 윤리적 평가와 바람직한 연명의료 결정의 방향〉, 《의료정책포럼》 11(3), 대한의사협회 의료정책연구소, 2013.

─────, 〈연명의료 결정 제도화에 대한 윤리적 성찰〉, 《인격주의 생명윤리》 14(1), 가톨릭생명윤리연구소, 2014.

조원규, 《웰다잉과 행복성찰》, 서울: 도서출판 책과 나무, 2013.

─────, 《웰다잉의 이해와 실천》, 서울: 책과 나무, 2015.

조유향, 《호스피스》, 서울: 현문사, 1991.

조지 베일런트, 이덕남 역, 《행복의 조건》, 프런티어, 2012.

지안 도메니코 보라시오, 김영하 역, 《스스로 선택하는 죽음: 존엄사의 의미와 그 실현 가능성》, 파주: 동녘사이언스, 2015.

최영순, 《죽음의 의료화 인간의 존엄을 짓밟다》, 서울: 프레시안, 2015.

최완진, 《新법학통론》, 서울: 세창출판사, 2014.

최윤선, 《호스피스 완화의학》, 서울: 고려대학교 출판부, 2000.

최준식, 《죽음학 개론》, 서울: 모시는 사람들, 2013.

케이비KB 골든라이프연구센터, 〈베이비부머 세대의 은퇴이후 자산여력 진단〉, KB금융지주경영연구소, 2011.

케이티 버틀러, 전미영 역, 《죽음을 원할 자유: 현대의학에 빼앗긴 죽을 권리를 찾아서》, 서울: 명랑한 지성, 2014.

통계청, 〈2014년 한국의 사회지표〉, 2015.

──, 〈2015년 출생사망통계〉, 2016.
파드마삼바바, 류시화역, 《티벳 사자의 서》, 서울: 정신세계사, 2008.
프랑크 쉬르마허, 장혜경 역, 《고령사회 2018: 다가올 미래에 대비하라》, 서울: 나무생각, 2011.
피터 펜윅·엘리자베스 펜윅, 정명진 역, 《죽음의 기술》, 서울: 구글북스, 2008.
핀차스 코언, 〈수명연장의 도전과제: 성공적인 노화 전략과 아시아 지역에 미치는 영향, 미국남가주대학(USC) '글로벌컨퍼런스 2013'〉, 《조선일보》 2013.05.24 .
필립 아리에스, 고선일 역, 《죽음 앞의 인간》, 서울: 새물결, 2004.
한국보건사회연구원, 〈우리나라의 건강수명 산출〉, 《보건복지 ISSUE & FORCUS》247, 2014.
──, 〈2014 보건복지정책 현안과 정책과제〉, 2015.
──, 〈2014년도 노인실태조사〉, 2015.
한국죽음학회, 《죽음맞이: 인간의 죽음, 그리고 죽어감》, 서울: 모시는사람들, 2013.
한림대학교 고령사회연구소, 《고령사회의 이해》, 소화, 2010.
한스 요나스, 이유택 역, 《기술의학윤리》, 서울: 솔, 2005.
한스 큉·발터 옌스, 원당희 역, 《안락사 논쟁의 새 지평: 생의 마지막 선택, 품위 있는 죽음을 위하여》, 서울: 세창미디어, 2010.

국민건강보험공단, http://www. nhimc.or.kr/hospice
서울대학교, http://www.snuh.org/pub/snuh/sub02/sub01/1177938_3957.jsp
세계법제정보, http://world.moleg.go.kr/World/WesternEurope/FR/law/38527?astSeq=0
허대석, http://blog.naver.com/dsheokr/10168602743, 2013.

Atchley,R.C., Social Forces and Aging: An Introduction to Social Gerontology, Wordsworth, 2000.
Connor Stephen, Hospice and Palliative Care: The Essential Guide (2nd.), CRC Press, 2009.
Daniel Callahan, Death and the Research Imperative, The New England Journal of Medicine, 2000.

Ebersole, P.·Hess, P., Toward Healthy Aging: Human Need & Nursing Response, St. Louis, Mo.: Mosby/Elsevier, 2010.

Elisabeth kübler Ross, On Death and Dying, New York: Simon & Schuter, 2003.

Field, M. J., Cassel, C. K., Approaching death: improving care at the end of life, Health progress, 92(1), Institude of Medicine, pp.882-1577, 2001.

Forero R.·McDonnell G.·Gallego B.·McCarthy S.· Mohsin M.·Shanley Cetal, A Literature Review on Care at the End-of-Life in the Emergency Department, Emerg Med Int. 2012.

Izumi S.·Nagae H.·Sakurai C.·Imamura E, Defining end-of-life care from perspectives of nursing ethics, Nurs Ethics. 19(5), pp.608-618, 2012.

Riley, M.W.& Riley, J.W., Age Integration : Conceptual and Historical Background, The Gerontologist, 40(3), 2000.(정경희, 2012에서 재인용)

Ruth Macklin, dignity is a useless concept, British Medical Journal, (327), 2003.

Schneiderman LJ,Still saving the life of ethics. Hastings Cent Rep, 20(6), 1990.

The Debate of the Age Health and Care Study Group, The future of health and care of older people: The best is yet to come, *Age Concern*, 1999.

Yang L.·Sakamoto N.·Marui E., A study of home deaths in Japan from 1951 to 2002, BMC Palliat Care, 5(2), 2006.

| 에필로그 |

내게 남은 시간

　도시의 가을은 가로수가 알려 준다. 봄꽃을 내치고 자란 벚나무 잎사귀는 한여름 햇살의 단근질에 이별을 위한 화장을 한다. 온몸이 한껏 붉게 익으면서 한해의 삶을 마감한다. 떨어진 나뭇잎이 바람을 타고 도로에 흩날린다. 잎은 가지를 떠나 나무를 살리고, 흙으로 돌아가 나무를 키운다. 때가 되면 떠나야 하는 자연의 진리를 거리를 뒹굴며 설교한다. 떠나야, 버려야 산다는 법문이다.

　인간은 어제보다 하루 더 늙은 오늘을 살다가 그 언젠가 내일 죽는다. 언젠가 자기도 시간의 연속성에서 제외되며, 자기 앞의 시간만이 흐름을 멈추는 날이 올 것을 안다. 영원히 살 것처럼 내일을 계획하지만, 삶은 늙음과 죽음을 피해갈 수 없다.
　언제 어디서 어떻게 죽을지 알지 못한다. 죽음은 누가 대신할 수도 없다. 사람은 혼자, 언젠가는 떠나야 한다. 현재 인류사회는 역사 이래 최고의 물질적 풍요를 누리고 있다. 그러나 늙음과 죽음에 대한 두려움은 여전히 인간의 삶을 누르고 있다. 불로장수가 꿈인 인간에게 늙고 죽는다는 것은 무섭고 두려운 일이다.

　우리의 삶은 늙는 것이다. 지난 시대, 우리에게 베풀어진 교육은 30세까지 배워서 30년을 써먹도록 설계되어 있다. 60세 이후를 사는 법이나 죽음에 대한 것은 학교에서 가르쳐 주지 않는다. 인류의 평화와 공존을 위협하는 인종차별이나 성차별, 학력차별, 지역 차별은 차츰 소멸하여 간다. 반면에 연령차별, 나아가 극단적인 노인차별은 더 심해질 것으로 보인다. 노화로 인한 능력저하에 대한 두려움과 노인에 대한 편견은 장수사회로 오면서 더 커졌다. 노인에 대한 공경 대신 죽음에 이르기까지 늙은 몸의 삶을 정리하라고 한다. 길어진 수명은 소비해야 할 삶의 남은 시간일 뿐이다.

노인이 넘쳐나는 사회가 되었다. 살아가는 것이 미안할 정도로 노년의 삶이 길어졌다. 얼마지 않아 노인들은 능력과 기능이 저하된 사회적 소모품으로 전락하여 될 수 있는 대로 줄어들어야 할 존재가 될 것 같다. 적당히 살고 난 후, 만약 아프기라도 하면 죽어줘야 하는 사회적 당위성이 지배할 수도 있다. 그것을 위한 연명의료결정이어서는 안 된다. 막연한 장수는 재앙임이 확실하다. 축복받는 장수가 되려면 젊어서부터 장수에 대비하는 구체적 준비가 필요하다. 같은 논리로 존엄한 죽음은 죽음에 대한 준비가 있어야 한다.

깊이 없는 논리와 좁은 식견으로 책 한 권을 마무리한다. 이런 글을 쓸 수 있도록 자료를 준 선배 학자와 관심 있는 저술가, 세계적 안목으로 지평을 넓혀준 번역가들에게 감사드린다. 이분들이 없었으면 이 책은 나올 수 없었다. 독선적 인용도 있었으며, 넓고 큰 뜻을 다 헤아리지 못하면서 함부로 당겨 쓴 부분도 있음을 부정할 수 없다. 나쁜 의도는 없음을 밝힌다. 넓은 아량으로 지은이의 부족함을 널리

이해해 주리라 믿는다.

 잎은 그냥 사라지지 않는다. 때가 되어 자리를 옮길 뿐이다. 우리의 삶 또한 나뭇잎과 같다. 공원 빈 의자에 잠시 앉았다 떠나는 나그네와 같다. 잠시 앉은 자리 소중하고 신비롭고 존엄하였듯이 죽음 또한 신비롭고 존엄하여야 한다. 죽음은 살아 있는 모든 사람이 한번은 겪어야 할 과정이며, 나에게 남은 시간을 어떻게 쓸 것이냐의 문제이다.

 메멘토모리!